徐光啓全集

朱維錚　李天綱　主編

測量法義（外九種）

[明]徐光啓　撰

李天綱　點校

上海古籍出版社

毛詩六帖講意（上）／毛詩六帖講意（下）／詩經傳稿／徐氏庖言／兵機要訣／選練條格／靈言蠡勺／幾何原本／測量法義／測量異同／句股義／定法平方算術／簡平儀說／考工記解／泰西水法／甘藷疏／農遺雜疏／農書草稿／農政全書（上）／農政全書（中）／農政全書（下）／徐光啓詩文集／增補徐光啓年譜

圖書在版編目(CIP)數據

測量法義：外九種 /（明）徐光啓撰；朱維錚，李天綱主編；李天綱點校．—上海：上海古籍出版社，2020．5

（徐光啓全集）

ISBN 978-7-5325-9562-4

Ⅰ．①測…　Ⅱ．①徐…　②朱…　③李…　Ⅲ．①徐光啓（1562-1633）-文集　Ⅳ．①Z424．8

中國版本圖書館 CIP 數據核字(2020)第 059998 號

徐光啓全集

測量法義(外九種)

［明］徐光啓　撰

李天綱　點校

上海古籍出版社出版、發行

（上海瑞金二路 272 號　郵政編碼 200020）

（1）網址：www. guji. com. cn

（2）E-mail：guji1@guji. com. cn

（3）易文網網址：www. ewen. co

安徽新華印刷股份有限公司印刷

開本 890×1240　1/32　印張 15．125　插頁 5　字數 307，000

2020 年 5 月第 1 版　2020 年 5 月第 1 次印刷

印數：1—700

ISBN 978-7-5325-9562-4

N・19　定價：98．00 元

本册書目

測量法義……一
測量異同……三九
句股義……五一
定法平方算術……九一
簡平儀説……一八五
考工記解……二〇九
泰西水法……二七七
甘藷疏……三七五
農遺雜疏……三九九
農書草稿……四三七

測量法義

〔意〕利瑪竇　述　〔明〕徐光啓　譯
李天綱　點校

點校説明

徐光啓《題測量法義》云："「西泰子之譯測量諸法也，十年矣。法而繫之義也，自歲丁未始也。」「十年矣」，殆指利瑪竇一五九八年在南京和張養默一起翻譯《幾何原本》，事見於《利瑪竇中國札記》（中華書局，一九八三年）。萬曆「丁未」（一六〇七），利瑪竇、徐光啓完成《幾何原本》翻譯之後，兩人又開始了《測量法義》的翻譯。《幾何原本》爲「測量」之法，《測量法義》爲之立「義」。據此，《測量法義》的翻譯，當從一六〇七年開始。另外，徐光啓提到「西泰子」，未有緬懷的口吻，應在利瑪竇逝世之前。即《測量法義》的翻譯和刊刻，當在一六〇七年到一六一〇年之間。

《測量法義》署「泰西利瑪竇口譯，吴淞徐光啓筆受」，爲利、徐最後之合作。按徐驥《徐文定公行實》所陳，「《清臺奏章》、《兵事疏》、《幾何原本》、《測量》、《勾股》、《水法》、《簡平儀》、《農遺雜疏》、《毛詩六帖》、《百字訣》行於世」，則《測量法義》爲徐光啓生前刊刻作品。李之藻編《天學初函》，《測量法義》收入「器編」。清初編《四庫全書》，將《測量法義》、《測量異同》、

《勾股義》一並列述。《四庫全書總目提要》在三書名目之下，稱「明徐光啓撰，首卷（即《測量法義》）演利瑪竇所譯，以明勾股測量之義」，則《提要》作者以爲是「徐光啓撰」，爲《幾何原本》之「演義」。

徐光啓關注測量有年，萬曆三十一年（一六〇三）有《丈量河工及測驗地勢法》呈送上海知縣劉一爌，以期實踐。徐光啓早期研習《周髀算經》、《九章算術》，意圖接續漢學之「勾股」。遭遇利瑪竇後，知希臘亦有「幾何」之學。徐光啓主張融通「漢學」和「希臘學」，創爲明代中國之「新學」，實爲時代先驅。中西測量融通之學理，如《四庫全書總目提要》所概括：《測量法義》「首造器，『器』即《周髀》所謂『矩』也。次論景，景有倒正，即《周髀》所謂仰矩、覆矩、臥矩也。次設問十五題，以明測望高深廣遠之法，即《周髀》所謂知高、知遠、知深也」。除李之藻《天學初函》刊載《測量法義》外，《周髀井田記》亦將《測量法義》收録。《徐光啓著譯集》據《周髀井田記》之明刻本影印，爲本次標點之底本。

李天綱

二〇一〇年十一月

目録

點校説明……一
題測量法義……五
造器……六
論景……七
本題十五首……一一
附：三數算法……三七

題測量法義

西泰子之譯測量諸法也，十年矣。法而系之義也，自歲丁未始也。曷待乎？于時《幾何原本》之六卷始卒業矣，至是而後能傳其義也。是法也，與《周髀》、《九章》之句股、測望異乎？不異也。不異何貴焉？亦貴其義也。劉徽、沈存中之流，皆嘗言測望矣。能說一表，不能說重表也。言大小句股能相求者以小股大句，小句大股兩容積等，不言何以必等能相求也，猶之乎丁未以前之西泰子也。曷故乎？無以爲之藉也。無以爲之藉，豈惟諸君子不能言之，即隸首商高亦不得而言之也。《周髀》不言，藉乎非藉也。藉之中又有藉焉，不盡說《幾何原本》不止也。《原本》之能爲用如是乎？未盡也，是鼷之于河而蠡之于海也，曷取是焉？先之數易見也，小數易解也。廣其術而以之治水、治田之爲利鉅，爲務急也。故先之嗣而有述者焉，作者焉，用之乎百千萬端。夫猶是飲于河而勺于海也，未盡也。是《原本》之爲義也。吴淞徐光啓譔。

造器

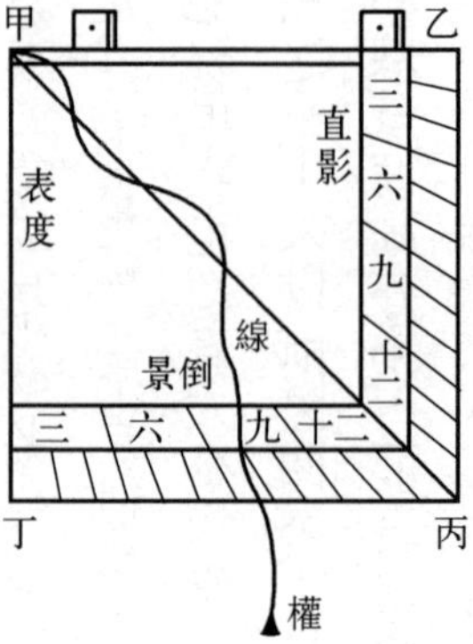

測量者，以測望知山岳樓臺之高，井谷之深，土田道里之遠近也。其法先造一測望之器，名曰「矩度」。造矩度法，用堅木版或銅版，作甲乙丙丁直角方形。以甲角爲矩極，作甲丙對角線。次依乙丙、丙丁兩邊各作相近兩平行線。次以乙丙、丙丁兩邊，各任若干平分之。從甲向各分，各作虛直線，而兩邊之各外兩平行線間，則作實線。如上圖，即外兩線間，爲宗矩極之十二平分度也。其各內兩平行線間，則于三、六、九度，亦作實線，以便別識。若以十二度更細分之，或每度分三、分五、分六、分十二，視矩大小作分。分愈細，即法愈詳密矣。次于甲乙邊上，作兩耳相等，耳各有通光竅。通光者，或取日光相射，或取目光透照也。或植兩小表代耳，亦可。其耳竅，表末須與甲乙平行，末從甲點置一線，線末垂一權，其線稍長于甲丙對角線，用時任其垂下，審定度分。既設表度十二，下方悉依此論。若有成器，欲驗己如式否，亦同上法。其用法，如下方諸題。

論景

法中俱用直景、倒景、布算，故先正解二景之義，次解其轉合于矩度，以資後論。

直景者，直立之表，及山岳、樓臺、樹木、諸景之在平地者也。若于向日墻上横立一表，表景在墻，則爲倒景。

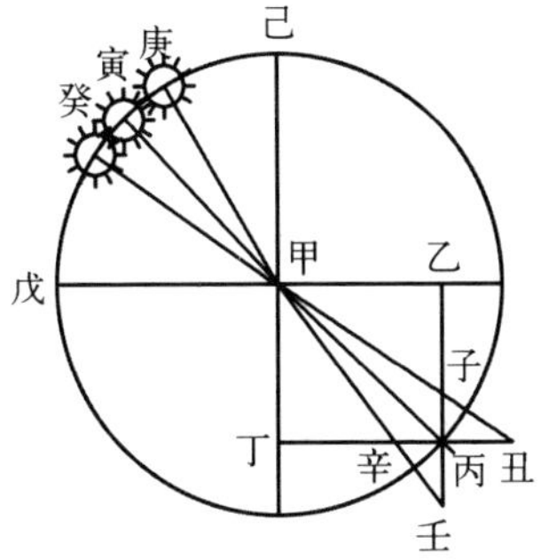

如上圖，作甲乙丙丁直角方形，于乙丙、丁丙各從丙任引長之，令丁丙爲地平面，或爲地平平行面，其乙丙亦向日作面，與地平面爲直角。即甲丁爲丁丙平面上直立之表，而甲乙爲乙丙平面上横立之表也。次以甲爲心，丙爲界，作戊己丙圜，次引甲乙、甲丁線各至圜界。夫地球比日天，既止一點說見《天地儀解》。即甲點爲地心。丁丙面在地心之下，而戊己丙圜，爲隨地平上日輪之天頂圜矣。即戊乙亦可當地平線，而己丁線，爲正過頂圜矣，則丁丙面離地平線者，甲丁表之度，而乙丙面離過頂圜線者，甲乙表之度也。故日輪在庚，其光必過地心甲。截丁丙面于辛，而遇乙丙之引長面于壬，則甲丁表在丁丙面上之丁辛景，爲直景；而甲乙表在乙丙面上之乙壬景，爲倒景。若日輪在癸，則丁丑爲直景，而乙子爲倒景。若日輪在寅，則丁丙爲直景，而乙丙爲倒景。是甲乙丙丁直角方形之内，隨日所至，其直景恒在丁丙邊，倒景恒在乙丙邊也。

凡測量，于二景得一，即可推算。但須備曉二景之理，何者？有直景過丁丙邊之外，有倒景過乙丙邊之外。如上圖者，則直景過丁丙邊，如丁丑，當用倒景代之。倒景過乙丙邊，如乙壬，當用直景代之也。若日光至丙，即直倒景等，可任意用之。因兩景各與本表等故。

欲知目前日景所至在丙耶？在丁丙、乙丙之内耶？又有一法。如日輪離地平四十五度，即景當在丙；日在四十五度以上，即景在丁丙之内；日在四十五度以下，即景在乙丙之内。

論曰：戊甲己、己甲乙、乙甲丁、丁甲戊既四皆直角，即等。而對直角之各圜界，亦等。三卷廿六。是每分爲四分圜之一也，而戊己亦四分圜之一也。又甲丙對角線分乙甲丁角爲兩平分，一卷三十四注。即丁甲丙、丙甲乙兩角等，戊甲寅、寅甲己兩交角亦等。一卷十五。而戊寅、寅己兩圜界，亦等。夫戊己圜界既九十度，即戊寅必四十五度，則日在寅，景必在丙。日在寅之下，倒景必在乙丙之内。日在寅之上，直景必在丁丙之内。凡云某卷某題者，皆引《幾何原本》爲證。

下同。

今從上論解二景之轉合于矩度者，如日輪高四十五度而其光過甲乙，即矩度上權線在丙。日在四十五度以上，即權線在乙丙邊之内。日在四十五度以下，即權線在丁丙邊之内。故矩度上之乙丙邊爲直景，而丁丙爲倒景。

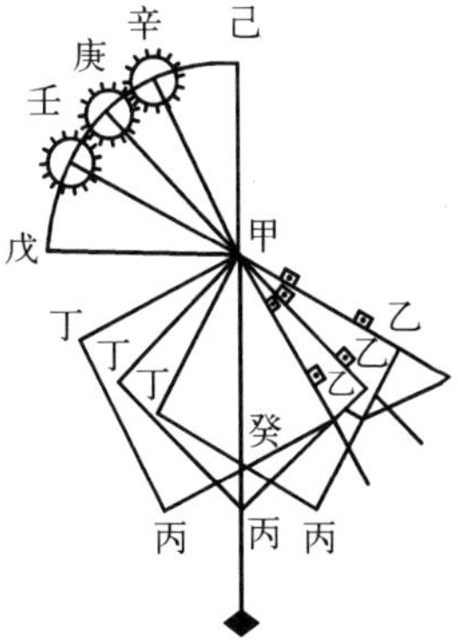

論曰：前圖之甲戊己分圜形，既四分之一，試兩平分之于庚，即日在庚爲四十五度，在辛爲四十五度以上，在壬爲四十五度以下。設于辛、庚、壬各出日光下射，爲辛甲乙、庚甲乙、壬甲乙三景線，同過甲心，而以矩度承之其甲爲地心，而甲乙邊與日景相直，次以己甲線引長之，至地心下爲丙，而甲丙爲矩度之權線。夫戊庚、庚己圜界既等，即戊甲庚、庚甲己兩角亦等。三卷廿七。戊甲己既直角，即戊甲庚、庚甲己皆半直角。一卷十五。而矩度上之乙甲丙角，在庚甲乙景線及甲丙權線內者，亦半直角。凡直角方形之對角線，必分兩直角爲兩平分。即甲丙爲依庚甲乙景線之甲乙丙丁直角方形之對角線，一卷三十四注。則日在庚爲四十五度，權線必在丙。又己甲辛角小于己甲庚半直角，即辛甲乙景線及甲丙權線內之乙甲癸交角，亦小于半直角。一卷十五。凡直角方形之對角線，必分兩直角爲兩平分，一卷三十四注。則于依辛甲乙景線之甲乙丙丁直角方形上，若作一甲丙對角線，其權線必不至丙，必在乙丙之內，而分乙丙邊于癸。是日在四十五度之上，其權線必在乙丙邊之內也。又己甲壬角大于己甲庚半直角，即壬甲乙景線，及甲丙權線內之乙甲癸交角，亦大于半直角。一卷十五。凡直角方形之對角線，必分兩直角爲兩平分，一卷三十四注。則于依壬甲乙景線之甲乙丙丁直角方形上，若作一甲丙對角線，其權線必過丙，必在丁丙之內，而分丁丙邊于癸。是日在四十五度之下，其權線必在丁丙邊之內也。故矩度之內，其傍通光耳之分度邊爲直景，而對通光耳之分度邊爲倒景。

本題十五首

第一題

日輪高四十五度，直景、倒景，皆與表等。在四十五度以上則直景小于表，而倒景大于表。在四十五度以下，則直景大于表，而倒景小于表。

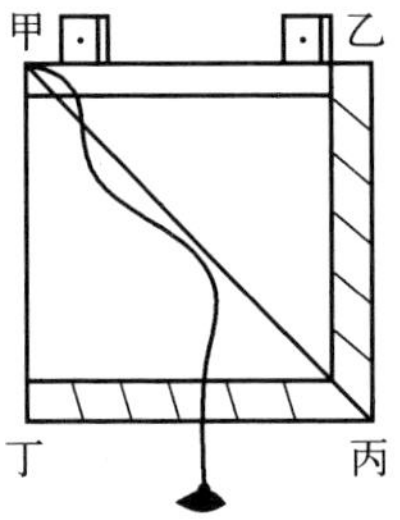

依矩度，即可明此題之義。蓋上已論日輪在四十五度，權線必在丙，即顯乙丙直景、丁丙

倒景，皆與甲乙、甲丁兩表等。何者？直角方形之各邊俱等故也。若日在四十五度以上，權線必在乙丙分度邊上，而倒景當在丁丙之引出邊上。是直景小于倒景，而倒景大于甲丁表。若日在四十五度以下，權線必在丁丙分度邊上，而直景當在乙丙之引出邊上，是倒景小于直景，而直景大于甲乙表。

第二題

表隨日所至，皆爲直景與倒景連比例之中率。

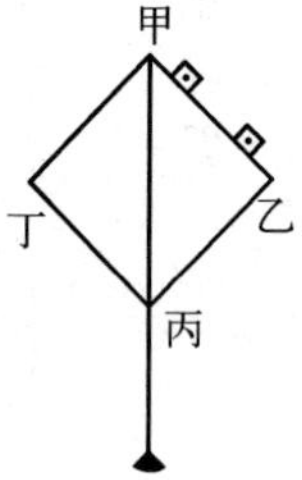

先設日輪在四十五度，而權線在丙，題言甲乙，或甲丁表，皆爲乙丙直景，與丁丙倒景，連比例之中率。

論曰：甲乙丙丁直角方形之四邊既等，即乙丙直景，與甲乙或甲丁表之比例，若表與丁丙倒景。何者？三線等，即爲兩相同之比例故。

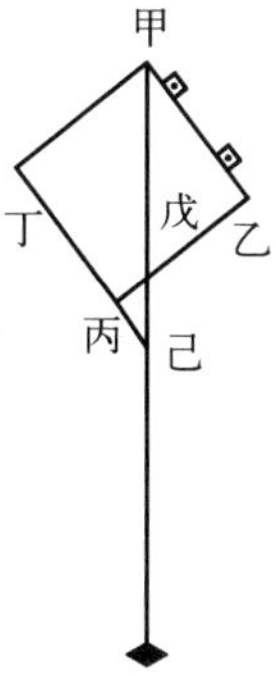

次設日輪在四十五度以上，權線在乙丙直景邊内，分乙丙于戊，而例景在丁丙之引出邊上。遇權線于己，題言甲乙，或甲丁表，爲乙戊直景，與丁己倒景，連比例之中率。

論曰：乙與丁，兩直角等，而乙甲戊與己，相對之兩内角亦等。一卷廿八。即甲乙戊、己丁甲爲等角形，六卷四。則乙戊直景，與甲乙或甲丁表之比例，若表與丁己倒景，是甲乙或甲丁表爲兩景之中率。六卷八之系。

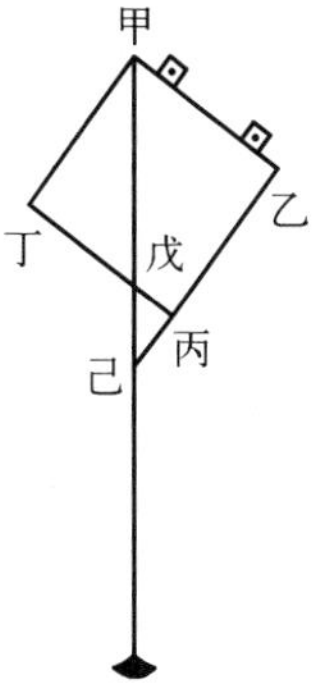

後設日輪在四十五度以下，權線在丁丙倒景邊内，分丁丙于戊，而直景在乙丙之引出邊上，與權線遇于己。題言甲乙或甲丁表，爲丁戊倒景，與乙己直景，連比例之中率。

論曰：丁與乙，兩直角等，而丁甲戊與己，甲戊丁與乙甲己，各相對之兩内角各等，一卷廿八。即甲丁戊、甲乙己爲等角形，六卷四。則丁戊倒景，與甲乙、或甲丁表之比例，若表與乙己直景。是甲乙，或甲丁表，爲兩景之中率。六卷八之系。

注曰：直景表倒景三線既爲連比例，即直景、倒景兩線矩内直角形與表上直角方形等。六卷十七。故表度十二，則其羃爲一百四十四。若以爲實，以所設景數爲法除之，即得所求景數。假如權線所至在倒景之三度，即以三爲法除其實，一百四十四得四十八度爲直景。又如權線所至在所設景之五度三分度之二，即所求景爲二十五度十七分度之七。何者？以五度三分度之二爲法除其實一百四十四，即得二十五度十七分度之七。是二景互變相代法。畸分除法見後附。

第三題

物之高立于地平以直角，其景與物之比例若直景與表，亦若表與倒景。

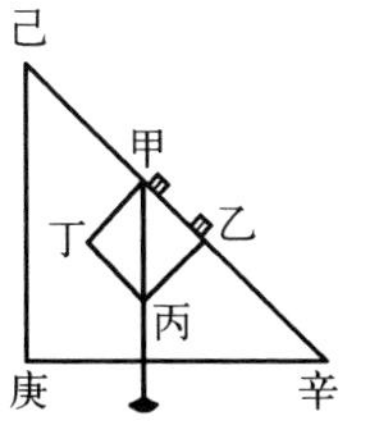

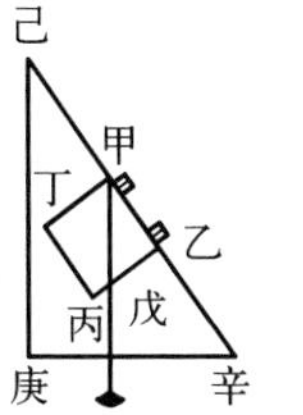

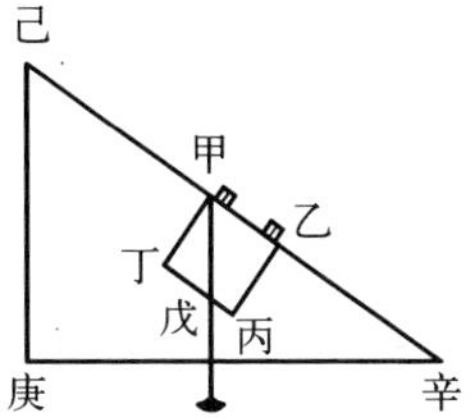

解曰：物之高以直角立于地平如己庚，其景在地平上爲庚辛。題言：直景與表之比例若庚辛與己庚，又言表與倒景之比例若庚辛與己庚。凡言地平者，皆依直線取平。若不平者，須先準平，然後測量後仿此。

先論權線在丙者，曰：權線恒與物之高爲平行線。何者？兩線下至庚辛，皆爲直角故。一卷廿八。即辛甲丙角與己角等，一卷廿九。而乙與庚兩直角又等，則甲乙丙己庚辛爲等角形。一卷卅二。是乙丙直景與甲乙表之比例，若庚辛景與己庚高。六卷四。

二論曰：若權線在乙丙直景邊内，而分乙丙于戊，依前論，顯乙甲戊角與己角等。一卷廿九。乙角與庚角等，則甲乙戊、己庚辛爲等角形。一卷卅二。是乙戊直景與甲乙表之比例，若庚辛景與己庚高。六卷四。

三論第一圖之倒景曰：權線在丙，其己角、丁丙甲角，各與乙甲丙角等。一卷廿九。即自相等，丁角與庚角又等，則甲丁丙與己庚辛亦等角形。一卷卅二。是甲丁表與丁丙倒景之比例，若庚辛景與己庚高。六卷四。

後論曰：若權線在丁丙倒景邊內，而分丁丙于戊，依前論顯乙甲戊角與己角等，一卷廿九。即丁戊甲角與己角亦等。一卷廿八。丁角與庚角又等，則丁戊甲己庚辛爲等角形。一卷卅二。是甲丁表與丁戊倒景之比例，若庚辛景與己庚高。六卷四。

注曰：前既論本篇第一題。日輪在四十五度，直景、倒景，皆與表等；在四十五度以上，直景小于表；在四十五度以下，表大于倒景，即顯日輪在四十五度。各物在地平之景，與其物之高等。在四十五度以上，即景小于物；在四十五度以下，即景大于物。如上三圖可見。

第四題

有物之景，測物之高

法曰：如前圖，以矩度向日，甲耳在前，取日光透耳兩竅，以權線與矩度平直相切，任其垂下。細審所值何度何分，若在十二度之中對角線上，則景與物必正相等。本篇三題注。故量其景長，即得其物高。若權線在直景邊，即景小于物。本篇三題注。則直景與表之比例，若物之景與其高，用三數法，以直景上所值度分爲第一數，以全表度十二爲第二數，以物景之度爲第三數。算之，即所得數，爲其物高。三數算法見後附。

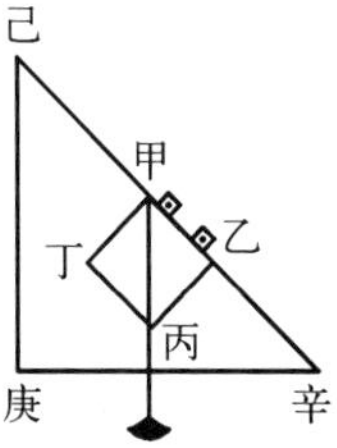

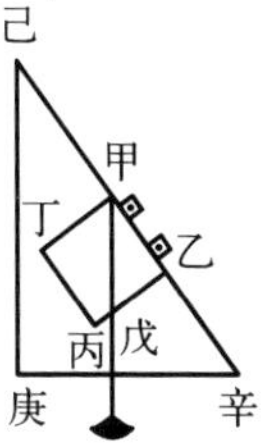

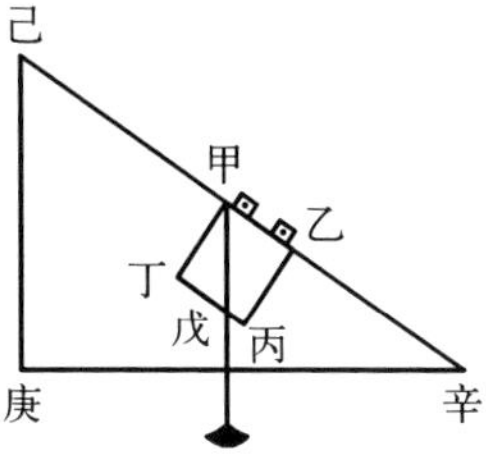

注曰：欲測己庚之高，以矩度承日，審權線。如在直景乙戊，得八度正，庚辛景三十步，即以表度十二，庚辛三十步。相乘得三百六十爲實，以乙戊八度爲法除之，得四十五，即己庚之高四十五步。

若權線在倒景邊，即景大于物，本篇三題注。則表與倒景之比例，若物之景與其高，用三數法。以表爲第一數，以倒景上所值度分爲第二數，以物景之度爲第三數，算之，即所得數爲其物高。

注曰：欲測己庚之高，以矩承日，審權線。如在倒景丁戊得七度五分度之一，庚辛景六十步，即以丁戊七度五分度之一，庚辛六十步。相乘得二千一百六十爲實，以表度六十分爲法除之，得三十六，即己庚之高三十六步。因權值有畸分五分度之一，故以分母五通七度，通作三十五分，以分子一從之爲三十六分，其表度十二，亦通作六十分。說見算家六分法。

第五題

有物之高，測物之景

法曰：如前圖，以矩度承日，審值度分。若權線在丙，則景與物等。本篇三題注。

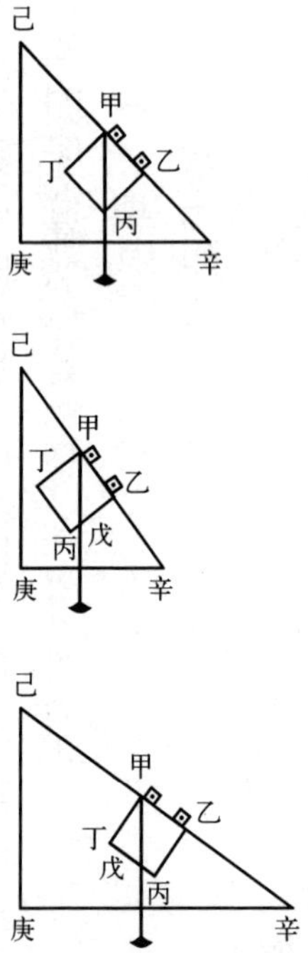

若權線在直景邊，即物大于景，本篇三題注。即直景與表之比例，若景與物。反之，則表與

直景，若物之高與其景。五卷四之系。用三數法，以表爲第一數，直景度分爲第二數，物高度爲第三數，算之即所得數爲景度。

若權線在倒景邊，即物小于景，本篇三題注。則表與倒景之比例，若景與物。反之，則倒景與表，若物之高與其景。五卷四。用三數法，以倒景度分爲第一數，表爲第（一）〔二〕數，物高度爲第三數。算之，即所得數爲景度。

第六題

以目測高

本題十五首

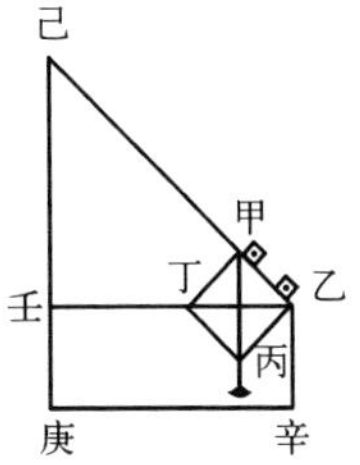

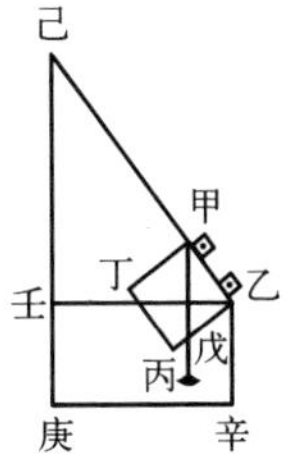

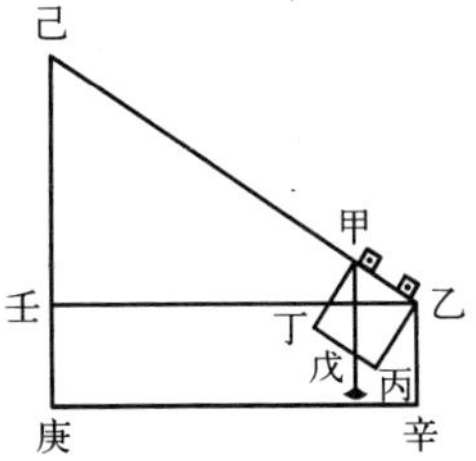

法曰：欲于辛目測己庚之高，先用一有度分之表，與地平爲直角，以審目至足之高。次以矩度向物頂，甲耳在前，目切乙後，而乙辛爲目至足之高，以權線與矩度平直相切，任其垂下。目切于乙不動，而以甲角稍移就物頂，令目光穿兩耳竅，至物頂，作一直線。如不能以目透通光耳中，只取兩耳角或兩小表相對，亦可。細審權線，值何度、分，依前題論，直景與表之比例，表與倒景之比例，皆若庚辛，或等庚辛之乙壬若自乙至壬作直線，即與庚辛平行相等。見一卷卅四。與己壬，壬庚與乙辛等，見一卷廿八。觀上論本篇三題。及本圖自明。蓋三圖之甲乙丙、甲乙戊、甲丁戊，各與其己壬乙爲等角形，則量辛庚之度，而作直景與表之比例，或作表與倒景之比例，皆若辛庚與三數法所求得之他數，即得己壬之高。次加目至足乙辛之高，即得己庚之高。

注曰：如欲測己庚高，權線在直景，即以直景乙戊爲第一數，表爲第二數，庚辛爲第三數。若在倒景，即以表爲第一數，以丁戊倒景爲第二數，庚辛爲第三數，各算定，各加自目至足乙辛數，即得。

若權線不在丙，而有平地可前可却，即任意前却，至權線值丙而止。即不必推算，可知其高。

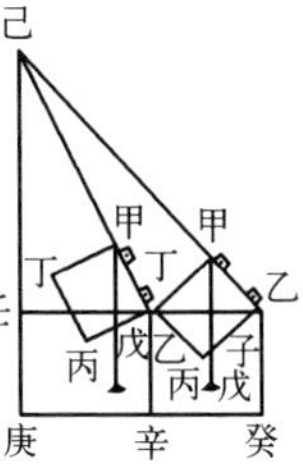

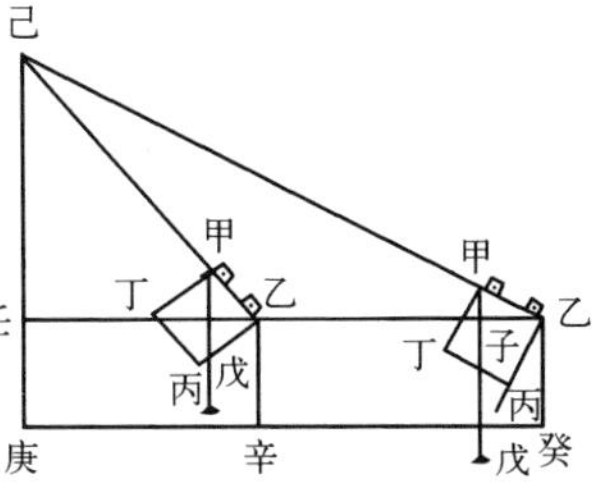

若辛不欲至庚，或不能，或爲山水、林木、屋舍所隔，或地非平面。則用兩直景較算。其法依前用矩度向物頂，審權線在直景否。如在倒景，即以所值度分，變作直景。本篇二題注。次從辛，依地平直線，或前或却，任意遠近。至癸，仍用矩度向物頂，審權線在直景否。如在倒景，亦以所值度分變作直景，本篇二題注。次以兩直景度分相減之較爲第一數，以表爲第二數，以辛癸大小兩相距之較爲第三數。依法算之，即得己壬之高。加自目至足乙癸，即得己庚之高。何者？兩景較，與其表之比例，若兩相距之較，與物之高故。下論詳之。

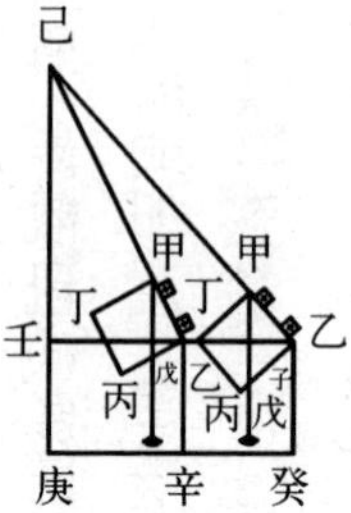

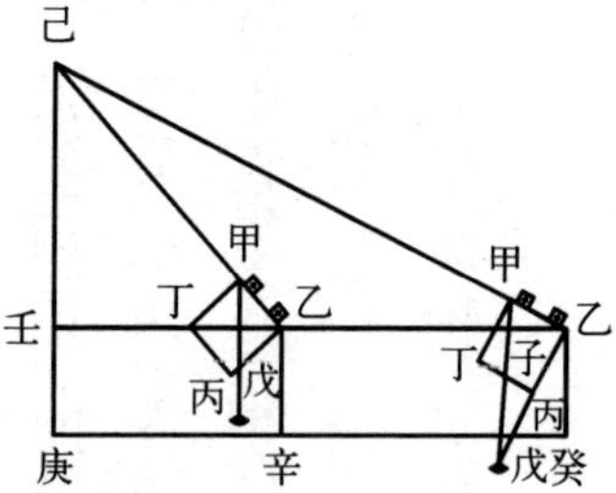

論曰：以兩直景之小乙戊線，減其大乙戊線，存子戊線，爲景較，以兩相距之小庚辛線，減其大庚癸線，存癸辛線，爲距較，則子戊較線與甲乙表之比例，若癸辛較線與己壬線。何者？依上論，本篇三題。大乙戊直景與甲乙表之比例，若乙壬，或等乙壬之庚癸大相距之遠，與己壬之高更之，即大乙戊直景，與大相距癸庚之比例，若甲乙表與己壬之高，五卷十六。依顯小乙戊直景，或等小乙戊之乙子，與小相距之庚辛之比例，若甲乙表與己壬之高，則大乙戊直景與大相距庚癸之比例，亦若乙子小直景，與小相距之庚辛也。夫大乙戊與大相距庚癸，兩全線之比例，既若兩所減之乙子與庚辛五卷十九。轉之，即大乙戊與庚癸兩全線之比例，亦若兩減餘之子戊與辛癸。五卷十九。而前已論乙戊全，與庚癸全之比例，若甲乙表與己壬之高，則兩減餘之子戊與辛癸之比例，亦若甲乙表與己壬之高。五卷十一。更之，則景較子戊與甲乙表之比例，若距較癸辛與己壬之高。五卷十六

注曰：如前圖，欲測己庚之高，先于辛得直景小乙戊爲五度，次却立于癸，得直景大乙戊爲十度。景較五度，以爲第一數，以表度爲第二數。次量距較癸辛十步，以爲第三數。依法算得二十四步，加自目至足乙辛或一步，即知己庚高二十五步。如後圖，先于辛得直景小乙戊爲十一度，次却立于癸，得倒景九度，即如前法，變作大乙戊直景十六度。景較五度，以爲第一數，以表度爲第二數，次量距較癸辛二十步，以爲第三數。依法算得四十八步，加自目至足乙辛或一步，即知己庚高四十九步。

若山上有一樓臺，欲測其樓臺之高。先于平地總測樓臺頂至地平之高，次測山高，減之即得。有樓臺高數層，欲測各層之高，仿此。

第七題

地平測遠

本題十五首

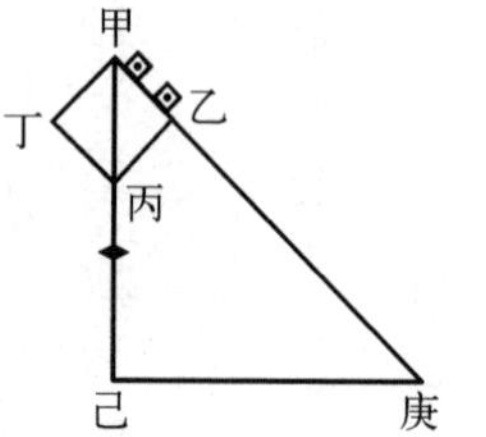

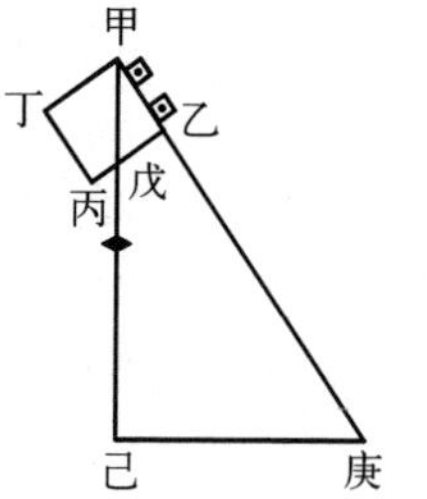

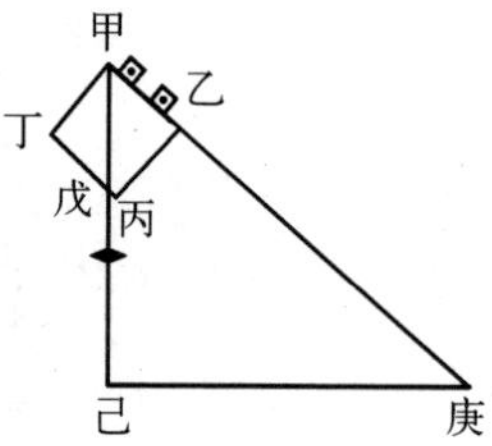

法曰：欲于己，測己庚地平之遠。先用一有度分之表，與地平爲直角，以審目至足之高，爲甲己。若量極遠者則立樓臺或山岳之上，以目下至地平，爲甲己。欲知山岳樓臺之高，己具前測高法。次以矩極甲角切于目，以乙向遠際庚，如前法，稍移就之。令甲乙庚爲一直線，細審權線值何度分，如權線在丙則高與遠等。若在乙丙直景邊，即高大于遠，而矩度上截取甲乙戊與甲己庚爲等角形。何者？兩形之乙與己各爲直角，庚甲己與乙甲戊爲同角，即其餘角必等故。一卷卅二。則甲乙表與乙戊直景之比例，若甲己高與己庚遠也。六卷四。若權線在丁丙倒景邊，即高小于遠，而矩度上截取甲丁戊與甲己庚爲等角形。何者？兩形之丁與己各爲直角，己甲庚與甲戊丁相對之兩內角等，一卷廿九。即其餘角亦等故。一卷卅二。則丁戊倒景與甲丁表之比

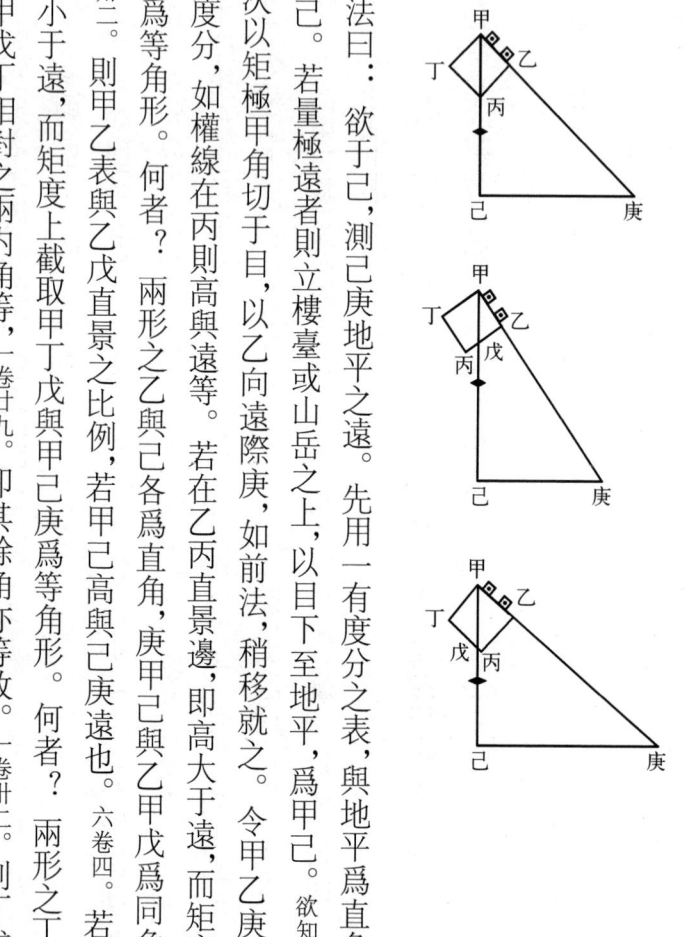

例，若甲己高與己庚遠也。六卷四。次以表爲第一數，直景爲第二數。以倒景爲第一數，表爲第二數。各以甲己爲第三數，依法算之，各得己庚之遠。

第八題

測井之深

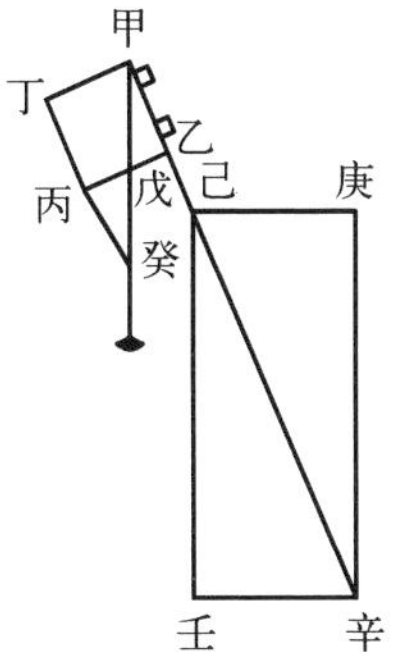

法曰：己壬辛庚井，其口之邊，或徑爲己庚，欲測己壬之深。用矩極甲角切目，以乙從己，向對邊，或徑之水際辛，如前法，稍移就之。令甲乙己辛爲一直線，即權線垂下，截取矩度之甲乙戊，與己壬辛爲等角形。何者？兩形之乙與壬各爲直角，壬己辛與乙甲戊兩角，爲己壬、甲癸兩平行線井甃必用垂線，故與權線平行。之同方內、外角等，一卷廿九。即其餘角亦等故。則乙戊直景與甲乙表之比例，若等己庚口之壬辛底與己壬深也。六卷四。次以直景爲第一數，表爲第二數，己庚爲第三數，依法算之，即得己壬之深。

若權線在倒景，即表與倒景之比例，若井之己庚口與己壬深，觀甲癸丁角形可推。何者？癸與乙甲戊，相對兩內角等，一卷廿九。即與壬己辛角等故。以表爲第一數，倒景爲第二數，己庚口爲第三數，依法算之，亦得己壬之深。

注曰：乙戊直景三度，己庚井口十二尺。依法算得四十八尺，即己壬之深。丁癸倒景四十八度，依法算同。

第九題

以平鏡測高

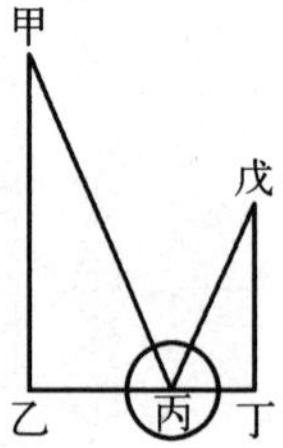

法曰：欲測甲乙之高，以平鏡依地平線置丙，人依地平線立于丁，目在戊，向物頂甲，稍移就之。今目見甲在鏡中心，是甲之景，從鏡心反射于目，成甲丙戊角。即目光至鏡心，偕足至鏡心兩線，作戊丙丁角，與甲丙乙角等，此論見歐几里得《鏡書》第一題。即甲乙丙、戊丁丙爲等角形，乙丁兩皆直角故則足至鏡心丁丙與目至足之高丁戊之比例，若物之底至鏡心乙丙與其高甲乙也。六卷四。今量丁丙爲第一數，丁戊爲第二數，乙丙爲第三數，依法算之，即得甲乙之高。

注曰：可以盂水當鏡，若測極遠，可以水澤當鏡。

第十題

以表測高

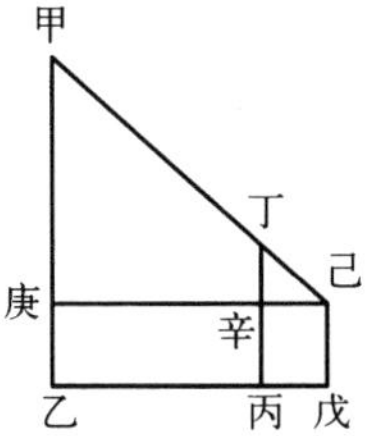

本題十五首

法曰：欲測甲乙之高，依地平線，任立一表于丙，爲丁丙，與地平爲直角。凡立表，以線垂下，三面附表，即與地平爲直角。次依地平線，退立于戊，使目在己，視表末丁與物頂甲為一直線。若表僅與身等或小于身，則俯首移就之可也。或别立一小表爲己戊，亦可。次量目至足之數，次想從己目至甲乙上之庚點，作直線，與乙戊平行，而分丁丙表于辛，即己辛丁、己庚甲爲等角形，六卷四。則等丙戊之辛己，與辛丁之比例，若等乙戊之庚己與庚甲也。次量丙戊爲第一數，辛丁爲第二數，乙戊爲第三數，依法算之，即得甲庚之高。加目至足之數己戊，即得甲乙之高。

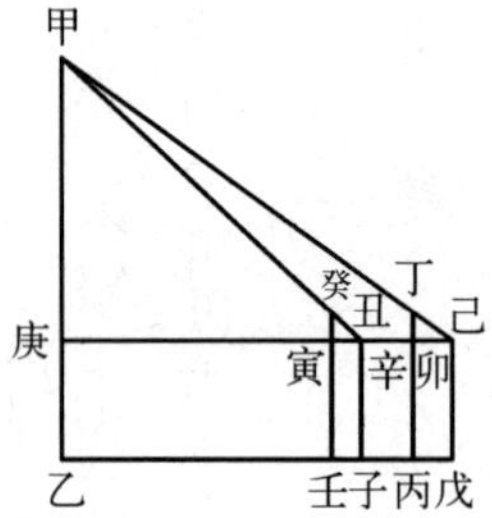

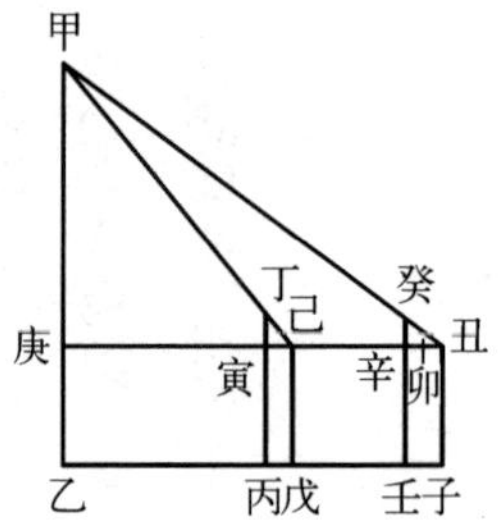

若戊不欲至乙，或不能，則用兩表較算。如前圖，立于戊，目在己，己得辛己等丙戊之度。次依地平線，或前或却，又立一表，或即用前表，或兩表等。爲癸壬。依前法，令丑子與己戊目至足之度等，而使丑、癸、甲爲一直線，即又得寅丑等壬子之度。其壬子若移前所得，必小于丙戊。何者？己辛與辛丁之比例，若己庚與庚甲；丑寅與寅癸，若丑庚與庚甲。六卷四。而己庚與庚甲，大于丑庚與庚甲，五卷八。即己辛與辛丁，亦大于丑寅與寅癸也。又辛丁與寅癸既等，癸壬、丁丙元等，所減寅壬辛丙等，即所存亦等。即己辛必大于丑寅也。五卷十。次以兩測所得之己辛與丑寅，相減得卯辛較，以爲第一數。以表目相減之較丁辛或癸寅爲第二數，以兩相距之較戊子或己丑爲第三數。依法算之，即得甲庚之高。加目至足之數，即得甲乙之高。

論曰：兩測較卯辛，與表目較辛丁或癸寅，其比例若距較戊子或己丑與庚甲。何者？己辛與辛丁，既若己庚與庚甲，五卷四。更之，即己辛與己庚，若辛丁與庚甲也。五卷十一。依顯丑寅與丑庚，若寅癸與庚甲也，則丑寅與丑庚，亦若辛丁與庚甲也。辛丁與寅癸等故。而己辛全線，與己庚全線若己辛所截取之己卯，己卯與丑寅等故。與己庚所截取之丑庚也，則己辛全，與己庚全，亦若己辛分餘之卯辛與己庚分餘之己丑也。五卷十九。前己論己辛與己庚若辛丁與庚甲，即卯辛與己丑，亦若辛丁與庚甲也。更之，即兩測較卯辛與表目較辛丁，若距較等子戊之己丑與甲庚也。若却後而得壬子，則反上論之。

第十一題

以表測地平遠

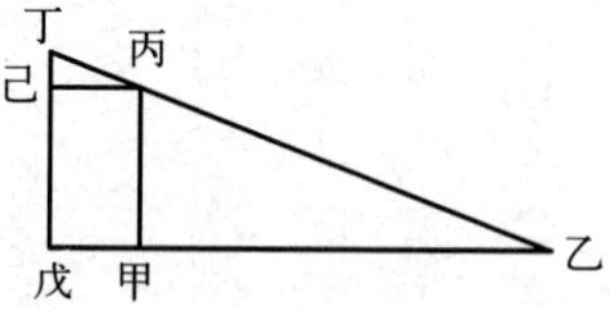

法曰：欲于甲測甲乙地平遠，先依地平線立一表爲丙甲，與地平爲直角。其表稍小于身之長。次却立于戊，目在丁，視表末丙與遠際乙爲一直線。次想己丙作直線，與甲乙平行，而分丁戊于己。即丙己丁、丙甲乙爲等角形。六卷四。何者？甲與己兩爲直角，丙丁己、乙丙甲爲平行線同方内、外角等，一卷廿九。即其餘角必等故。一卷卅二。則表目較丁己與表目相距之度己丙之比例，若丙甲表與甲乙也。次以丁己爲第一數，丙己爲第二數，丙甲爲第三數。依法算之，即得甲乙之遠。

第十二題

以矩尺測地平遠 今木工爲方所用

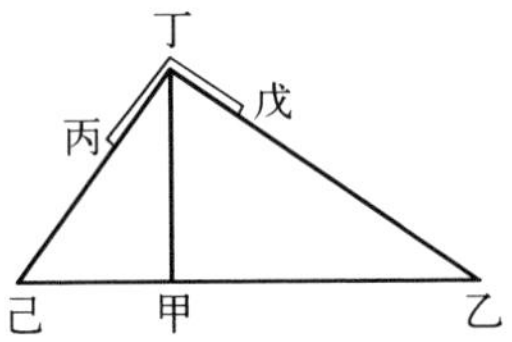

法曰：欲于甲測甲乙地平遠，先立一表，爲丁甲與地平爲直角。次以矩尺之内直角，置表末丁。以丁戊尺向遠際乙，稍移就之，令丁戊乙爲一直線。次從丁丙尺上依一直線視地平，得己。次量己甲爲第一數，丁甲爲第二數，又爲第三數，依法算之，即得甲乙之遠。

論曰：己丁乙既直角，若從丁作丁甲，爲己乙之垂線，即丁甲爲甲己、甲乙之中率。六卷八之系。次以丁甲表自乘爲實，以甲己之度爲法除之，即得甲乙之遠。六卷十七。

第十三題

移測地平遠及水廣

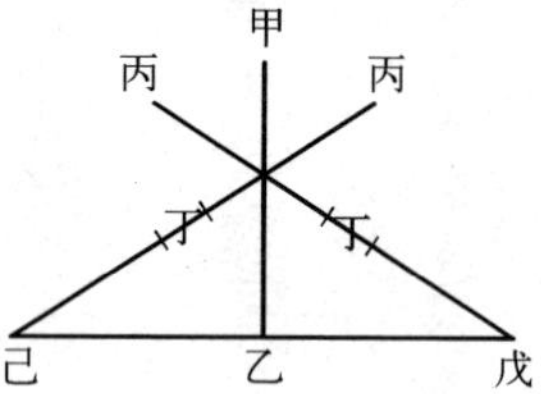

法曰：欲于乙測乙戊地平遠及江河溪壑之廣，凡近而不能至者，於此際立一表，爲甲乙

與地平爲直角。次以一小尺或竹木等爲丙丁，邪加表上，稍移就彼際戊，作一直線。次以表帶尺旋轉，向地平視丙丁尺端所直，得己。次自乙量至己，即得乙戊之數。

論曰：甲乙戊與甲乙己，兩直角形等，即相當之乙戊與乙己兩邊亦等。則量乙己，得乙戊。一卷廿六。

又論曰：若以乙爲心，己戊爲界，作圜，即乙己戊爲同圜之各半徑等。

注曰：如不用表，以身代作甲乙表；不用尺，或以笠覆至目，代作丙丁。如上測之，尤便。

第十四題

以四表測遠 前題測遠諸法，不依極高，不得極遠。此法于平地可測極遠

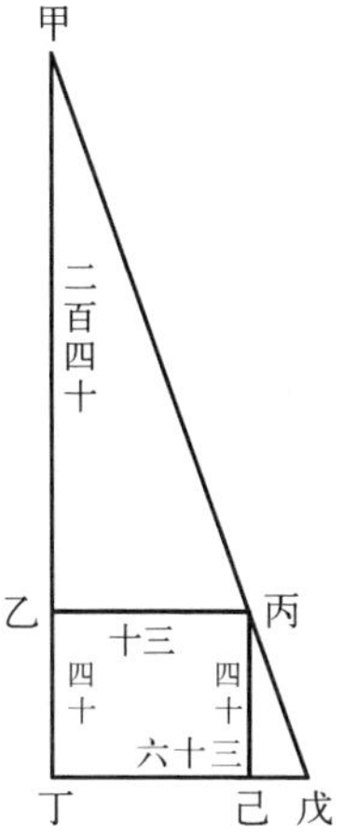

本題十五首

法曰：欲于乙測甲遠，或城或山，凡可望見者皆是。不論平否。擇于平曠處前云依地平線者，必依直線取平。此不必拘。立一表于乙。次任却後若干丈尺，更立一表，爲丁。令兩表與甲甲者，是所測處指定一物，或人、或木、或山，及樓臺之頂皆是。爲一直線。次從乙，依乙丁之垂線，任横行若干丈尺，更立一表，爲丙。次從丁與乙丙平行，任若干丈尺，稍遠于乙丙，又立一表，爲戊。四表俱任意長短。從戊過丙望甲，亦作一直線。次以丁戊、乙丙相減之較爲第一數，乙丁爲第二數，乙丙爲第三數，依法算之，即得甲乙之遠。

論曰：試作丙己直線，即得丙己戊與甲乙丙爲等角形。六卷四。何者？甲乙丙、丙己戊兩爲直角，丙戊己、甲丙乙爲平行線同方内外角等，一卷廿九。即餘角必等故。則戊己與等丙己之乙丁之比例，若丙乙與乙甲。

注曰：如丁戊爲三十六，乙丙爲三十，乙丁爲四十，即以三十與三十六之較六爲第一數，以四十爲第二數，以三十爲第三數。依法算之，得二百四十爲甲乙之遠。

第十五題

測高深廣遠，不用推算而得其度分

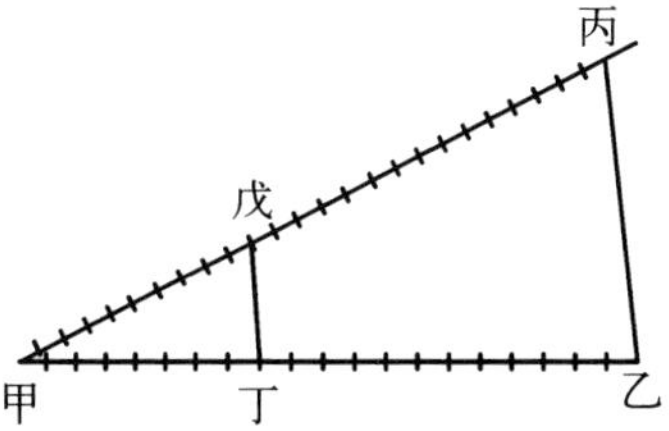

不諳布算，難用前法，其有畸分者更難。今求不用布算，而全數畸分，俱可推得，與布算同功。其法曰：凡測高深廣遠，必先得三率，而推第四率。三率者：其一，直景或倒景；其二，所立處至所測之底（若不能至者，則景較或兩測較）；其三，表或距較也。設如測一高景較八，距較十步，其景較八與表十二之比例，若距較十步，與所求之高。此不論目至足之高。則于平面作甲乙、甲丙兩直線，任相聯爲甲角，從甲向乙，規取八平分，任意長短以當景較爲甲丁，次用元度，從丁向乙，規取十二平分，以當表度。次從甲向丙，規取十平分。其用度與前度任等不等，以當距較。爲甲戊，次從戊至丁，作一直線。次從乙作一直線，與戊丁平行，而截甲丙線于丙，次規取自甲至戊諸分內之一分爲度，從戊向丙，規得若干分，即所求之高。

論曰：甲乙丙角形內之戊丁與乙丙，兩線平行，即甲丁與丁乙之比例，若甲戊與戊丙，六卷二。則戊丙當爲十五分。與三數法合，加目至足之高，即得全高。

又法曰：若景較七度有半，距較八步三分步之一，即物高度十三步三分步之二。如後圖加目至足之高，即得全高。

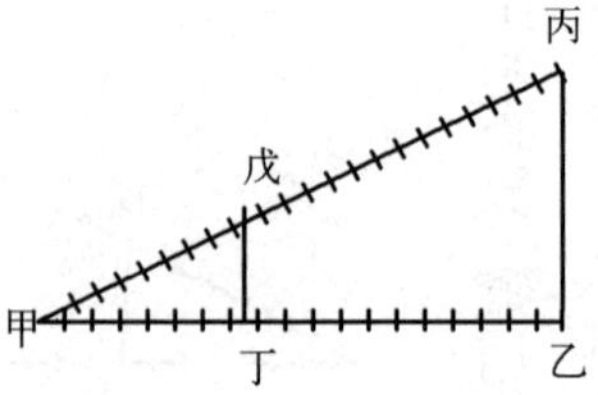

若恒以甲丁爲第一數，丁乙爲第二數，甲戊爲第三數，即恒得戊丙爲第四數。

附：三數算法

三數算法，即《九章》中異乘同除法也。先定某爲第一數，某爲第二、第三數，次以第二、第三兩數相乘爲實，以第一數爲法除之，即得所求第四數。

如月行三日，得三十七度。問九日行幾何度？即以三十七度爲第二數，九爲第三數，相乘得三百三十三數爲實，次以三爲第一數，爲法除之，得一百一十一數，即所求第四月行九日度數。

如有畸分，即用通分、約分法，依上算。如一星行八日三時得十二度二分度之一，問十四日六時，行幾何度？即以八日三時，通作九十九，爲第一數。以十二度二分度之一，通作二十五，爲第二數。以十四日六時通作一百七十四，爲第三數。次以二十五與一百七十四，相乘得四千三百五十爲實，以九十九爲法除之，得四十三分九十三。次以二分爲一度，約得二十一度三十三分度之三十二，即所求第四本星行十四日六時度分之數。

測量異同

〔明〕徐光啓 撰
李天綱 點校

點校説明

《測量異同》，署「吴淞徐光啓撰」。明刻本《測量異同》獨立成篇，但和《測量法義》同一板式，同時刊刻。「法義」、「異同」，測量二書，本為一種。徐光啓將中西算學比較之内容，單獨撰述，成此《測量異同》。李之藻編輯《天學初函》時，《測量異同》並不單列，作爲《測量法義》的附録。《四庫全書總目提要》述《天學初函》中各書之關係，稱「《測量異同》，實自爲卷帙，而目録不列，蓋附於《測量法義》也」。《四庫全書》將《測量異同》分列，《四庫全書總目提要》將《測量法義》一卷、《測量異同》一卷和《勾股義》一卷，共三卷（均兩江總督採進本），一並列述。

《測量異同》之撰述方法如清人總結，乃「取古法《九章》勾股測量，與新法相較，證其異同，所以明古之測量法雖具，而義則隱也」（《四庫全書總目提要》）。《測量異同》就漢代《九章》等書中的測量法，將其中隱含的數學原理，通過和西學比較，彰顯出來。《測量異同》固應單列，因其涉及與漢代「古法」之比較，是利瑪竇「西學」之引申，爲徐光啓個人作品。《徐光啓著譯集》據《周髀井田記》所收之《測量異同》明刻本影印，爲本次標點之底本。

李天綱

二〇一〇年十一月

目録

點校說明……三九
第一題……四三
第二題……四四
第三題……四五
第四題……四六
第五題……四八
第六題……四九

《九章算法・勾股篇》中，故有「用表」、「用矩尺」、「測量」數條，與今譯《測量法義》相較，其法畧同，其義全闕，學者不能識其所繇。既具新論，以考舊文，如視掌矣。今悉存諸法，對題臚列，推求同異，以竢討論。其舊篇所有，今譯所無者，仍補論一則，共爲《測量異同》六首，如左：

第一題 與前篇第四題同

以景測高

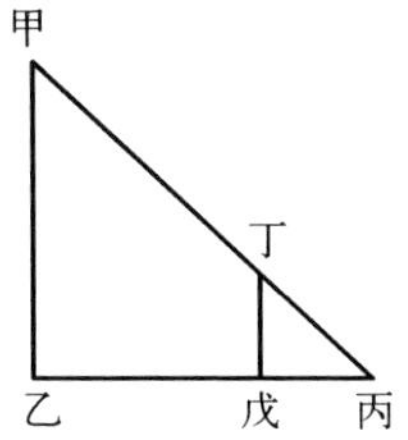

欲測甲乙之高，其全景乙丙，長五丈。立表于戊，爲丁戊，高一丈。表景戊丙，長一丈二尺五寸。以表與全景相乘，得五萬寸爲實。以表景百二十五寸爲法除之，得甲乙高四丈。

此舊法與今譯同。

第二題　與前篇第十題同

以表測高

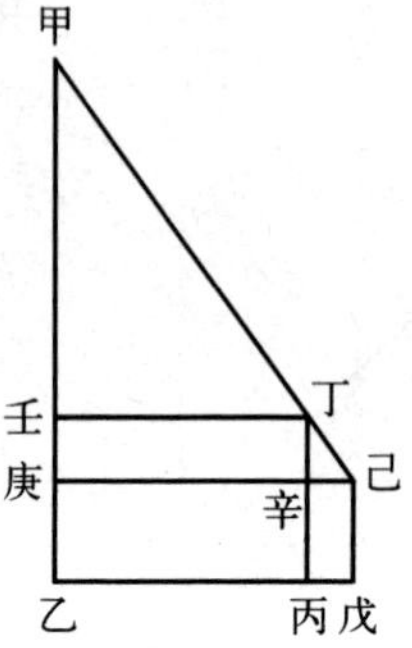

欲測甲乙之高，去乙二十五尺，立表于丙，爲丁丙，高一丈。却後五尺，立于戊，使目在己。戊至己，高四尺。視表末丁，與甲爲一直線。次以丁丙表高十尺，減目至足丁辛四尺，得表目之較辛丙六尺，以乘乙丙二十五尺，得百五十尺爲實。以丙戊五尺爲法除之，得三十尺，加表十尺，得甲乙高四十尺。

此舊法以甲壬丁爲大三角形，以丁辛己爲小三角形。今譯以甲庚己爲大三角形，丁辛己爲小三角形，其實同法同論。何者？甲壬與壬丁，若甲庚與庚己也。六卷四。

第三題 與前篇第八題同

以表測深

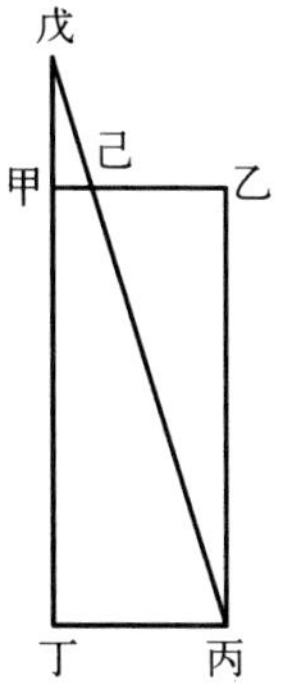

甲乙丙丁井，欲測深。其徑甲乙五尺，立一表于井口，爲戊甲。高五尺，從戊視丙，截甲乙徑于己。甲至己，得四寸。次以井徑五尺，減甲己四寸，存己乙四尺六寸，以乘戊甲五尺，得二千二百寸爲實。以甲己四寸爲法除之，得井深五丈七尺五寸。

此舊法以戊甲己爲小三角形，己乙丙爲大三角形。今譯當以戊甲己爲小三角形，戊丁丙爲大三角形，其實同法同論。何者？戊丁與丁丙，若丙乙與乙己也。一卷卅四可推。

第四題 與前篇第十題後法同

以重表兼測無遠之高、無高之遠

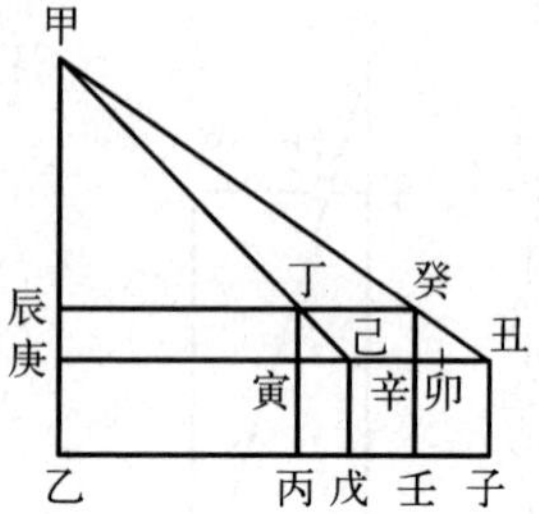

欲于戊測甲乙之高，乙丙之遠。或不欲至，或不能至，則用重表法，先于丙立丁丙表，高十尺。却後五尺，立于戊，目在己。己戊高四尺，視表末丁與甲爲一直線。次從前表却後十五尺，立一癸壬表于壬，亦高十尺。却後八尺，立于子。去壬八尺，其目在丑，丑子亦高四尺。從丑視癸甲，亦一直線。次以表高十尺減足至目四尺，得表目較癸辛或丁寅六尺，與表間度癸丁或壬丙，十五尺。相乘，得九十尺爲實。以兩測所得己寅、丑辛相減之較卯辛三尺，此較舊名景差，今名兩測較。爲法除之，得三十尺。加表高十尺，得甲乙高四十尺。若以兩測所得之小率丙戊五尺，與表間度癸丁或壬丙十五尺，相乘，得七十五尺爲實。以卯辛三尺爲法除之，即得乙丙遠二十五尺。

此舊法測高，以癸辛或丁寅與辛卯，皆甲辰與等壬丙之丁癸，爲同理之比例。今譯以癸辛或丁寅與辛卯，皆甲庚與等戊子之己丑，爲同理之比例，舊用壬丙表間也，今用戊子，距較也。其實同法同論。何者？甲辰與辰丁，若甲庚與庚己也。辰丁與丁癸，若庚己與己丑也。六卷四。平之，則甲辰與丁癸，若甲庚與己丑也。

補論曰：舊法以重表測遠，則卯辛與等丙戊之己寅之比例，若等壬丙之癸丁與等乙丙之丁辰。何者？甲辰癸、癸辛丑爲等角形，六卷卅二。即丑辛、癸辰爲相似邊。六卷四。甲辰丁、丁寅己爲等角形，即己寅、丁辰爲相似邊。是丑辛與癸辰，若己寅與丁辰也。六卷四。更之，則丑辛與己寅，若癸辰與丁辰也。今于丑辛減己寅之度，存卯辛。于癸辰減丁辰，存癸丁，則卯辛與己寅，若癸丁與丁辰也。所減之比例等，所存之比例亦等。

第五題 與前篇第十四題同

以四表測遠

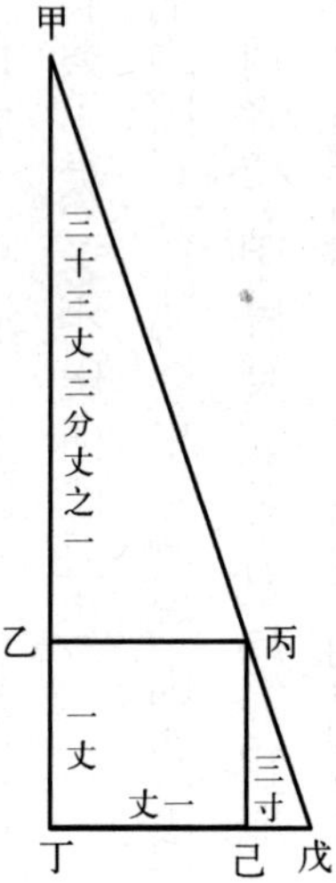

欲測甲乙之遠，于乙上立一表。次于丙、己、丁上，各立一表，成乙丙己丁直角方形。每表相去一丈，令丁、乙二表與甲爲一直線。次于己表之右戊上，視丙表與甲爲一直線，戊己相去三寸。次以乙丙乙丁相乘，得一萬寸爲實。以戊己三寸爲法除之，得甲乙高三十三丈三分丈之一。

此舊法與今譯同。

第六題 與前篇第十題後法同理

以重矩兼測無廣之深，無深之廣 稍改舊法以從今論

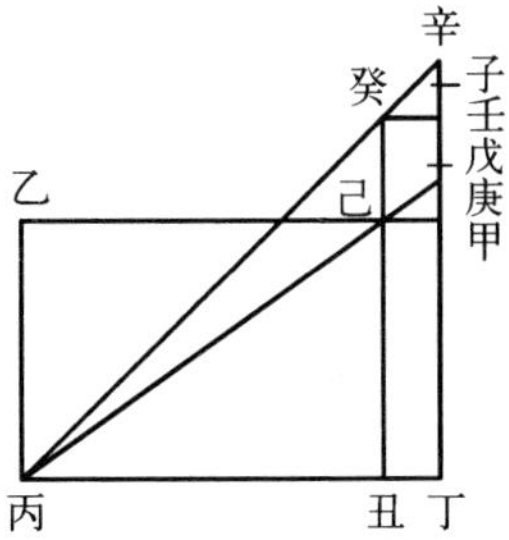

有甲乙丙丁壁立深谷，不知甲乙之廣，欲測乙丙之深，則用重矩法。先于甲岸上，依垂線，立戊甲己句股矩尺。甲己句長六尺，從股尺上，視句末己與谷底丙，爲一直線，而遇戊甲股于庚。庚甲高五尺。次于甲上，依垂線取壬。壬去甲一丈五尺，于壬上依垂線，更立一辛壬癸句股矩尺，壬癸句亦長六尺。從股尺上視句末癸，與谷底丙爲一直線，而遇辛壬股于辛，辛壬高

八尺。次以前股所得庚甲五尺，與兩句間壬甲十五尺，相乘，得七十五尺爲實。以兩股所得庚甲、辛壬相減之較辛子三尺，爲法除之，即得乙丙深二十五尺。若以句六尺與兩句間十五尺，相乘，得九十尺爲實。以辛子三尺爲法除之，即得甲乙之廣三十尺。

測深論，作癸己丑直線，與本篇第四題《重表測遠・補論》同。測遠論，與前篇第十題《重表測高》論同。

句股義

〔明〕徐光啓 撰
李天綱 點校

點校説明

《勾股義》，署「吴淞徐光啓撰」，按徐光啓《勾股義序》，「自余從泰西子譯得《測量法義》，不揣復作勾股諸義，即此法底裏洞然，於以通變施用，如伐材於林，挹水於澤」，則利徐合作《測量法義》之後，徐光啓單獨寫作《勾股義》。《勾股義》有明刻本，曾收入李之藻編《天學初函》。《四庫全書》據兩江總督採進本加以抄録。上海市文物管理委員會編《徐光啓著譯集》時，據《周髀井田記》所收之該書明刻本加以影印。此次據《徐光啓著譯集》本排印點校。《周髀井田記》之《勾股義》本，刊刻徐光啓爲本書所作之「敘曰」一段文字。「敘曰」之後，又有一起裝訂而不明作者的《勾股》之抄本。《徐光啓著譯集》編者判斷《勾股》「是孫元化『刪爲正法十五條』的初稿」，並在《勾股義》後附録，比較妥當，此因之。

在《勾股義序》中，「徐光啓曰：周髀、勾股者，世傳黄帝所作，而經言庖犧，疑莫能明也。然二帝皆用造曆，而禹復藉之以平水土。蓋度數之用，無所不通者也。」徐光啓以爲勾股是周公問於商高，所傳爲庖犧之大法，治曆理水，「無所不通」，故應爲經學之根本。事實上，勾股學問自漢代以後被儒者輕忽，幾乎淪爲「絶學」。徐光啓翻譯《幾何原本》，力圖借「西學」之「幾何」，推動「漢學」之「勾股」復興，達成明代學術的新高度。《勾股義》即引《幾何原本》之「義」，詮釋古代「勾股」之「法」。此所謂「欲求超勝，必須會通；會通之前，必先翻譯。」《四庫全書總目提要》評論《勾股義》，稱其「取古法《九章》勾股、測量與新法相較，證其異同，所以明古之測量法雖具，而義則隱也。然測量僅勾股之一端，故於三卷則專言勾股之義焉。」亦屬同一看法。

李天綱

二〇一〇年十一月

目録

點校説明……五一
句股義序……五五
句股義……五七
附録……八四
句股……八五

句股義序

《周髀算經》曰：「昔者周公問於商高，曰：『竊聞乎大夫善數也，請問古者庖犧立周天曆度，夫天不可階而升，地不可尺寸而度，請問數從安出？』商高曰：『數之法出圓於方。圓出於方，方出於矩，矩出於九九八十一。故折矩以爲句廣三，股修四，徑隅五。既方之外，半其一矩，環而共盤，得成三四五兩矩，共長二十有五，是謂積矩。故禹之所以治天下者，此數之所生也。』」漢趙君卿注曰：「禹治洪水，決流河，望山川之形，定高下之勢，除滔天之災，釋昏墊之厄，使東注於海而無浸溺，乃句股之所由生也。」又曰：「觀其迭相規矩，共爲反覆，互與通分，各有所得。然則統叙羣倫，弘紀衆理，貫幽入微，鉤深致遠。故曰其裁制萬物，惟所爲之也。」

徐光啓曰：《周髀》句股者，世傳黄帝所作，而經言庖犧，疑莫能明也。然二帝皆用造曆，而禹復藉之以平水土，蓋度數之用，無所不通者也。後世治曆之家代不絶，人亦且增修遞進。至元郭守敬若思，十得其六七矣，亡不資算術爲用者，獨水學久廢，即有耑門名家，代不一二人，亦絶不聞以句股從事。僅見《元史》載守敬受學於劉秉忠，精算數水利，巧思絶人。世祖召見，面陳水利六事。又陳水利十有一事。又嘗以海面較京師至汴梁定其地形高下之差。又自孟門而東循黃河故道，縱廣數百里間，各爲測量地平，或可以分殺河勢，或可以灌溉田土，具有圖志。如若思者，可謂博大精深，繼神禹之絶學者矣。勝國畧信用之，若通惠會通諸役僅十之一二。後其書復不傳，實可惜也。

至乃遡其爲法，不過句股測量變而通之，故在人耳。又自古迄今，無有言二法之所以然者。自余從泰西子譯得《測量法義》，不揣復作句股諸義，即此法底裏洞然，於以通變施用，如伐材於林，挹水於澤，若思而在，當爲之撫掌一快已。方今曆象之學，或歲月可緩，紛綸衆務，或非世道所急。至如西北治河，東南治水利，皆目前救時至計。然而欲尋禹績，恐此法終不可廢也。有紹明郭氏之業者，必能佐平成之功。周公豈欺我哉？

句股遺言，獨見於《九章》中，凡數十法，不出余所撰正法十五條。元李冶廣之作《測圓海鏡》，近顧司寇應祥爲之分類釋術，余欲爲説其義未遑也。其造端第一論，則此篇之七亦畧具矣。《周髀》首章《九章》，句股之鼻祖。甄鸞、李淳風輩爲之重釋，頗明悉，實爲鼻算術中古文第一。余故爲採摭要語，弁諸篇端，以俟用世之君子不廢芻蕘者。其圖註見他本爲節解，至於商高問答之後，所謂榮方問於陳子者，言日月天地之數，則千古大愚也。李淳風駁正之，殊爲未辨。若《周髀》果盡此，其學廢弗傳，不足怪。而亦有近理者數十語，絶勝渾天家，余嘗爲雌黃之，別有論。

句股義

句股，即三邊直角形也。底線爲句，底上之垂線爲股，對直角邊爲弦。句股上兩直角方形并與弦上直角方形等，故句三股四，則弦必五。一卷四七注。從此可以句股求弦，句弦求股，股弦求句。一卷四七注。可以求句股中容方容圓，可以各較求句求股求弦，可以各和求句求股求弦，可以大小兩句股互相求。可以立表求高深廣遠，以通句股之窮；可以二表四表求極高深極廣遠，以通立表之窮。其大小相求及立表諸法，《測量法義》所論著畧備矣。句股自相求以至容方容圓、各和各較相求者，舊《九章》中亦有之，第能言其法，不能言其義也。所立諸法，蕪陋不堪讀，門人孫初陽氏删爲正法十五條，稍簡明矣。余因各爲論譔其義，使夫精於數學者攬圖誦説，庶或爲之解頤。

第一題

句股求弦

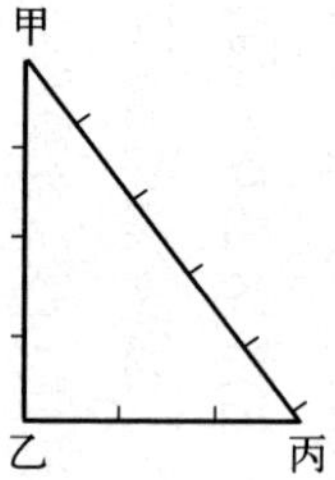

法曰：甲乙股四，乙丙句三，求弦。以股自之得十六，句自之得九，并得二十五爲實。開方得甲丙弦五。

第二題

句弦求股

法曰：如前圖，乙丙句三，自之得九。甲丙弦五，自之得二十五。相減，得較十六。開方，得甲乙股四。

第三題

股弦求句

法曰：如前圖，甲乙股四，自之得十六。甲丙弦五，自之得二十五。相減得較九，開方得乙丙句三。

已上三論，俱見一卷四十七題。凡言「某卷某題」者，皆引《幾何原本》爲證。下同。

第四題

句股求容方

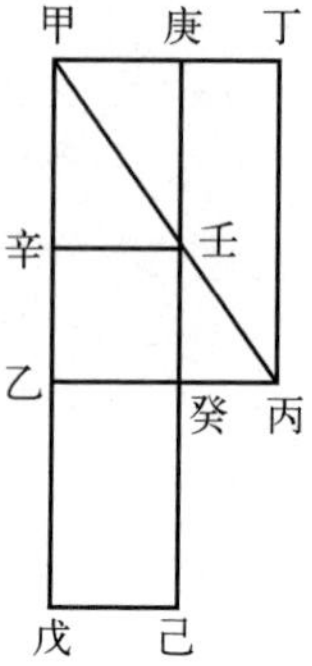

法曰：甲乙股三十六，乙丙句二十七，求容方。以句股相乘爲實，并句股得甲戊六十三爲法，除之，得容方辛乙、乙癸各邊，俱一十五四二八。

論曰：甲乙三十六，乙丙二十七，相乘得九百七十二以爲實，即成甲乙丙丁直角形。次以甲乙、乙丙并得六十三爲法，即成甲戊線。除實，得戊己邊十五四二八，即成甲戊己庚直角形，與甲乙丙丁形等。六卷十六。而己庚邊，截乙丙句于癸，甲丙弦于壬，即成乙辛壬癸滿句股之直角方形。何者？甲乙丙丁與甲戊己庚，兩形互相視，即甲乙與甲戊，若乙癸與乙丙六卷十五。分之，即甲乙與乙戊若乙癸與癸丙。是甲乙與乙丙，亦若乙癸與癸丙也。乙丙乙戊元等。又甲辛與辛壬，若壬癸與癸丙。六卷四。更之，即甲辛與壬癸，若辛壬與癸丙也。而辛乙與壬癸等，乙癸與辛壬等，則甲辛與辛乙，若乙癸與癸丙矣。夫甲乙與乙丙，既若乙癸與癸丙，而甲辛與辛乙，又若乙癸與癸丙，則甲乙與乙丙亦若甲辛與辛乙，而乙辛壬癸爲滿句股之直角方形。

六卷十五增題。

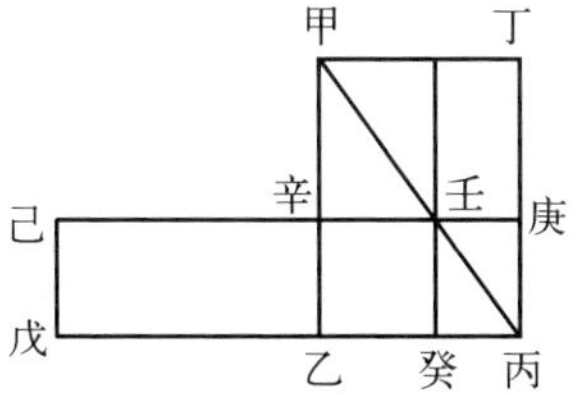

又簡論曰：如前圖，以甲乙戊爲法而除甲丙實，既得甲庚戊己，各與方形邊等。今以等甲乙戊之丙乙戊爲法，而除甲丙實，得庚丙、戊己，亦各與方形邊等，則辛乙癸壬爲直角方形。

第五題

餘句、餘股，求容方，求句，求股

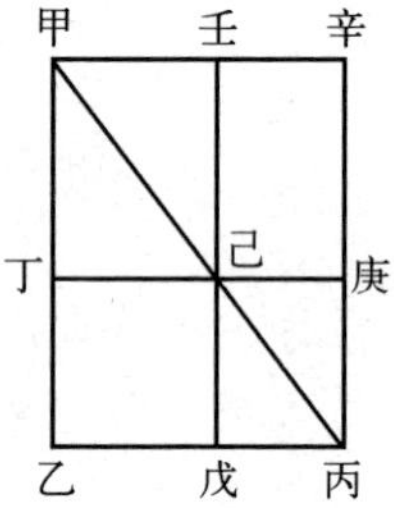

法曰：甲丁餘股七百五十，戊丙餘句三十，求丁乙戊己容方邊。以丙戊、甲丁相乘，得二萬二千五百爲實。開方，得容方乙丁、丁己各邊俱一百五十。加餘股，得股九百。加餘句，得句一百八十。

論曰：甲丁、戊丙，相乘爲實，即成己壬辛庚直角形，與丁乙戊己爲甲丙角線形内之兩餘方形等。一卷四三。而壬己與己戊，偕丁己與己庚，爲互相視之邊，六卷十四。故己壬辛庚之實，即丁乙戊己之實。開方，得丁乙戊己直角方形邊。

又論曰：甲丁與丁己，既若己戊與戊丙，六卷四之系。即方形邊，當爲甲丁、戊丙之中率。六卷卅三之十五增題。今列甲丁七百五十，戊丙三十，而求其中率之數。其法以前率比後率，爲二十五倍大之比例。二十五開方得五，則中率當爲五倍之比例，甲丁七百五十，反五倍得一百五十。一百五十反五倍，得丙戊三十，則方形邊一百五十，爲甲丁、丙戊之中率。六卷界說五。

第六題

容方與餘句，求餘股； 與餘股，求餘句。

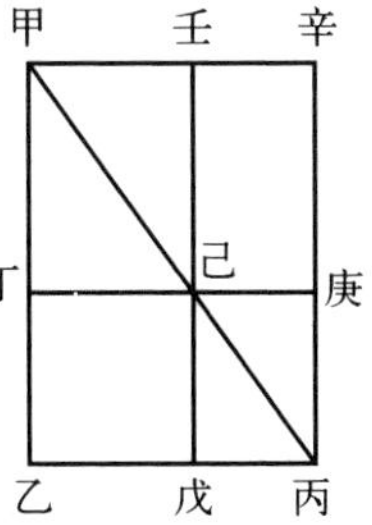

法曰：容方乙丁、丁己各邊，俱一百五十。戊丙餘句三十，求甲丁餘股。以容方邊自之爲實，以餘句爲法除之，得甲丁餘股七百五十，以容方與餘股求餘句法同。

論曰：如上論，兩餘方形等實，故以等己庚之丙戊除之，得等壬己之甲丁。

又論曰：方形邊，既爲甲丁戊丙之中率，六卷卅三之十五增題。即方形邊自乘爲實。以戊丙除之，得甲丁。以甲丁除之，得戊丙。六卷十七。

第七題

勾股求容圓

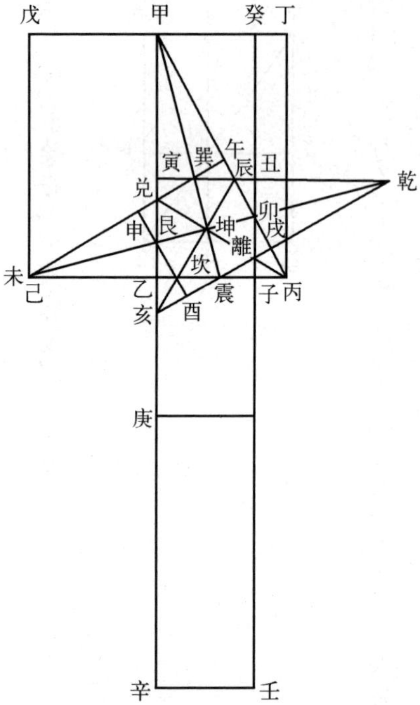

法曰：甲乙股六百，乙丙句三百二十，求容圓。以句股相乘得一萬九千二百，倍之，得三萬八千四百爲實。别以句股求弦，得甲丙弦六百八十，本篇一。并勾股弦爲法。除實，得容圓徑乙子二百四十。

論曰：甲乙股、乙丙勾相乘，即甲乙丙丁直角形。倍之，爲實，即丙丁戊己直角形。求得甲丙弦，并勾股，得一千六百。於甲乙線引長之，截乙庚與句等，庚辛與弦等，得甲辛，爲弦和和線，以爲法。除實，得辛壬邊二百四十，即成甲辛壬癸直角形，與丙丁戊己形等，六卷十六。而壬癸邊截乙丙句於子，次從子作子丑寅乙直角方形，即此形之各邊皆爲容圓徑。曷名爲「容圓徑」也？謂於甲乙丙三邊直角形內，作一圜，其甲丙弦，截子丑寅乙直角方形之卯辰線，與乙子、子丑、丑寅、寅乙諸邊，皆爲切圜線也。則何以顯此五邊之皆爲切圜線乎？試于甲乙丙形上，復作一丙午未直角三邊形，交加其上，其午丙與乙丙等，未午與甲乙等，未丙與甲丙等，即兩形必等。一卷廿二可推。次依丙午未直角，作午申酉戌直角方形，與乙子丑寅直角方形等。次于戌酉線引之至亥，又成甲戌亥直角三邊形，以甲爲同角，交加于甲乙丙形之上，亦以午申、酉戌爲容圓徑。次于亥戌、寅丑兩線引之，遇于乾，又成乾寅亥直角三邊形，以亥爲同角，交加于甲乙丙形之上，亦以乙子、丑寅爲容圓徑。次作丙兑線，遇諸形之交加線于離、于兑，次作甲震線，遇諸形之交加線于巽、于震，次作亥辰線，遇諸形之交加線于坎、于辰，次作未乾線，遇諸形之交加線于艮、于卯，而四線俱相遇于坤。夫午丙與乙丙兩線等，而減相等之午戌、乙子，即戌丙與子丙必等。丙離同線，丙戌離、丙子離，又等爲直角。戌離丙，子離丙，又俱小於直角，即丙離戌、丙離子，兩三角形必等，而兩形之各邊、各角俱等，六卷七。則丙兑線，必分甲丙未角爲兩平分矣。一卷九。又子離與戌離，兩邊既等，本論。子離震、戌離卯兩交角又等，一卷十五。卯戌離、震子離又等爲直角，即卯離戌、離震子之各邊、各角俱等，而兩形亦等。一卷廿六。又子離與離戌兩邊既等，離卯與離震兩邊又等，本論。即子卯與戌震兩邊亦等。子丑與戌酉，各爲相等之直角方形邊，必等。而各減相等之子卯、戌震，其所存卯丑、震酉必等。丑卯辰、坎震酉兩角，又各爲離卯戌、離震子相等角之交角，必等。辰丑卯、震酉坎，又等爲直角，即卯丑辰、震酉坎之各邊、各角俱等，而兩形亦等。一卷廿六。依顯午巽辰與坎艮乙之各邊、各角俱等，而兩形亦等。巽寅兑與兑艮申之各邊、各角俱等，而兩形亦等。又子丙、戌丙之數各八十，乙子、戌午各二百四十，以諸率分數論之，則丑卯、酉震各九十，丑辰、坎酉各四十八，卯辰、坎震各一百〇二，算見《測圓海鏡》之句股步率。則減丑卯之卯子，必一百五十也。卯子股一百五十，丙子句八十，以求卯丙弦，則一百七十也。本篇一次減丙戌八十，即卯戌亦九十也。丑辰卯、卯戌離兩三角形之辰丑卯、離戌卯，既等爲直角，丑卯辰、戌卯離兩交角又等，丑卯與戌卯復等，即兩形必等，而其各邊、各角俱等。一卷廿六。依顯子離震與震酉坎兩形亦等，依顯諸形之交角者皆相等，其連角如酉亥坎、乙亥坎兩形亦等，而子離、離戌，皆四十八也，則酉坎、坎乙亦皆四十八也，亥酉、亥乙皆八十也。子乙與戌酉等，子丙與酉亥復等，則乙丙與戌亥必等。而甲爲同角，甲乙丙、甲戌亥又等爲直角，則甲乙丙、甲戌亥之各邊、各角俱等，而兩形亦等。一卷廿六。甲亥與甲丙既等，各減相等之丙戌、乙亥，又減相等之乙寅、戌午，即甲寅與甲午必等。夫甲巽午、甲巽寅兩形之甲寅、甲午既等，甲巽同線，甲午巽、甲寅巽又等爲直角，即兩形必等，而各邊、各角俱等，六卷七。是甲震線必分丙甲亥角爲兩平分也。一九卷。甲乙丙一形內，既以丙兑線分甲丙乙角爲兩平分，又以甲震線分丙甲乙角爲兩平分，而相遇于坤，則以坤爲心，甲乙爲界作圜，必切乙子、子丑、丑寅、寅乙、卯辰五邊，而爲甲乙丙直角三邊形之內切圜，即乙丑直角方形之各邊爲容圓徑。四卷四。展轉論之，則各大直角三邊形內之分角線，皆分本角爲兩平分，皆遇于坤。而坤心圜爲各形之內切圜，即兩直角方形邊爲各句股形內之容圓徑。

又法曰：甲乙股六百，乙丙句三百二十，并得九百二十，與甲丙弦六百八十相減，亦得乙子二百四十。

論曰：如前論，諸大句股形之分餘勾，俱八十。諸勾股和與諸弦相減之較，亦俱八十，則初分句二百四十，爲諸形之容圓徑。

第八題

句股較求股求句

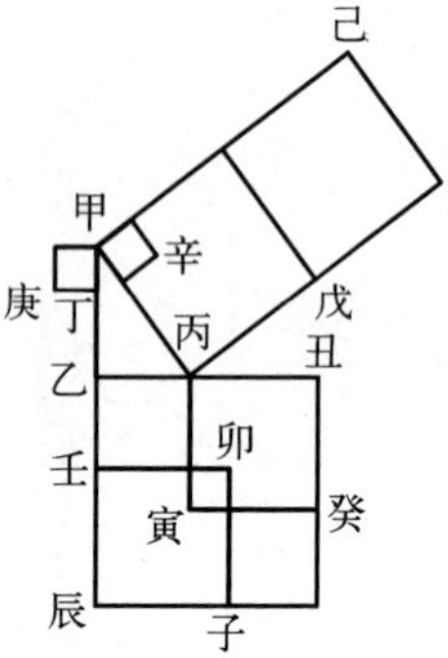

法曰：甲丙弦四十五，甲乙股、甲丙句之較，爲甲丁九，求股、求句。以弦自之，得二千〇二十五，倍之，得四千〇五十，較自之，得八十一，以減兩弦冪，存三千九百六十九爲實，開方得句股和六十三，加較九，得七十二，半之，得三十六，爲甲乙股減較，得二十七爲乙丙句。

論曰：弦冪爲甲戊直角方形，倍之爲己丙直角形。較冪爲甲庚直角方形，與甲辛等。相減，即得減甲辛形之己辛丙罄折形也。今欲顯己辛丙罄折形開方而得句股和者，試察甲丙上直角方形，與甲乙、乙丙上兩直角方形并等，一卷四七。即甲戊一弦冪內有一甲乙股冪、一乙丙句冪也。己丙兩弦冪內，有兩甲乙冪、兩乙丙冪也。故以己丙爲實，開方即得丑辰直角方形。其丑寅與卯辰兩形，兩股冪也；丙壬與癸子兩形，兩句冪也。而丑寅、卯辰之間，則重一等甲辛之卯寅形，減之，即丑辰直角方形與己辛丙罄折形等矣。乙丙爲句，丙丑與甲乙等，故乙丑邊，即句股和也。若于乙丙句加甲丁較，即與甲乙股等，故甲乙、乙丙、甲丁并，半之爲甲乙股，以甲丁較減甲乙股，爲乙丙句。

第九題

句弦較求句求弦

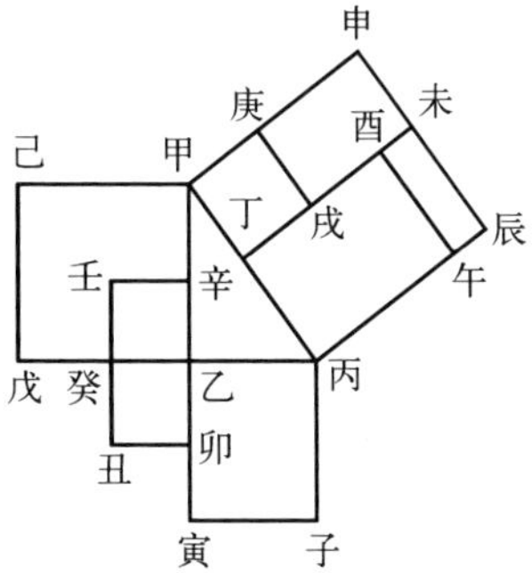

法曰：甲乙股三十六，乙丙句甲丙弦之較爲甲丁十八，求句求弦。以股自之，得一千一百九十六，較自之，得三百二十四。相減，存九百七十二爲實，倍較爲法，除之得二十七爲乙丙句，加較，得四十五爲甲丙弦。

論曰：股羃爲甲戊直角方形，較羃爲丁庚直角方形，與辛癸等。相減存甲壬戊罄折形爲實，次倍甲丁較線爲乙寅線以爲法，除實即得乙子直角形，與甲壬戊罄折形等。何者？乙子直角形，加一等較羃之乙丑直角方形，成子卯癸罄折形，即與股羃之甲戊直角方形等也。又何者？甲丙弦羃之甲辰直角方形内，當函一句羃、一股羃，一卷四七。試于甲辰形内截取丁庚較羃之外，分作庚未、未午、午丁三直角形，其甲庚、申未、酉戌三線各與甲丁較線等，庚申、未戌、未辰、午酉四線各與等乙丙句之丁丙線等。夫未酉、酉戌并，與句等；即申未、未酉并，亦與句等。而庚申、未辰，各與句等，即庚未、未午兩形并爲句羃，而丁庚、午丁兩形并爲股羃矣。丁戌、戌酉，兩較也；乙卯、卯寅，亦兩較也。而丁丙與乙丙元等，即丁午、乙子兩形等，丁庚與乙丑兩形又等，即丁庚、午丁并，與子卯癸罄折形等。而子卯癸罄折形，與股羃之庚戌形等，此兩率者，各減一等，較羃之辛癸、乙丑形，即乙子直角形，與甲壬戊罄折形等。

又法曰：股自之，得一千一百九十六爲實，以句弦較十八爲法除之，得句弦和七十二，加較，得九十，半之，得弦四十五，減較，得句二十七。

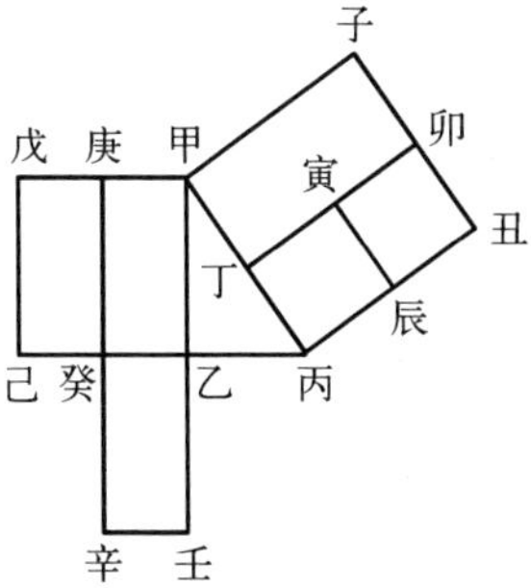

論曰：股冪爲甲己直角方形，以較而一，爲甲辛直角形，即得甲壬邊，與乙丙、丙甲句弦和等。何者？甲丙弦冪之甲丑直角方形內，當函一股冪，一句冪，一卷四七。試于甲丑形內，截取子卯、丑辰邊，各與甲丁較線等，即卯丑、辰丙俱與等乙丙句之丁丙線等。而作甲卯、卯辰、辰丁三直角形，其辰丁形之四邊，皆與句等。句冪也，即甲卯、卯辰兩形，當與股冪等，亦當與甲辛形等。而甲庚、卯寅，皆較也；甲子，弦也；卯丑，句也，則甲辛形之甲壬邊，與句弦和等。

第十題

股弦較求股求弦

法曰：乙丙句二十七，甲乙股、甲丙弦之較爲丙丁九，求股、求弦。以句自之，得七百二十九，較自之，得八十一，相減得六百四十八爲實。倍較爲法，除之，得甲乙股三十六。加較，得甲丙弦四十五。

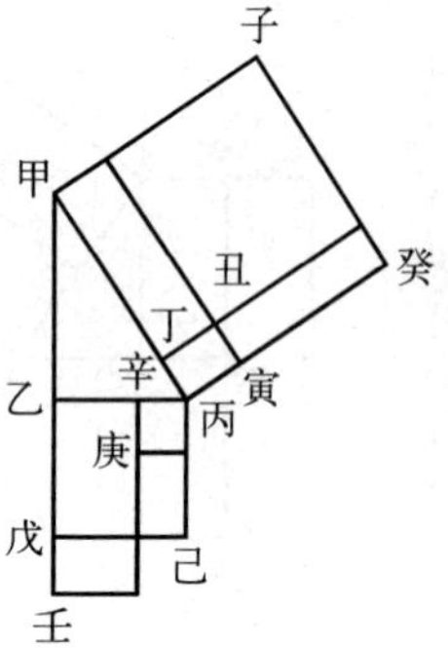

論曰：句冪爲乙己直角方形，較冪爲丙丑直角方形，與丙庚等。相減存乙庚己罄折形爲實，次倍丙丁較線爲乙辛線，以爲法，除實即得辛壬直角形，與乙庚己罄折形等，而乙壬邊與甲

乙股等。何者？甲丙弦冪之甲癸直角方形內，當函一句冪、一股冪。一卷四七。試于甲癸形內，截取丙丑較冪之外，分作甲丑、丑癸、丑子三直角形，即丑子與股冪等，而丙丑、甲丑、丑癸三形并，當與句冪等。次各減一相等之丙丑丙庚，即甲丑、丑癸并，與乙庚己罄折形等，亦與辛壬直角形等。辛乙與寅丑、丑丁并等，即乙壬與甲丁或寅癸等，亦與甲乙等。

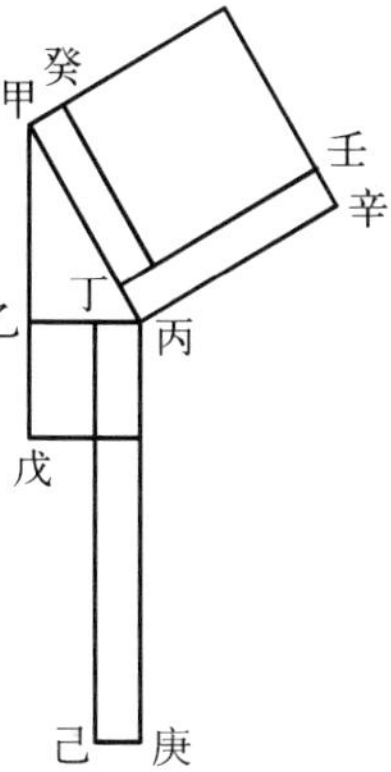

又法曰：句自之，得七百二十九爲實，以較，爲法除之，得股弦和八十一。加較，得九十。半之，得弦四十五。減較，得股三十六。

論曰：句冪爲丙戊直角方形，以較而一，爲丙己直角形，即得丙庚邊，與甲乙、甲丙股弦和等。何者？甲丙弦冪之甲辛直角方形內，當函一股冪，一句冪，一卷四七。試于甲辛形內依丙丁較，截作丁辛、丁癸、癸壬三直角形，即癸壬形與股冪等。而丁辛、丁癸兩形并，當與句冪等，亦與丙己直角形等。夫壬辛、甲癸、己庚皆較也，而甲丁與股等，丙辛與弦等，即丙庚與股弦和等。

第十一題

句股和求股求句

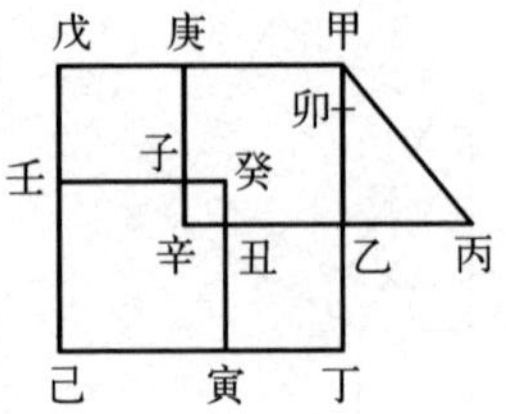

法曰：甲丙弦四十五，甲乙、乙丙句股和六十三，求句、求股。以弦自之，得二千〇二十五。句股和自之，得三千九百六十九，相減得一千九百四十四。復與弦羃相減，得八十一。開方得句股較甲卯九。加和，得七十二。半之，得甲乙股三十六。減較，得乙丙句二十七。

論曰：以句股和作甲丁一直線，自之爲甲己直角方形。此形内函甲辛、癸己兩股冪，乙寅、庚壬兩句冪，而甲辛、癸己之間，重一癸辛直角方形。夫甲丙弦之冪，既與句股兩冪并等，一卷四七。以減甲己形内之甲辛、乙寅兩形，即所存戊辛寅罄折形，少于弦冪者，爲癸辛形矣。乙辛，股也；乙丑，句也；則丑辛，較也。

第十二題

句弦和求句求弦

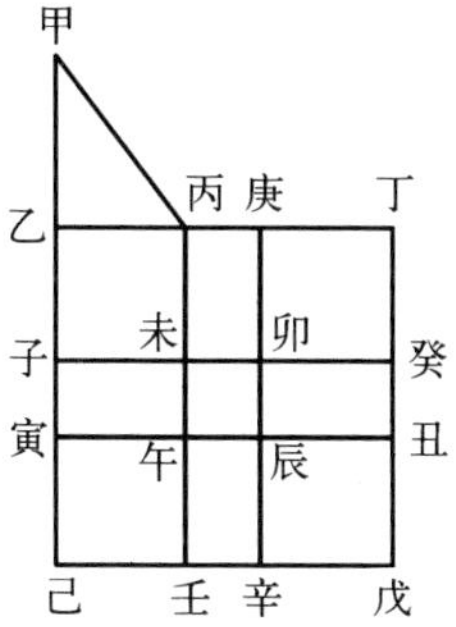

法曰：甲乙股三十六，乙丙、甲丙、句弦和七十二，求句、求弦。以股自之，得一千一百九

十六，句弦和自之，得五千一百八十四。相減，得三千八百八十八。半之，得一千九百四十四爲實。以和爲法除之，得乙丙句二十七。以減和，得甲丙弦四十五。

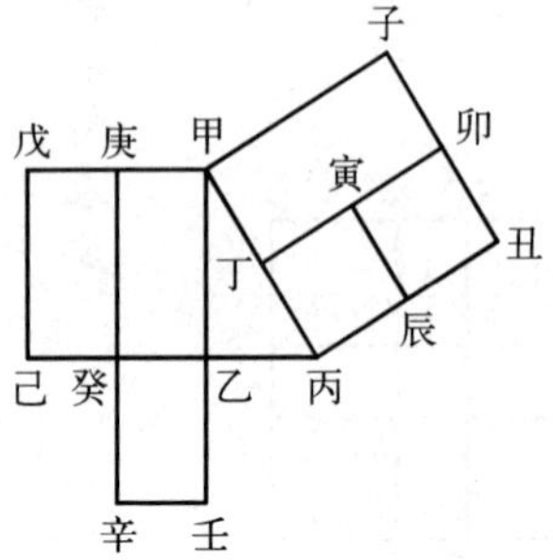

論曰：以句弦和作乙丁一直線，自之爲乙戊直角方形。次用句弦度相減，取丙、庚兩點，從丙、從庚、作庚辛、丙壬二平行線，依此法作癸子、丑寅二平行線，即乙戊一形中，截成丙子、丑辛、丁卯、午己句冪四，庚未、辰壬、癸辰、未寅，較句矩內直角形四，卯午較冪一也。今欲于乙戊全形中，減一甲乙股之冪，則于卯己弦冪內一句一較并爲弦。存午己句冪，而減子午辛磬折形，即股冪矣。何者？卯己弦冪內，當函一句冪、一股冪也。一卷四七。又庚未與未寅等，即庚壬形，亦股冪也。以庚壬形代磬折形，即丁辛、丙己兩形爲和冪與股冪之減存形也。半之，即丙己形。以等句弦和之乙己除之，得乙丙句。

又法曰：股自之，得一千一百九十六。以句弦和七十二爲法除之，得十八爲句弦較。加句弦和得九十。半之，得四十五。爲弦減較，得二十七爲句。

此法與本篇第九題又法同論。

第十三題

股弦和求股求弦

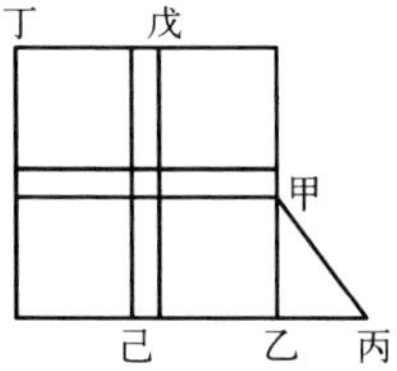

法曰：乙丙句二十七，甲乙、乙丙股弦和八十一，求股求弦。以句自之，得七百二十九。股弦和自之，得六千五百六十一，相減得五千八百三十二。半之，得二千九百〇十六爲實。以和爲法，除之，得甲乙股三十六。以減和，得甲丙弦四十五。

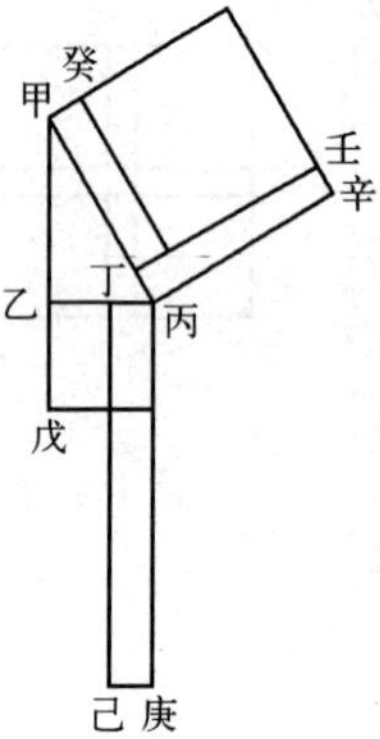

論曰：乙丁和冪内之戊己，句冪也。餘論同本篇十三題。又法曰：句自之，得七百二十九。以股弦和八十一爲法除之，得九，爲股弦較，加股弦和，得九十。半之，得四十五，爲弦。減較，得三十六，爲股。

此法與本篇第十題又法同論。

第十四題

股弦較句弦較求句求股求弦

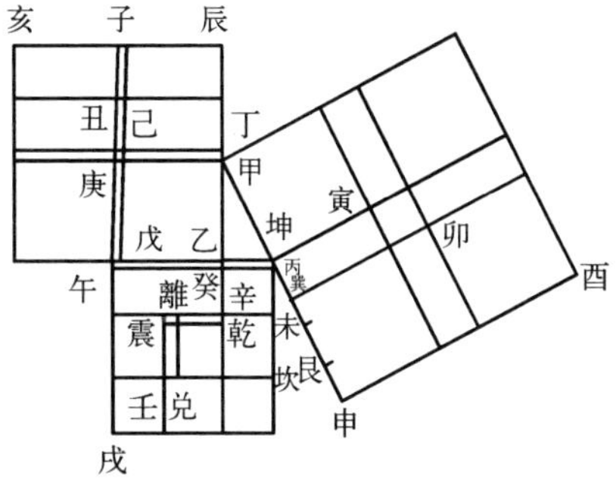

法曰：甲乙股、甲丙弦較二，乙丙句、甲丙弦較九，求句、求股、求弦。以二較相乘，得十八。倍之，得三十六爲實。平方開之，得六，爲弦和較。加句弦較九，得甲乙股十五。加股弦較二，得乙丙句八。以句弦較加句或股弦較加股，得十七，爲甲丙弦。

論曰：股弦較甲丁二，自之，得四。爲己庚直角方形，句弦較乙戊九，自之，得八十一，爲辛壬直角方形。兩冪并得八十五，以二減九得七，即句股較。自之，得四十九，爲乾兌直角方形。元設兩較互乘，爲癸戊、子丑兩直角形，并得三十六。以三十六減八十五，亦得四十九。

何以知？ 癸戊、子丑三十六爲實，開方得六之寅卯直角方形邊，則弦和較也。 凡直角三邊形之弦冪，必與句股兩冪并等。一卷四七。 甲乙丙既直角形，則甲乙、乙丙兩冪并，必與甲丙冪等。今于甲乙股加甲辰弦，丙乙句加乙午弦，甲丙弦加丙未句、未申股，各作一直線。 以此三和線作一三邊形，一卷廿二。 即甲申上之甲酉直角方形，必不等于丙午上之丙戌直角方形、乙辰上之乙亥直角方形并，而此不相等之較，必句股較冪之四十九也。 何者？ 若于甲酉、丙戌、乙亥三直角方形，各以元設句、股、弦分之，即甲酉形內，有弦冪一，股冪一，句冪一，股弦矩內形二，句弦矩內形二，句股矩內形二，而乙亥形內，有弦冪一，股冪一，股弦矩內形二。 丙戌形內，有弦冪一，句冪一，句弦矩內形二。 次以甲酉內諸形與乙亥、丙戌內諸形相當相抵，則甲酉內存句股矩內形二。 丙戌或乙亥內，存弦冪一。 次以此兩存形相當相抵，則一弦冪之大于兩句股矩內形，必句股較冪之四十九也。 何者？ 一弦冪內，函一句冪，一股冪。 今試如上圖，任作一甲乙弦冪，其乙丙爲句冪，則丁丙戊罄折形必與股冪等。 乙己爲股冪，則丁己戊罄折形必與句冪等。 次以乙庚、辛壬兩句股矩內形，輳乙角，依角旁兩邊，縱橫交加於弦冪之上，即得句股之較冪丙己，而乙丙上重一句冪。 次以所重之句冪，補其等句冪之丁己戊罄折形，則甲乙弦冪之大於乙庚、辛壬兩句股矩內形，必丙己句股較冪矣。 故知向者乙亥或丙戌內與甲酉內兩存形之較，必句股較冪之四十九也。 則乙亥、丙戌兩形并，其大於甲酉形，亦句股較冪之四十九也。

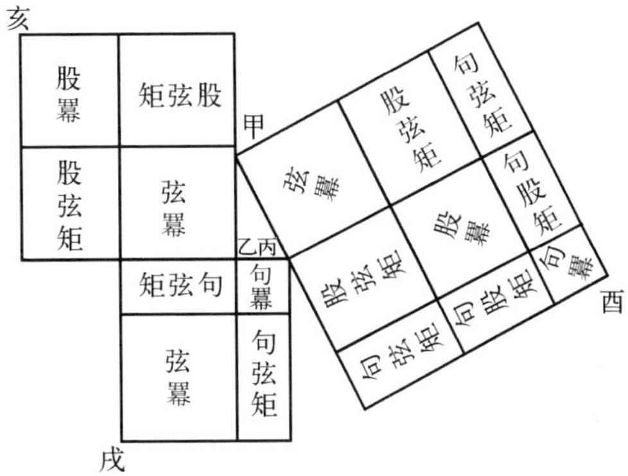

今於辛壬較冪內減句股較冪四十九之乾兑直角方形，其所存乾離、震兑兩餘方形及離震、己庚兩直角方形并，必與癸戊、子丑兩形并等。次以癸戊、子丑兩形開方爲寅卯形，則減寅卯之甲酉形，與減辛壬之丙戌形減己庚之乙亥形并，必等。而減寅卯之甲酉形內，元有弦冪如甲寅者四；有弦偕寅卯形邊矩內形如寅巽者四。減辛壬之丙戌形內，元有句冪如丙辛者四；有句偕句弦較矩內形如辛坎者四。減己庚之乙亥形內，元有句冪如己辰者四，有股偕股弦較矩內形如甲己者四。今以四弦冪，當四句冪、四股冪，一卷四七。則甲己、辛坎兩形并，必與寅巽形等。甲丙與巽申，等弦也。丙申，句股和也。則兩弦間等寅卯形邊之丙巽，不得不爲弦和較矣。既得丙巽六爲弦和較，即以元設兩較相加，可得句股弦各數也。何者？巽申，弦也；巽艮，句弦較也。艮申，句也；丙申，句股和也。于丙申句股和減艮申句，則丙巽加巽艮之丙艮，股也。丙甲，弦也。丙坤，股弦較也。坤甲，股也。巽甲，句股和也。于巽甲句股和，減坤甲股，則巽丙加丙坤之巽坤，句也。次以巽艮加艮申或丙坤加坤甲，則弦也。

第十五題

句弦和股弦和求句求股求弦

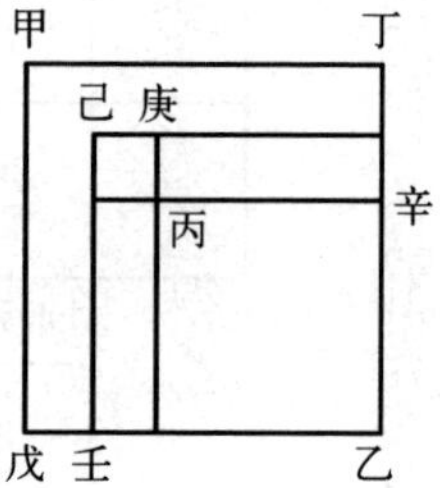

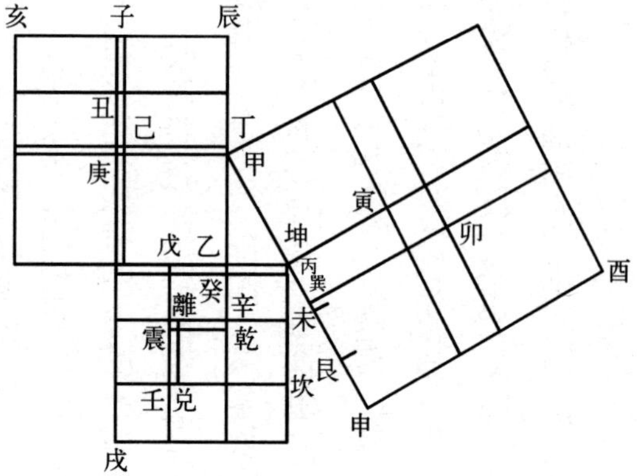

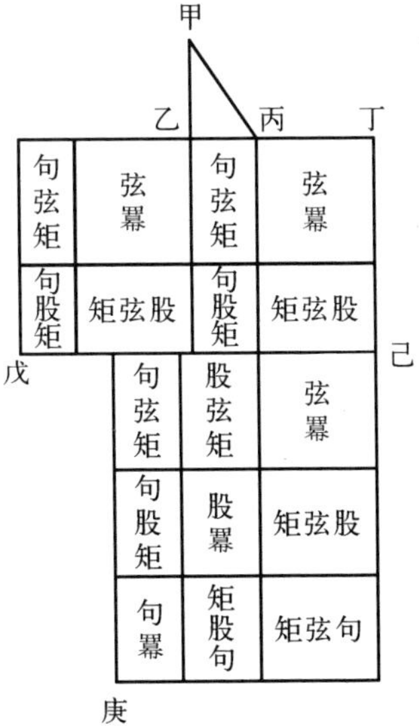

法曰：甲丙、乙丙，句弦和七十二，甲乙、甲丙，股弦和八十一，求句、求股、求弦。以兩和相乘，得五千八百三十二。倍之，得一萬一千六百六十四爲實，平方開之，得弦和和一百〇八。以股弦和減之，得乙丙句二十七。以句弦和減之，得甲乙句三十六。以句股和減之，得甲丙弦四十五。

論曰：兩和相乘，爲乙己直角形。倍之，爲丁戊直角形。以爲實，平方開之，得己庚直角方形，與丁戊等，即其邊爲弦和和者。何也？丁戊全形內，有弦冪二。股弦矩內形，句弦矩內形，句股矩內形，各二。與己庚全形內諸形比，各等。獨丁戊形內，餘一弦冪；己庚形內，餘一句冪、一股冪，并二較一，亦等。一卷四七。即己庚方形之各邊，皆弦和和。

附録

叙曰：始作《周髀句股》者，頌稱黄帝，而經言庖羲，疑莫能明也。然《管子》書稱伏羲作九九之數，以合天道，則經言質矣。夫二帝開天，皆用造曆，而禹復藉之以平水土，規井田，蓋度數之用無所不通者也。後世治曆之家，代不絶人，亦且增修遞進。至元郭太史守敬，十得其六七矣。亡不資算術爲用者，獨水學久廢，即有耑門名家，代不一二人，亦絶不聞以句股從事。僅見《元史》載：守敬受學于劉秉忠，精算數水利，巧思絶人，世祖召見，面陳水利六事，又陳水利十有一事，又嘗以海面較京師至汴梁，定其地形高下之差。又自孟門而東循黄河故道，縱廣數百里間，各爲測量地平。或可以分殺河勢，或可以灌溉田土，具有圖志。如太史者，可謂博大精深，繼神禹之絶學者矣。勝國畧信用之，若通惠會通諸役，僅十之一二。後其書復不傳，實可惜也。至乃遡其爲法，不過句股測量變而通之，故在人耳。又自古迄今，第言二法，未有言二法之所以然者。

自余從西泰子譯得《幾何原本》，始能説句股義。不敏復傳測量諸義，即二法底裏洞然，從此可以句股求弦，句弦求股，股弦求句，可以求句股中容方容圓，可以各較求句求股求弦，可以各和求句求股求弦，可以大小兩句股互相求。可以立表求高深廣遠，以通句股之窮；可以二表四表求極高深極廣遠，以通立表之窮縱横致用，左右咸宜。猶之伐材于林，挹水于澤，太史而在，當爲之撫掌一快已。

方今曆象之學，或歲月可緩，紛綸衆務，或非世道所急，若水利田功，乃國家救時至計，六府之修也。其解在水三事之和也，其本在穀。王者以民爲天，民以食爲天，粒食以水土爲天。茫茫禹甸，纘遺服而疆理之，恐此法終不可廢也。有紹明郭氏之業者，必能佐平成之功。周公豈欺我哉？夫井田肇自黄帝，弘於大禹，備於周公，總三聖人之裁成，即《周髀》之源流可具覩矣。其書《商高問答》一章，句股測量之鼻祖。君卿、淳風輩圖注明悉，實爲算術家古文第一，余故表而出之，且爲論譔二義，以廣其術，著其用。俟天下萬世之君子，覩《河》、《洛》而勤明德之思者。

句股

句股即直角三邊形一卷界説廿六。也。宜線爲句，宜上垂線爲股，對直角邊爲弦。句股上兩直角方形并與弦上直角方形等。一卷四七。故句股各自之并之，即爲弦冪；平方開之，得弦。

故句三，股四，弦五。三之冪爲九，四之冪爲十六，并之爲二十五，而二十五即五之冪。從此可以句股弦互相求，可以各差、各和自相求；可以小求大，可以兩小求一大測。

句股求弦 一卷四十七之四增

句三自之得九，股四自之得十六，并之得二十五。平方開之得五，即弦。

句弦求股 一卷四十七之四增

句六自之得三十六，弦十自之得一百。以三十六減一百，較得六十四。平方開之得八，即股。

股弦求句 一卷四十七之四增

股十二自之得一百四十四，弦十五自之得二百二十五。以一百四十四減二百二十五，較得八十一。平方開之得九，即句。

句股求容方 六卷十五增

句二十七，股三十六，乘之得九百七十二，并之得六十三。以六十三分九百七十二，得一十五又六十三分二十七之一，爲容方徑。

餘句餘股求句求股求容方

餘句三十，餘股七百五十，乘之得二萬二千五百。平方開之，得一百五十，爲容方徑。加餘句得一百八十，即句。加餘股得九百，即股。

容方餘句求餘股

餘句三十，容方徑一百五十。以一百五十自之，得二萬二千五百。以三十分之，得七百五十，爲餘股。

容方餘股求餘句

餘股八十，容方徑六十。以六十自之，得三千六百。以八十分之，得四十五，爲餘句。

句股弦求容圓 四卷四

句二十七，股三十六，弦四十五。句股乘，得九百七十二。又倍之，得一千九百四十四。以句股弦之并一百零八，分之得一十八，爲容圓徑。

又法：句股并得六十三，以弦減之，較得一十八，即容圓徑。

句股差求句求股

已得弦四十五，今止言句股差九，則以差冪八十一減弦冪二千二十五，較得一千九百四十四。又加弦冪，共得三千九百六十九。平方開之，得句股和六十三。加差共得七十二，兩平分之得三十六，即股。減差得二十七，即句。

句弦差求句求弦

已得股三十六，今止言句弦差十八，則以差冪三百二十四減股冪一千一百九十六，較得九百七十二。以差十八之倍三十六分之，得二十七，即句。加差得四十五，即弦。

又法：以差十八，分股冪一千一百九十六，得七十二，爲句。弦和加差得九十，兩平分之，得四十五，即弦。減差得二十七，即句。

股弦差求股求弦

已得句二十七，今止言股弦差九，則以差冪八十一減句冪七百二十九，較得六百四十八。以差九之倍十八分之，得三十六，即股。加差得四十五，即弦。

又法：以差九，分句冪七百二十九，得八十一，爲股弦和。加差得九十，兩平分之，得四十五，即弦。減差得三十六，即股。

句股和求句求股

已得弦四十五，今止言句股和六十三，則以弦冪二千二十五，減和冪三千九百六十九，較得一千九百四十四，以較又減弦冪，得八十一。平方開之得九，爲句股差，加和，得七十二。兩平分之，得三十六，即股減差得二十七，即句。

句弦和求句求弦

已得股三十六，今止言句弦和七十二，則以股冪一千一百九十六減和冪五千一百八十四，較得三千八百八十八。以和之倍一百四十四分之，得二十七，即句。以句減和得四十五，即弦。

又法：以和分股冪得一十八，爲句。弦差加和，得九十，兩平分之，得四十五，即弦。減差得二十七，即句。

股弦和求股求弦

已得句二十七，今止言股弦和八十一，則以句冪七百二十九，減和冪六千五百六十一，較得五千八百三十二。以和之倍一百六十二分之，得三十六，即股。以股減和得四十五，即弦。

又法：以和分句冪，得九，爲股。弦差加和得九十，兩平分之，得四十五，即弦。減差，得三十六，即股。

句弦差股弦差求句求股求弦

止言句弦差九，股弦差二，乘之得一十八。又倍之，得三十六。平分開之，得六，爲弦。和加句差九，得一十五，即股。加股差二，得八，即句。以句差加句或股差加股，得一十七，即弦。

句弦和股弦和求句求股求弦

總言句股和二十五，股弦和三十二，乘之得八百。平方開之，得四十，爲句股。弦和減股弦和，得八，即句；減句弦和得十五，即股；減句又減股，得一十七，即弦。

定法平方算術

〔明〕徐光啓 撰
李天綱 點校

點校説明

《定法平方算術》，一卷，清代抄本，北京圖書館藏，署「徐光啓著」，當爲徐光啓撰述之作品。本書未曾刊刻，故不見於各家藏書目録。徐驥《徐文定公行實》提及「《南宫奏草》、《端闈奏草》、《經闈講義》、《通漕類編》、《讀書算》、《平渾》、《日晷》、《九章算法》、《農書》、《醫方》藏於家」。按此，光啓殁後，徐家藏有光啓著作之稿本、抄本中未有《定法平方算術》。徐驥以後，徐爾默編《文定公集》，按其所作《文定公集引》列述書目，也未見此書。此外，歷來的徐光啓研究，更未提及本書。徐爾默《文定公集引》稱：徐光啓「生平著述，與年俱富，咸成卷帙，悉歸捷足」。則徐光啓著述，不止徐驥、爾默父子所知之書目，其間多有「捷足」者取走，不爲人所知。《定法平方算術》歸藏北京圖書館，印章爲「國立北京圖書館珍藏」，流轉過程則不詳。上海市文物保管委員會編《徐光啓著譯集》據北京圖書館藏本影印，公佈於世。

一六一四年，李之藻和徐光啓一起整理《同文算指》，徐光啓《同文算指序》云：「既脱稿，余始間請而共讀之，共講之。」李之藻《同文算指》譯自利瑪竇，介紹西方算術和數學。西方數字列式計算方法，和中國籌算、珠算形式不同而性質類同，利瑪竇、李之藻、徐光啓鑿通中西算學，故稱「同文算指」。利瑪竇去世後，徐光啓與李之藻切磋，有《定法平方算術》專論筆算，與《同文算指》攸同。從本書看，徐光啓掌握了歐洲式的筆算方法，並能與中式方法比較。因《同文算指》完成於萬曆四十年，《定法平方算術》應該是徐光啓一六一四年以後的作品。

上海文物保管委員會編《徐光啓著譯集》，在《定法平方算術》之後，附録有孫元化撰《泰西算法》。《泰西算法》抄本，存《周髀井田記》中，《徐光啓著譯集》據以重新謄抄。孫元化，江蘇嘉定人，習演算法、炮法，「蓋得自徐光啓」，其事蹟詳見《明史·徐從治傳》。《泰西算法》之外，孫元化尚有《幾何用法》、《幾何體論》、《西法神機》等著作。《泰西算法》與《定法平方算術》關係密切，故因《徐光啓著譯集》之舊，仍加附録。

李天綱

二〇一〇年十一月

目録

點校説明……九一
定法平方算術……九五
帶縱平方……一二三
附録：太西算要……孫元化　一五三

定法平方算術

平方者，等邊四直角之面積也。以形而言，則爲兩矩所合；以積而言，則爲自乘之數。因其有廣無厚，故曰平方；因其縱橫相等，故曰正方。蓋方積面也，而其邊則綫也。有綫求面，則相乘而得積；有面求綫，則開方而得邊。開之之法，略與歸除同，但歸除有法有實，而開方則有實而無法。故古人立爲商除廉隅之制以相求，每積二位得邊之一位。所謂一百一十定無疑，一千三百有零餘，九千九百不離十，一萬方爲一百。推是也，其法先從一角而剖其冪，以自一至九自乘之數爲方根，與所有之積相審，量其足減者而定之，是爲初商。初商減盡無餘，則方邊止一位。若有餘實，即初商方積外別成一磬折形。其附初商之兩旁者謂之廉，兩廉之角所合一小方謂之隅。廉有二，故倍初商爲兩廉之共長，是爲廉法。視餘積足廉法幾倍，即定次商。隅即次商之自乘，故次商爲隅法。合廉隅而以次商乘之，則得兩廉一隅之共積，所謂初商方積外別成一磬折形者是也。故次商爲初商所得方邊之零，如次商數與初商餘積相減，尚有不盡之實，則又成一磬折形，而仍爲兩廉一隅，但較前廉愈長而隅愈小耳。凡有幾層廉隅，俱照初商之例，逐層遞析之。實盡而止，實不盡者必非自乘之正數，遞析之至於纖塵，終有奇零。若餘實不足廉隅法之數者，則方邊爲空位。此開方之定法也。面形不一，而容積皆以方積爲準，故平方爲算諸面之本，諸面必通之方積而後可施其法也。

六）六六
　　三三
　　〇〇

設如正方面積三十六尺開方，問每一邊數幾何？法列方積三十六尺，自末位起算，每方積二位定方邊一位。今積止有二位，則於六尺上作記定單位，以自一至九自乘之方根數與之相審，知與六尺自乘之數恰合，乃以六尺書於方積六尺之上，而以六尺自乘之三十六尺書於方積原數之下。相減恰盡，即得開方之數爲六尺也。如圖甲乙丙丁正方形，每邊皆六尺，其中函一尺小正方三十六。自邊計之，爲六尺。自乘之積，以積開之，則與六尺自乘方根之數相準。故商除之恰盡也。蓋方積爲二位，是以方邊止一位，方積即六尺自乘之數，故無廉隅之可用次商。如有餘積，則自成廉隅而用次商矣。

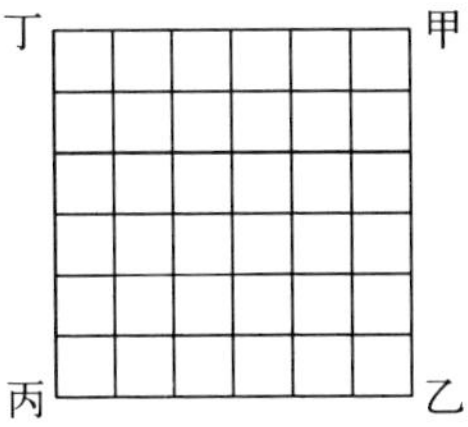

設如正方面積一丈四十四尺開方，問每一邊數幾何？

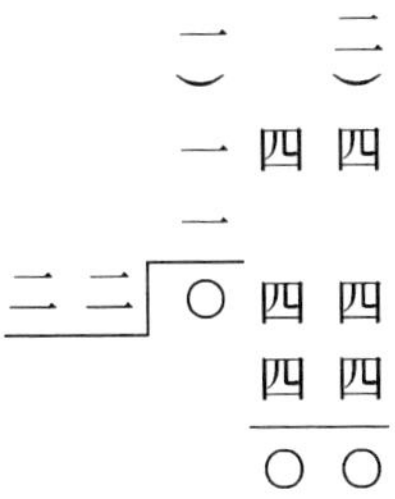

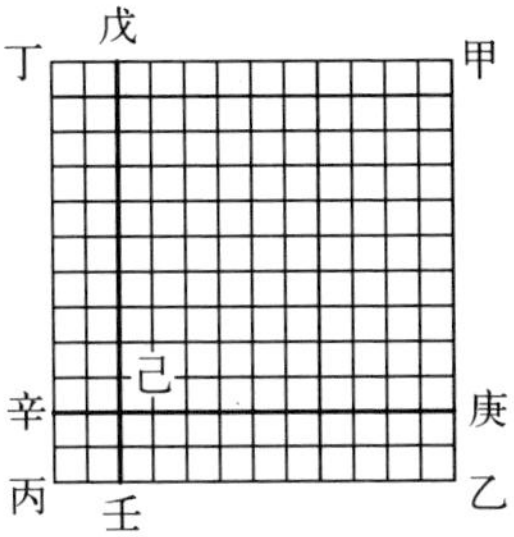

法列方積一丈四十四尺，自末位起算，每方積二位定方邊一位。故隔一位作記，即於

四尺上定尺位，一丈上定丈位，其一丈爲初商積，與一丈自乘之數相合，即定初商爲一丈，書於方積一丈之上，而以一丈自乘之正方一丈，書於初商積之下，相減恰盡。爰以方邊末位積四十四尺續書於下，大凡以餘積續書於下者，每取方積之二位以當方邊之一位也。爲次商廉隅之共積。乃以初商之一丈作一十尺，倍之得二十尺，爲廉法，以除四十四尺，足二尺，即定次商爲二尺，書於方積四尺之上。而以次商二尺爲隅法，與廉法二十尺相加，共得二十二尺爲廉隅共法，書於餘積之左。以次商二尺乘之得四十四尺，與次商廉隅共積相減恰盡，是開得一丈二尺，爲方面每一邊之數也。如圖甲乙丙丁正方形，每邊皆一丈二尺，其中函積一丈四十四尺，是爲共積。其從一角所分甲庚己戊正方形，每邊一丈，即初商數。其中函正方積一丈，即初商自乘數，所餘庚己壬乙、戊己辛丁兩長方爲兩廉。其各長十尺，即初商數。其各闊二尺，即次商數。廉有二，故倍初商爲廉法。其己壬丙辛一小正方爲隅，其邊二尺，亦即次商數，故以次商爲隅法。合兩廉一隅成一磬折形，附於初商自乘方之兩邊，而成一總正方形。此廉隅之法所由生也。

設如正方面積五百二十九尺開方，問每一邊數幾何？此題正方面積之三位，皆以尺命位，似與前題分丈尺者不同。然其取方積二位續書於下，其末位即命爲單位立算，則與丈尺同也。

	二)		三)
	五	二	九
	四		
四 三	一	二	九
	一	二	九
	○	○	○

法列方積五百二十九尺，自末位起算，每方積二位定方邊一位。故隔一位作記，乃於九尺上定單位，五百尺上定十位。其五百尺爲初商積，以初商本位計之，則五百尺爲初商積之單位，止與二自乘之數相準，即定初商爲二，書於方積五百尺之上。而以二自乘之四，書於初商積之下。相減餘一百尺。爰以方邊第二位積二十九尺續書於下，共一百二十九尺，爲次商廉隅之共積。乃以初商之二作二十尺倍之得四十尺，爲廉法，以除一百二十九尺，足三尺，即定次商爲三尺，書於方積九尺之上，而以次商三尺爲隅法，與廉法四十尺相加，共得四十三尺爲廉隅共法，書於餘積之左。以次商三尺乘之，得一百二十九尺，與次商廉隅共積相減恰盡。是開得二十三尺，爲方面每一邊之數也。如圖甲乙丙丁正方形，每邊皆二十三尺。其中函積五百二十九尺，是爲共積。其從一角所分甲庚已戊正方形，每邊二十尺，即初商數。其中函積四

百尺，即初商自乘數。所餘庚己壬乙、戊己辛丁兩長方爲兩廉，其各長二十尺，即初商數。其各闊三尺，即次商數。其己壬丙辛一小正方爲隅，其邊三尺，亦即次商數。合兩廉一隅成一磬折形，附於初商自乘方之兩邊，而成一總正方形也。

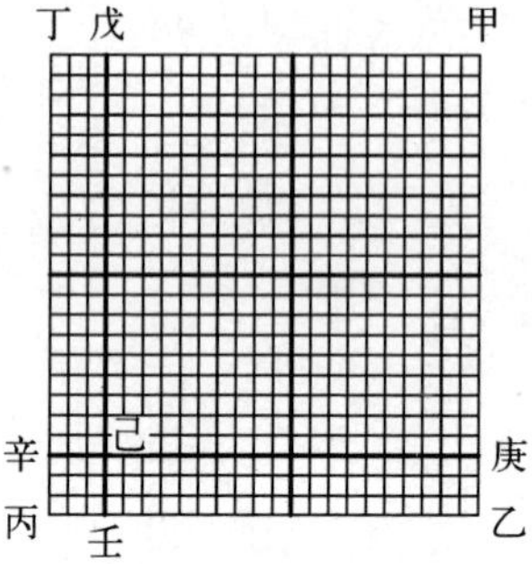

設如正方面積五丈四十七尺五十六寸開方，問每一邊數幾何？

	二)		三)		四)
	五	四	七	五	六
	四				
四三	一	四	七		
	一	二	九		
四六四		一	八	五	六
		一	八	五	六
		○	○	○	○

法列方積五丈四十七尺五十六寸，自末位起算，每方積二位定方邊一位，故隔一位作記。即於六寸上定寸位，七尺上定尺位，五丈上定丈位。其五丈爲初商積，與二丈自乘之數相準，即定初商爲二丈，書於方積五丈之上。而以二丈自乘之四丈，書於初商積之下，相減餘一丈，即一百尺。爰以方邊第二位積四十七尺續書於下，共一百四十七尺，爲次商廉隅之共積。乃以初商之二丈作二十尺，倍之得四十尺爲廉法，以除一百四十七尺，足三尺即定次商爲三尺，書於方積七尺之上。而以次商三尺爲隅法，與廉法四十尺相加，共得四十三尺爲廉隅共法，書於餘積之左。以次商三尺乘之，得一百二十九尺。與次商廉隅共積相

減，餘一十八尺，即一千八百寸。復以方邊末位積五十六寸續書於下，共一千八百五十六寸，爲三商廉隅之共積。乃以初商次商之二丈三尺作二百三十寸，倍之得四百六十寸，爲廉法，以除一千八百五十六寸，足四寸，即定三商爲四寸，書於方積六寸之上。而以三商四寸爲隅法，與廉法四百六十寸相加，共得四百六十四寸，爲廉隅共法，書於餘積之左。以三商四寸乘之，得一千八百五十六寸，與三商廉隅共積相減恰盡。是開得二丈三尺四寸，爲方面每一邊之數也。

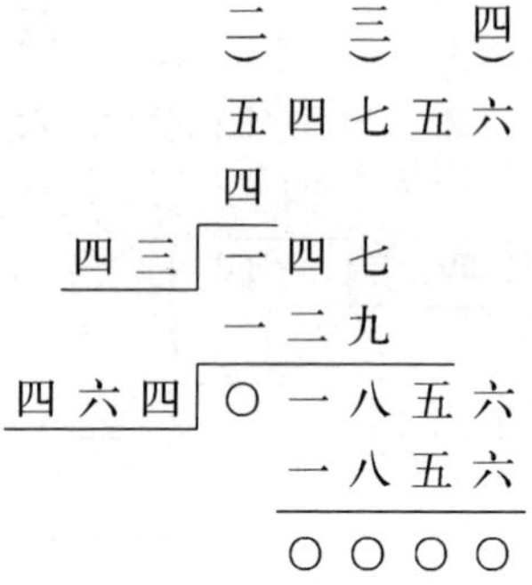

設如正方面積四十五萬九千六百八十四尺開方，問每一邊數幾何？此題正方面積之六位，皆以尺命位，似與前題分丈尺寸三色者不同。然其每取方積二位續書於下，其末位即命爲單位立算，仍與丈尺寸同也。

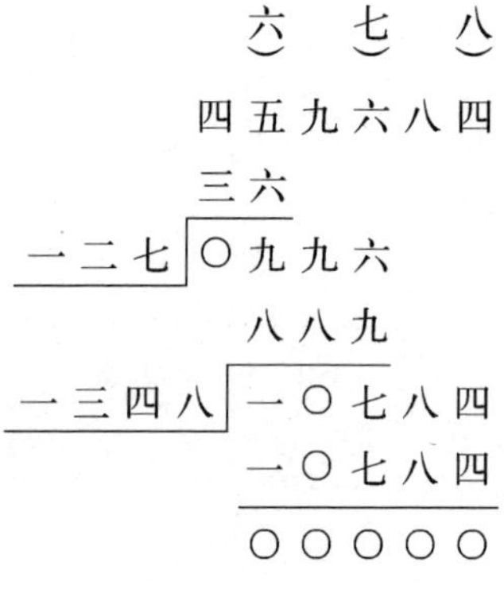

法列方積四十五萬九千六百八十四尺，自末位起算，每方積二位定方邊一位。故隔一位作記，乃於四尺上定單位，六百尺上定十位，五萬尺上定百位。其四十五萬尺爲初商積，以初商本位計之，則五萬尺爲初商積之單位。而四十五萬尺爲四十五，與六自乘之數相準，即定初商爲六，書於方積五萬尺之上。而以六自乘之三十六，書於初商積之下，相減餘九萬尺。爰以方邊第二位積九千六百尺續書於下，共九萬九千六百尺爲次商廉隅之共積。以次商本位計之，則六百尺爲次商積之單位，而九萬九千六百尺爲九百九十六。而初商之六即爲六十，故以初商之六作六十，倍之得一百二十爲廉法，以除九百九十六，足七倍，即定次商爲七，書於方積六百尺之上。而以次商七爲隅法，與廉法一百二十相加，共得一百二十七爲廉隅共法，書於餘積之左。以次商七乘之，得八百八十九，與次商廉隅共積相減，餘一萬零七百尺。復以方邊末位積八十四尺續書於下，共一萬零七百八十四尺，爲三商廉隅之共積。以三商本位計之，則積於邊皆仍爲本位，乃以初商次商之六百七十倍之，得一千三百四十爲廉法，以除一萬零七百八十四，足八倍，即定三商爲八，書於方積四尺之上。而以三商八爲隅法，與廉法一千三百四十相加，共得一千三百四十八爲廉隅共法，書於餘積之左。以三商八乘之，得一萬零七百八十四，與三商廉隅共積相減恰盡，是開得六百七十八尺爲方面每一邊之數也。

　　六）七）八）
　　四五九六八四
　　三六
一二七｜〇九九六
　　〇八八九
一三四八｜一〇七八四
　　一〇七八四
　　〇〇〇〇〇

設如正方面積三十五丈九十一尺六十寸四十九分開方，問每一邊數幾何？

```
        五）  九）  九）  三）
三五九一六〇四九
二五
      一〇九 | 一〇九一
               九八一
    一一八九 | 一一〇六〇
               一〇七〇一
  一一九八三 | 〇〇三五九四九
                   三五九四九
                   〇〇〇〇〇
```

法列方積三十五丈九十一尺六十寸四十九分，自末位起算，每隔一位作記，即於九分上定分位，空寸上定寸位，一尺上定尺位，五丈上定丈位。其三十五丈爲初商積，與五丈自乘之數相準，即定初商爲五丈，書於方積五丈之上。而以五丈自乘之二十五丈，書於初商積之下，相減餘一十丈，即一千尺。爰以方邊第二位積九十一尺續書於下，共一千零九十一尺，爲次商廉隅之共積，乃以初商五丈作五十尺，倍之得一百尺爲廉法，以除一千零九十一尺，足九尺，即定次商爲九尺，書於方積一尺之上。而以次商九尺爲隅法，與廉法一百尺相加，共得一百零九尺爲廉隅共法，書於餘積之左。以次商九尺乘之，得九百八十一尺。與次商廉隅共積相減，餘一百一十尺，即一千一百寸。後以方邊第三位積六十寸續書於下，共一萬一千零六十寸，爲三商廉隅之共積。乃以初商次商之五丈九尺作五百九十寸，倍之得一千一百八十寸爲廉法，以除一萬一千零六十寸，足九寸，即定三商爲九寸，書於方積空寸之上。而以三商九寸爲隅法，與廉法一千一百八十寸相加，共得一千一百八十九寸爲廉隅共法，書於餘積之左。以三商九寸乘之，得一萬零一百零一寸。與三商廉隅共積相減，餘三百五十九寸，即三萬五百九百分。復以方邊末位積四十九分續書於下，共三萬五千九百四十九分，爲四商廉隅之共積。乃以初商次商三商之五丈九尺九寸作五千九百九十分，倍之得一萬一千九百八十分爲廉法，以除三萬五千九百四十九分，足三分，即定四商爲三分，書於方積九分之上。而以四商三分爲隅法，與廉法一萬一千九百八十分相加，共得寸萬一千九百八十三分爲廉隅共法，書於餘積之左。以四商三分乘之，得三萬五千九百四十九分，與四商廉隅共積相減恰盡。是開得五丈九尺九寸三分，爲方面每一邊之數也。

設如正方面積五百八十五萬六千四百尺開方，問每一邊數幾何？

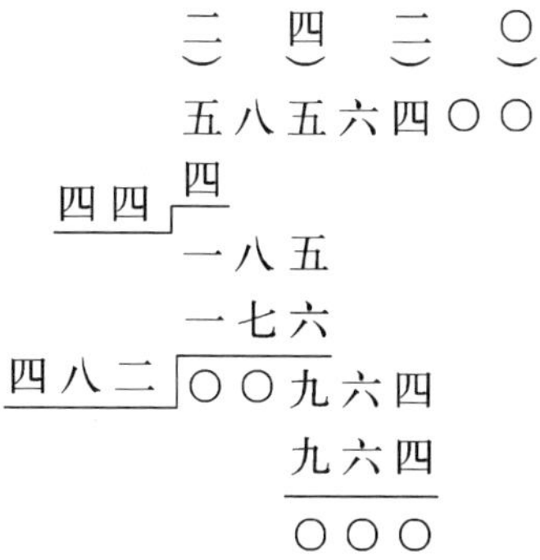

法列方積五百八十五萬六千四百尺，補二空位以足其分。自末空位起算，每隔一位作記，於空尺上定單位，四百尺上定十位，五萬尺上定百位，五百萬尺上定千位。其五百萬尺爲初商積以初商本位計之，則五百萬尺爲初商積之單位，止與二自乘之數相準，即定初商爲二，書於方積五百萬尺之上。而以二自乘之四，書於初商積之下，相減餘一百萬尺。爰以方邊第二位積八十五萬尺續書於下，共一百八十五萬尺爲次商廉隅之共積。以次商本位計之，則五萬尺爲次商積之單位，而一百八十五萬尺爲一百八十五。而初商之二即爲二十，故以初商之二作二十，倍之得四十爲廉法，以除一百八十五，足四倍，即定次商爲四，書於方積五萬尺之上。而以次商四爲隅法，與廉法四十相加，共得四十四爲廉隅共法，書於餘積之左。以次商四乘之，得一百七十六，與次商廉隅共積相減餘九萬尺，復以方邊第三位積六千四百尺續書於下。共九萬六千四百尺，爲三商廉隅之共積。以三商本位計之，得四百爲三商積之單位，而九萬六千四百尺爲九百六十四，而初商之二即爲二百，次商之四即爲四十。故以初商次商之二四作二百四十，倍之得四百八十爲廉法，以除九百六十四。足二倍，即定三商爲二，書於方積四百尺之上。而以三商二爲隅法，與廉法四百八十相加，共得四百八十二爲廉隅共法，書於餘積之左。以三商二乘之，得九百六十四，與三商廉隅共積相減恰盡。是開得二千四百二十尺，爲方面每一邊之數也。此法方積之末有二空位，故所得方邊之末亦補一空位。凡設數未至單位者，皆依此例補足位分，然後開之。

設如正方面積八十二丈六十二尺八十一寸開方，問每一邊數幾何？

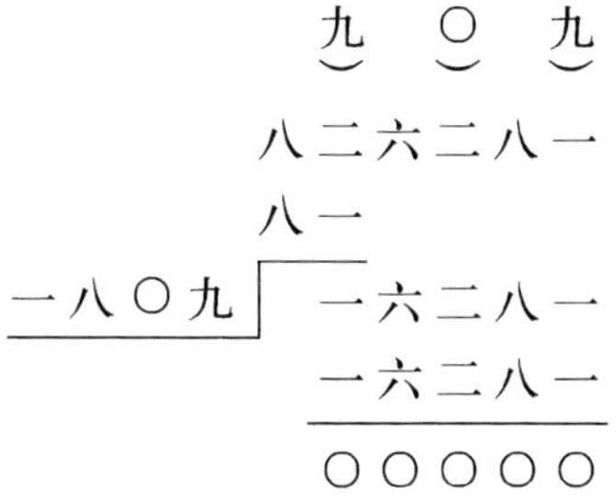

法列方積八十二丈六十二尺八十一寸，自末位起算，每隔一位作記，於一寸上定寸位，於二尺上定尺位，於二丈上定丈位。其八十二丈爲初商積，與九丈自乘之數相準，即定初商爲九丈，書於方積之左之上。而以九丈自乘之八十一丈，書於方積八十二丈之下。相減餘一丈，即一百尺。爰以方邊第二位積六十二尺續書於下，共一百六十二尺，爲次商廉隅之共積。乃以初商九丈作九十尺，倍之得一百八十尺爲廉法，以除二百六十二尺。其數不足，是次商爲空位也。乃書一空於方積二尺之上以存次商之位。復以方邊末位積八十一寸續書於下，共一百六十二尺八十一寸，即一萬六千二百八十一寸，爲三商廉隅之共積。仍以一百八十尺作一千八百寸爲廉法，以除一萬六千二百八十一寸，足九寸，即定三商爲九寸，書於方積一寸之上。而以三商九寸爲隅法，與廉法一千八百寸相加，共得一千八百零九寸爲廉隅共法，書於餘積之左。而以三商九寸乘之，得一萬六千二百八十一寸，與三商廉隅共積相減恰盡。是開得九丈零九寸，爲方面每一邊之數也。此法方積無空位，而商出之方邊有空位，幾廉法除餘積而數不足者，皆依此例推之。

設如正方面積六千四百一十一萬二千零四十九尺開方，問每一邊數幾何？

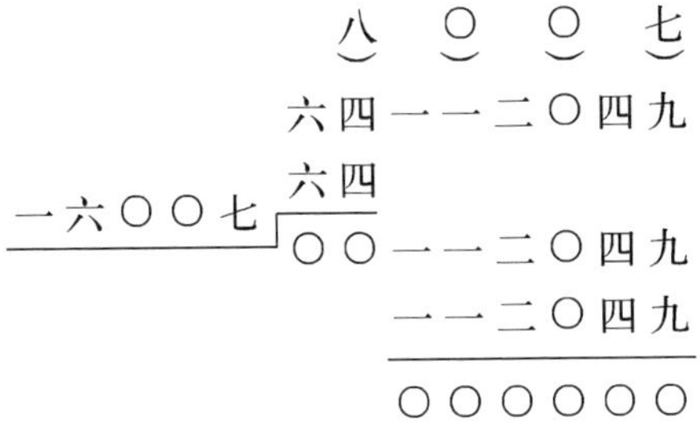

法列方積六千四百一十一萬二千零四十九尺，自末位起算，每隔一位作記。於九尺正方單位，空百尺上定十位，一萬尺上定百位，四百萬尺上定千位，其六千四百萬尺爲初商積。以初商本位計之四四百萬爲初商積之單位，而六千四百萬爲六十四，與八自乘之數相合，即定初商爲八，書於方積四百萬尺之上。而以八自乘之六十四，書於初商積之下。相減無餘，爰以方邊第二位積一十一萬尺續書於下，爲次商廉隅之共積。以次商本位計之，則一萬尺爲次商積之單位。而一十一萬尺爲一十一，而初商之八，即爲八十。故以初商之八作八十，倍之得一百六十爲廉法，以除一十一，其數不足，是次商爲空位，乃書一空於方積一萬尺之上，以存次商之位。復以方邊第三位積二千尺續書於下，共一十一萬二千尺爲三商廉隅之共積。以三商本位計之，則空百尺爲三商積之單位，而一十一萬二千尺爲一千一百二十尺，而初商之八即爲八百，次商之空即爲空十。故以初商次商之八空作八百，倍之得一千六百爲廉法，以除一千一百二十。其數仍不足，是三商亦爲空位，乃再書一空於方積空百尺之上，以存三商之位。復以方邊末位積四十九尺續書於下，共一十一萬二千零四十九尺，爲四商廉隅之共積。以四商本位計之，則積與邊皆仍爲本位，乃以初商次商三商之八千倍之，得一萬六千爲廉法，以除一十一萬二千零四十九，足七倍，即定四商爲七，書於方積九尺之上。而以四商七爲隅法，與廉法一萬六千相加，共得一萬六千零七爲廉隅共法，書於餘積之左。而以四商七乘之，得一十一萬二千零四十九，與餘積相減恰盡。是開得八千零七尺，爲方面每一邊之數也。此法方積中雖有一空位，而商出之方邊，却有二空位。凡開方遇此類者，皆依此例推之。

設如有積一萬四千九百二十八尺開方，問每一邊數幾何？

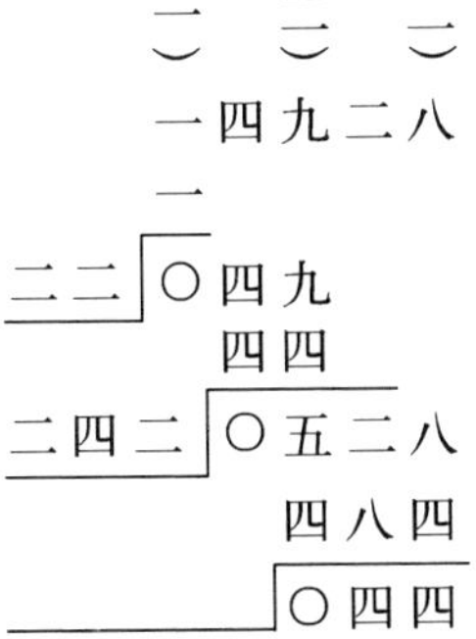

法列積一萬四千九百二十八尺，自末位起算，每隔一位作記於八尺上定單位，九百尺上定十位，一萬尺上定百位。其一萬尺爲初商積，以初商本位計之，則一萬尺爲初商積之單位，止與一自乘之數相合，即定初商爲一，書於方積一萬尺之上。而以一自乘之一，書於初商積之下。相減無餘，爰以方邊第二位積四千九百尺續書於下，爲次商廉隅之共積。以次商本位計之，則九百尺爲次商積之單位，而四千九百尺爲四十九，而初商之一即爲一十。故以初商之一作一十，倍之得二十爲廉法，以除四十九。足二倍，即定次商爲二，書於方積九百尺之上。而以次商二爲隅法，與廉法二十相加，共得二十二爲廉隅共法，書於餘積之左。以次商二乘之，得四十四，與次商廉隅共積相減，餘五百尺。復以方邊末位積二十八尺續書於下，共五百二十八尺，爲三商廉隅之共積。以三商本位計之，則積與邊皆仍爲本位，乃以初商次商之一百二十俱倍之，得二百四十爲廉法，以除五百二十八。足二倍，即定三商爲二，書於方積八尺之上，而以三商二爲隅法，與廉法二百四十相加，共得二百四十二爲廉隅共法，書於餘積之左。以三商二乘之，得四百八十四，與三商廉隅共積相減，餘四十四尺不盡。是開得一百二十二尺，爲方面每一邊之數，仍餘四十四尺不盡也。如欲以餘數再開，則得方邊之寸數，乃增書兩空於總積之後，復續書兩空於四十四尺之後爲幾十幾寸之位。是則四十四尺作四千四百寸，爲四商廉隅之共積。爰以初商次商三商之二百二十二尺作二千二百二十寸，倍之得二千四百四十寸爲廉法，以除四千四百寸。足一倍，即定四商爲一寸，書於餘積空寸之上。而以四商一爲隅法，與廉法二千四百四十寸相加，共得二千四百四十一寸爲廉隅共法，書於餘積之左。以四商一寸乘之，仍得二千四百四十一寸，與餘積相減，餘一千九百五十九寸不盡。如再以餘數開之，則得方邊之分數，乃又續書兩空於後增空十空寸之後，復續書兩空於五十九寸之後爲幾十幾分之位，是則一千九百五十九寸作一十九萬五千九百分，爲五商廉隅之共積。爰以初商、次商、三商、四商之二百二十二尺一寸作一萬二千二百一十分，倍之得二萬四千四百二十分爲廉法，以除一十九萬五千九百分，足八倍，即定五商爲八分，書於餘積空分之上。而以五商八爲隅法，與廉法二萬四千四百二十分相加，共得二萬四千四百二十八分爲廉隅共法，書於餘積之左。以五商八分乘之，得一十九萬五千四百二十四分，與餘積相減仍餘四百七十六分不盡。

是開得一百二十二尺一寸八分，爲方面每一邊之數也。此法原積本非自乘所得之數，雖遞析之，終不能盡。凡開方遇此類者，皆依此例推之。

　　　一　二　二　一
　　　一四九二八〇〇
　　　一
二二　〇四九
　　　　四四
二四二　〇五二八
　　　　　四八四
二四四一　〇四四〇〇
　　　　　　二四四一
　　　　　　一九五九

```
          (一)(二)(二)(一)(八)
          一四九二八〇〇〇〇
          一
二二      〇四九
          四四
二四二    〇五二八
            四八四
二四四一    〇四四〇〇
              二四四一
二四四二八    一九五九〇〇
              一九五四二四
              ──────────
              〇〇〇四七六
```

設如有一方臺，上面共鋪方磚四千零九十六塊，問每一邊得磚幾何？

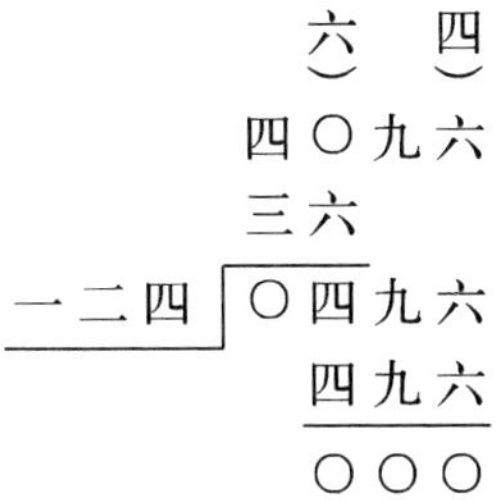

法列方磚四千零九十六塊爲方積，於六塊上定單位，空百塊上定十位。其四千塊爲初商積，以初商本位計之，則空百塊爲初商積之單位，而四千塊爲四十與六自乘之數相準，即定初商爲六，書於方積空百塊之上，而以六自乘之三十六書於初商積之下。相減餘四百塊，爰以餘積九十六塊續書於下，共四百九十六塊，爲次商廉隅之共積。而以初商六作六十，倍之得一百二十爲廉法，以除四百九十六，足四倍，即定次商爲四，書於方積六塊之上。而以次商四爲隅法，與廉法一百二十相加，共得一百二十四爲廉隅共法，書於餘積之左。以次商四乘之，得四百九十六，與餘積相減恰盡。是開得六十四塊，爲方臺上面每一邊之磚數也。

設如有三百六十一人，用船分載，其每船所載人數與共船數相等，問共船幾何？

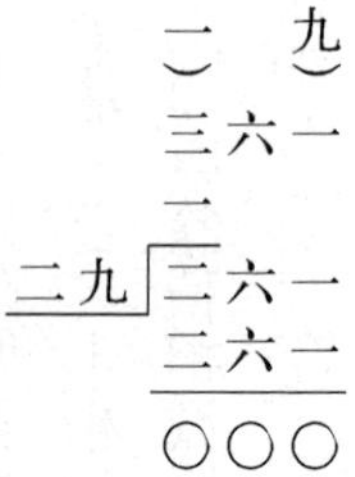

法列三百六十一人爲方積，於一人上定單位，三百人上定十位。其三百人爲初商積，以初商本位計之，則三百爲初商積之單位，止與一自乘之數相準，即定初商爲一，書於方積三百之上，而以一自乘之一，書於初商積之下。相減餘二百，爰以餘積六十一續書於下，共二百六十一，爲次商廉隅之共積。而以初商一作一十，倍之得二十爲廉法，以除二百六十一，足九倍，即定次商爲九，書於方積一人之上。而以次商九爲隅法，與廉法二十相加，共得二十九爲廉隅共法，書於餘積之左。以次商九乘之得二百六十一，與餘積相減恰盡。是開得十九爲共船數，而每船載十九人也。

設如有銀七百八十四兩，散給夫匠，其每人所得銀數與共人數相等，問共人數幾何？

法列七百八十四兩爲方積，於四兩上定單位，七百兩上定十位。其七百兩爲初商積，以初商本位計之，則七百爲初商積之單位，止與二自乘之數相準，即定初商爲二，書於方積七百之上。而以二自乘之四，書於初商積之下。相減餘三百，爰以餘積八十四續書於下，共三百八十四，爲次商廉隅之共積。而以初商二作二十，倍之得四十，爲廉法，以除三百八十四，足八倍，即定次商爲八，書於方積四兩之上。而以次商八爲隅法，與廉法四十相加，共得四十八爲廉隅共法，書於餘積之左。以次商八乘之，得三百八十四，與餘積相減恰盡。是開得二十八爲共人數，而每人得銀二十八兩也。

設如用船運糧六千五百六十一石，欲取一船別用，將此船米分載各船，每船領去一石，其本船尚餘一石，問共船幾何？

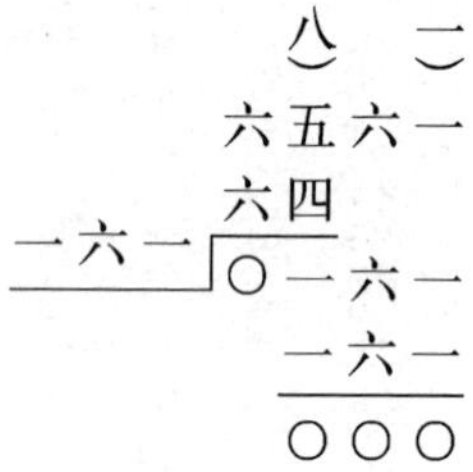

法列米六千五百六十一石爲方積，於一石上定單位，五百石上定十位，其六千五百石爲初商積。以初商本位計之，則五百石爲初商積之單位，而六千五百爲六十五，與八自乘之數相準，即定初商爲八，書於方積五百之上。而以八自乘之六十四，書於初商積之下。相減餘一百，爰以餘積六十一續書於下，共一百六十一，爲次商廉隅之共積。而以初商八作八十，倍之得一百六十爲廉法，以除一百六十一，足一倍，即定次商爲一，書於方積一石之上。而以次商一爲隅法，與廉法一百六十相加，共得一百六十一爲廉隅共法，書於餘積之左。以次商一乘之，仍得一百六十一，與餘積相減恰盡。是開得八十一爲共船數，而每船載米八十一石也。此法蓋因一船所載之米分與各船，每船各領一石，即共去八十石。故本船尚餘一石也。

設如有錢一萬五千六百二十五文買瓜，每瓜一個與脚錢一文，因無現錢，將一瓜準作脚錢，問瓜數幾何？

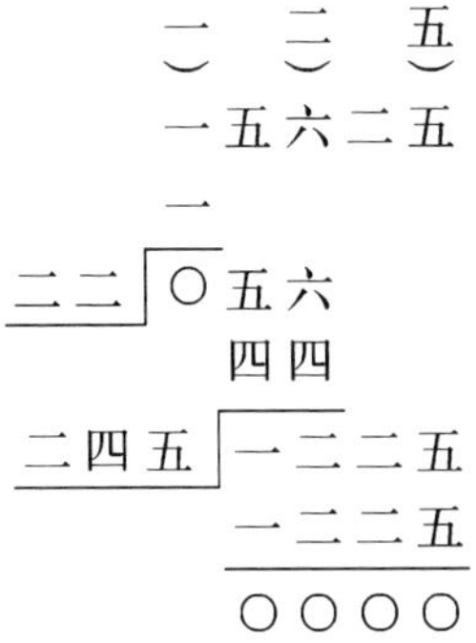

法列錢一萬五千六百二十五爲方積，於五文上定單位，六百上定十位，一萬上定百位，其一萬爲初商積，以初商本位計之，則一萬爲初商積之單位，止與一自乘之數相合，即定初商爲一，書於方積一萬之上。而以一自乘之一，書於初商積之下，相減無餘，爰以第二位積五千六百續書於下，爲次商廉隅之共積。以次商本位積之，則六百爲次商積之單位，而五千六百爲五十六，而初商之一即爲一十。故以初商之一作一十，倍之得二十爲廉法，以除五十六，足二倍，即定次商爲二，書於方積六百之上。而以次商二爲隅法，與廉法二十相加，共得二十二爲廉隅共法，書於餘積之左。以次商二乘之，得四十四，與次商廉隅共積相減，餘一千二百，復以末位積二十五續書於下，共一千二百二十五，爲三商廉隅之共積。以三商本位計之，則積與邊皆仍爲本位，乃以初商次商之一百二十俱倍之，得二百四十爲廉法，以除一千二百二十五，足五倍，即定三商爲五，書於方積五文之上。而以三商五爲隅法，與廉法二百四十相加，共得二百四十五爲廉隅共法，書於餘積之左。以三商五乘之，得一千二百二十五，與餘積相減恰盡。是開得一百二十五爲共瓜之數，亦即每瓜之價也。此法因每瓜應給脚錢一文，今以一瓜準之，即知一瓜之價與瓜之共數相等，故以開方法算之而得也。

帶縱平方

帶縱平方者，兩等邊直角長方面積也。有積數因長比闊之較，或長與闊之和而得邊，故曰「帶縱」。蓋正方之縱横皆同，故止有積即可得其邊。若長方則縱横不等，知其積又必知其縱横相差之較，或縱横相併之和，始能得其邊。故以長闊之較爲問者，則用較爲帶縱，加所開之數，商除之而得闊①。或四因積數，加較自乘，平方開之，即長闊之和。和加較半之而得長，和減較半之而得闊。或半較自乘，加原積而開平方，即得半和。加半較而得長，減半較而得闊。如以長闊之和爲問者，則用和爲帶縱，減去所開之數，商除之而得闊。或四因積數，減和自乘，平方開之，即長闊之較。較減和半之而得闊，較加和半之而得長。或半和自乘，減原積而開平方，即得半較。加半和而得長，減半和而得闊。夫用半較半和之法，與四因積數之法同出一理。蓋四因積數加全較自乘，故開方而得全和；半較自乘加原積，故開方而得半和。四因積

① 「商除」句下原有單行小字云：「闊加縱多而得長。」復被删去。

數減全和自乘，故開方而得全較； 半和自乘減原積，故開方而得半較。此即面與線之比例。面加四倍則邊加一倍，邊得其半而積爲四分之一也。法雖不一，要之，皆使歸與正方，以求其和較。是則雖曰「帶縱」，仍不外乎平方之理也。

設如有長方面積八尺，縱多二尺，問長闊各幾何？

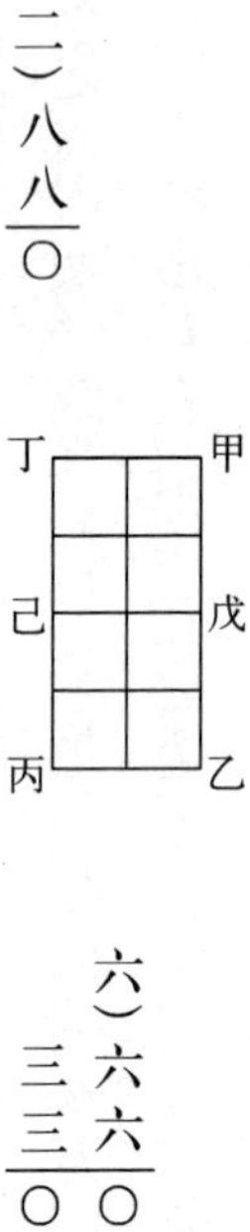

法列積如開平方法商之，積八尺止可商二尺，乃以二尺書於原積八尺之兵。而以所商二尺加縱多二尺得四尺，以所商二尺乘之得八尺，書於原積之下。相減恰盡，即知長方之闊得二尺。加入縱多二尺得四尺，即爲長方之長也。如圖甲乙丙丁長方形，容積八尺。其甲乙邊長四尺，甲丁邊闊二尺，其甲乙長比甲乙闊所多戊乙，即縱多之數。初商所得二尺，即甲戊己丁正方之每一邊。蓋因此法長闊兩邊俱止一位，而積亦止一位，故初商所得即爲一邊，而加入縱多即又一邊。是以兩邊相乘，而以原積相等也。

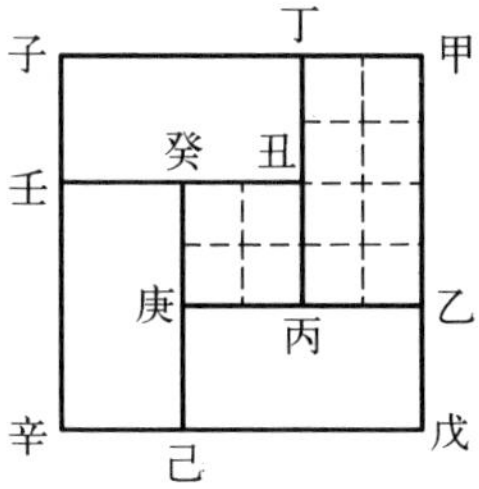

又法以積八尺用四因之，得三十二尺。而以縱多二尺自乘得四尺，加入四因之數，得三十六尺，開方得六尺，即爲長闊相和之數。乃以縱多二尺與長闊之和六尺相加，得八尺。（析）〔折〕半得四尺，即長方之長。減縱多二尺，得二尺，即長方之闊也。如圖甲乙丙丁長方形，容積八尺，四因之得甲乙丙丁、戊己庚乙、辛壬癸己、子丁丑壬四長方形，迴環相湊成一空心正方式，再加入縱多二尺自乘之丑丙庚癸之一小正方形，即成甲戊辛子之一大正方形。其甲戊類每一邊即長闊之和，故開方得長闊之和。既得和加縱多，是爲倍長。故折半而得長，減縱多則爲倍闊。故折半而得闊，或得長而減縱多亦得闊也。

三九九〇

又法先將縱多二尺折半，得一尺爲半較，自乘仍得一尺，與原積八尺相加得九尺。平方開之，得三尺爲半和。於半和減半較，得二尺爲闊。於半和加半較，得四尺爲長。如圖甲乙丙丁長方形，甲乙爲長，甲丁爲闊，戊乙爲縱多之較，將較折半於庚，而移庚乙丙辛置於丁己癸壬，再加己辛子癸半較自乘之方，則成甲庚子壬一正方形，故開方而得甲庚、甲壬之邊，皆爲半和也。於甲壬之半和減丁壬之半較，得甲丁之闊，於甲庚之半和加庚乙之半較，得甲乙之長也。

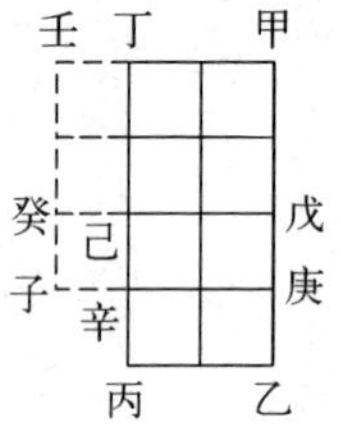

又圖甲乙丙丁長方形，容積八尺，將甲丁邊引長作丁辛與丁丙等，則甲辛爲長闊之和。又如甲乙邊截甲丁於庚，則庚丁爲長闊之較，甲辛和折半於己，而庚丁較亦折半於己。故以己爲心、甲爲界作一半圜，而引丙丁邊至戊界作一戊丁直線，戊己輻線，則甲己、戊己、己辛皆爲半和，而庚己、己丁皆爲半較，且甲丁、戊丁、丁辛文爲連比例之三線矣。其戊丁中率自乘之方，與甲

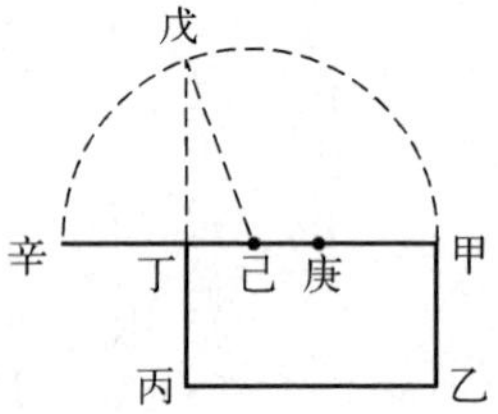

丁首率丁辛末率相乘之長方等見《幾何原本》九卷第三節，則是戊丁自乘之方與原設甲乙丙丁長方之積等也。又戊丁己爲勾股形，其戊丁邊自乘之方與己丁邊自乘之方相併，而與戊己自乘之方等見《幾何原本》九卷第四節。故與原設甲乙丙丁長方積等之戊丁自乘之方，加以己丁半較自乘之數開方而得戊己爲半和，於戊己相等之己辛半和減己丁半較，而得丁辛與丁丙等之闊。又於戊己相等之甲己半和加己丁半較，而得甲丁之長也。

設如有長方面積一千二百五十四尺，縱多五尺，問長闊各幾何？

```
  三)  三)
一二五四
一○五○
────────
○二○四
  二○四
  ──────
  ○○○

    三五
    三○
    ────
    ○○
一○五
────────
一○五○

    六八
      三
  ──────
  二○四
```

法列積如開平方法商之，其一千二百爲初商積，可商三十尺，乃以三十尺書於原積二百尺之上。而以初商三十尺加縱多五尺得三十五尺，以初商三十尺乘之，得一千零五十尺，書於原積之下。相減餘二百零四尺，爲次商廉隅之共積。乃以初商三十尺倍之，得六十尺。加縱多五尺，得六十五尺爲廉法，以除二百零四尺。足三尺，則以三尺書於原積四尺之上。而以廉法六十五尺加隅法三尺，得六十八尺爲廉隅共法，以次商三尺乘之，得二百零四尺，書於餘積之下。與餘積相減恰盡，即之長方之闊得三十三尺，加縱多五尺，得三十八尺，即爲長方之長也。如圖甲乙丙丁長方形，容積一千二百五十四尺。其甲乙邊長三十八尺，甲丁邊闊三十三尺，其甲乙長比甲丁闊所多之甲辛，即縱多之數。其甲戊己庚長方形容積一千零五十尺，即初商所減之積。其辛壬與辛戊俱三十尺，即初商數。其甲戊三十五尺，即初商加縱多之數。其戊乙丑己、壬己子癸兩長方爲兩方廉，庚壬癸丁小長方爲縱廉。方廉有二，縱廉止一，故倍初商加縱多數爲廉法，其己丑丙子爲隅，其長闊皆與次商等。故以次商爲隅法，合兩方廉、一縱廉、一小隅成一磬折形，環附初商長方之兩傍成一大長方，與平方之理無異。若次商仍減積不盡，則又爲兩方廉、一縱廉、一小隅復成一磬折形，得三商四商以至多商，皆依此法，遞析開之。

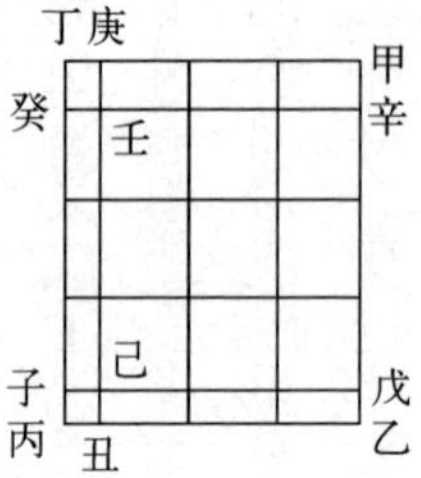

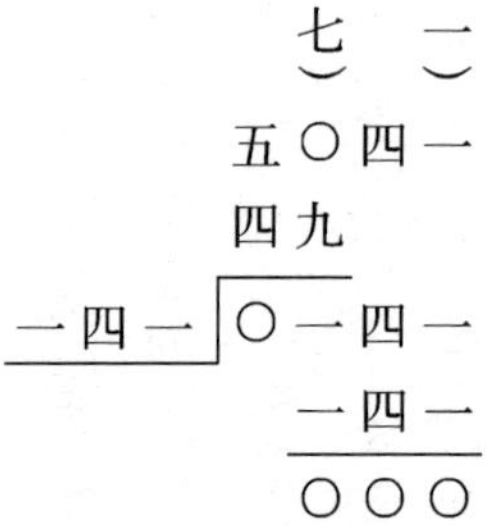

又法以積一千二百五十四尺用四因之，得五千零一十六尺，而以縱多五尺自乘，得二十五尺。加入四因之數，得五千零四十一尺。開方得七十一尺，即爲長闊相和之數。乃以縱多五尺與長闊之和七十一尺相加，得七十六尺。折半得三十八尺，即長方之長。減縱多五尺，即長方之闊也。

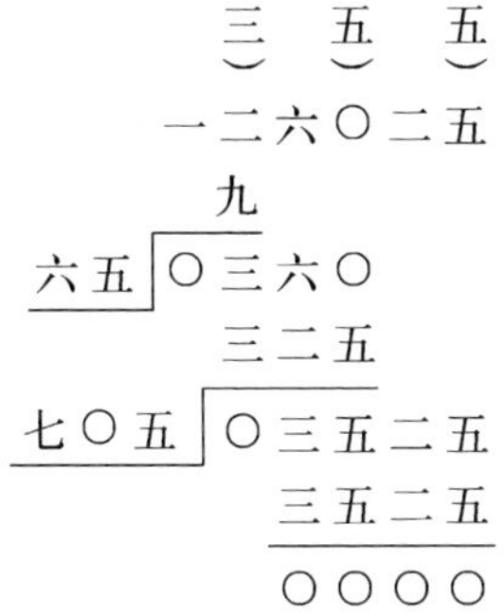

又法先將縱多五尺折半，得二尺五寸爲半較。自乘得六尺二十五寸，與原積一千二百五十四尺相加，得一千二百六十尺二十五寸。開方得三十五尺五寸爲半和，於半和減半較，得三十三尺爲闊。於半和加半較，得三十八尺爲長也。

設如有長方面積一十八萬一千四百六十丈，縱多八丈，問長闊各幾何？

四二二

一八一四六〇

一六三二〇〇

〇一八二六〇

一六五六〇

〇一七〇〇

一七〇〇

〇〇〇〇

四〇八

四〇〇

〇〇〇

〇〇〇

一六三二

一六三二〇〇

八二八

二〇

〇〇〇

一六五六

一六五六〇

法列積如開平方法商之，其一十八萬丈爲初商積，可商四百丈，乃以四百丈書於原積八萬丈之上，而以初商四百丈加縱多八丈，得四百零八丈。以初商四百丈乘之，得一十六萬三千二百丈，書於原積之下。相減餘一萬八千二百六十丈，爲次商廉隅之共積。乃以初商四百丈倍之得八百丈，加縱多八丈，得八百零八丈爲廉法。以除一萬八千二百六十丈，足二十丈，則以二十丈書於原積四百丈之上。而以廉法八百零八丈加隅法二十丈，得八百二十八丈爲廉隅共法。以次商二十丈乘之，得一萬六千五百六十丈，書於餘積之下。與餘積相減餘一千七百丈，爲三商廉隅之共積。乃以初商次商之四百二十丈俱倍之，得八百四十丈。加縱多八丈，得八百四十八丈爲廉法。以除一千七百丈，足二丈，則以二丈書於原積空丈之上。而以廉法八百四十八丈加隅法二丈，得八百五十丈爲廉隅共法。以三商二丈乘之，得一千七百丈，書於餘積之下，與餘積相減恰盡。即知長方之闊得四百二十二丈，加縱多八丈，得四百三十丈，即爲長方之長也。

四）　二）　二）
一八一四六○
一六三二○○
○一八二六○
一六五六○
○一七○○
一七○○
○○○○

八五○
二
一七○○

又法以縱多八丈折半，得四丈爲半較。自乘得十六丈，與原積一十八萬一千四百六十丈相加，得一十八萬一千四百七十六丈。開方得四百二十六丈爲半和，於半和減半較得四百二十二丈爲闊，於半和加半較，得四百三十丈爲長也。

四）　二）　六）
一八一四七六
一六
八二｜○二一四
一六四
八四六｜○五○七六
五○七六
○○○○

設如有長方面積四萬五千二百九十六尺，縱多一百四十六尺，問長闊各幾何？

```
二    五    三
四 五 二 九 六
二 四 六 ○ ○
──────────────
二 ○ 六 九 六
一 九 八 ○ ○
──────────────
○ ○ 八 九 六
      八 九 六
      ────────
      ○ ○ ○

      二 四 六
      一 ○ ○
      ────────
      ○ ○ ○
   ○ ○ ○
二 四 六
──────────────
二 四 六 ○ ○
```

```
二    五    三
四 五 二 九 六
二 四 六 ○ ○
──────────────
二 ○ 六 九 六
一 九 八 ○ ○
──────────────
○ ○ 八 九 六
      八 九 六
      ────────
      ○ ○ ○

      三 九 六
         五 ○
      ────────
      ○ ○ ○
一 九 八 ○
──────────────
一 九 八 ○ ○
```

法列積如開平方法商之，其四萬尺爲初商積，可商二百尺。加縱多一百四十六尺，得三百四十六尺，以所商二百尺乘之，得六萬九千二百尺，大於原積是初商百可商二百尺也。乃改商一百尺書於原積四萬尺之上，而以所商一百尺加縱多一百四十六尺，得二百四十六尺。以初商一百尺乘之，得二萬四千六百尺，書於原積之下。相減餘二萬零六百九十六尺，爲次商廉隅之共積。乃以初商一百尺倍之，得二百尺，加縱多一百四十六尺，得三百四十六尺爲廉法。以除二萬零六百九十六尺，足五十尺，則以五十尺書於原積二百尺之上。而以廉法三百四十六尺加隅法五十尺，得三百九十六尺爲廉隅共法，以次商五十尺乘之，得一萬九千八百尺，書於餘積之下。與餘積相減，餘八百九十六尺，爲三商廉隅之共積。乃以初商次商之一百五十尺倍之，得三百尺。加縱多一百四十六尺，得四百四十六尺爲廉法。以除八百九十六尺，足二尺，則以二尺書於原積六尺之上。而以廉法四百四十六尺加隅法二尺，得四百四十八尺爲廉隅共法。以三商二尺乘之，得八百九十六尺，書於餘積之下，與餘積相減恰盡。即知長方之闊得一百五十二尺，加縱多一百四十六尺，得二百九十八尺，即爲長方之長也。此法原積初商應得二百尺，因加縱多相乘，得數大於原積。故改商一百尺始合，凡開帶縱方遇此類者，皆依此例推之。

一	五	二		
四	五	二	九	六
二	四	六	〇	〇

二	〇	六	九	六
一	九	八	〇	〇

〇	〇	八	九	六
		八	九	六

〇	〇	〇

四	四	八
		二

八	九	六

又法將縱多一百四十六尺折半，得七十三尺爲半較。自乘得五千三百二十九尺，與原積四萬五千二百九十六尺相加，得五萬零六百二十五尺。開方得二百二十五尺爲半和，於半和減半較，得一百五十二尺爲闊，於半和加半較，得二百九十八尺爲長也。

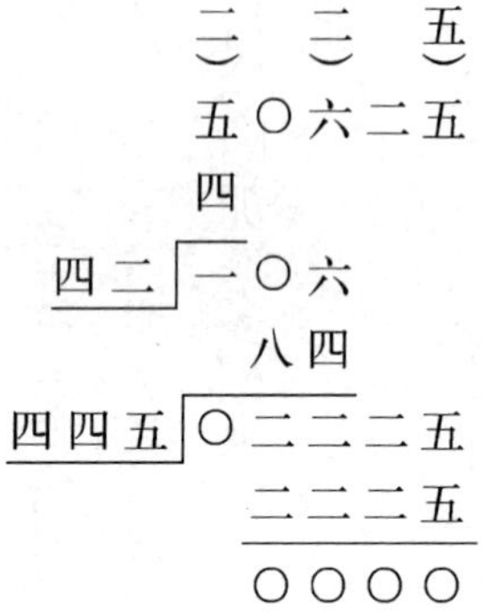

設如有長方面積一萬六千一百二十八尺，縱多七十二尺，問長闊各幾何？

九）　六）
一六一二八
一四五八〇
〇一五四八
　一五四八
　〇〇〇〇

一六二
　九〇
〇〇〇
一四五八
一四五八〇

法列積如開平方法商之，其一萬爲初商積，可商一百尺，加縱多七十二尺，得一百七十二尺，以初商一百尺乘之，得一萬七千二百尺，大於原積，是初商不可商一百尺也。乃改商九十尺，書於原積一百尺之上，而以所商九十尺加縱多七十二尺，得一百六十二尺。以所商九十尺乘之得一萬四千五百八十尺，書於原積之下。相減餘一千五百四十八尺，爲次商廉隅之共積。乃以初商九十尺倍之，得一百八十尺，加縱多七十二尺，得二百五十二尺，爲廉法。以除一千五百四十八尺，足六尺，則以六尺書於原積八尺之上。而以廉法二百五十二尺加隅法六尺，得二百五十八尺爲廉隅共法。以次商六尺乘之，得一千五百四十八尺，書於餘積之下。與餘積相減恰盡，即知長方之闊爲九十六尺。加縱多七十二尺，得一百六十八尺，即長方之長也。此法原積初商應得一百尺，因加縱多相乘得數大於原積，故改商九十尺。而原積一萬尺之上應開百位者空其位而不計也。或縱多太大過於初商所得之數，則用四因積數之法。或用縱多折半之法，設例在後。

```
九)  六)
一六一二八
一四五八〇
─────────
〇一五四八
  一五四八
─────────
  〇〇〇〇

  二五八
      六
─────────
  一五四八
```

設如有長方面積三萬四千五百六十九尺，縱多三千八百三十二尺，問長闊各幾何？

```
      二)  九)  二)  五)
      三七〇五六二五
      一
二九 |二七〇
      二六一
三八二|〇〇九五六
          七六四
          ──────────
          一九二二五
          一九二二五
          ──────────
三八四五|〇〇〇〇〇
```

法列積如開平方法商之，其三萬尺爲初商積，應商一百尺，而縱多數爲三千，轉大於初商數。凡遇此類，則用四因積數加較自乘開方之法，或用半較自乘加於原積開方之法，爲明白簡易也。故以縱多三千八百三十二尺折半，得一千九百一十六尺爲半較。自乘得三百六十七萬一千零五十六尺，與原積三萬四千五百六十九尺相加，得三百七十萬五千六百二十五尺。開方得一千九百二十五尺爲半和，於半和減半較，得九尺爲闊。於半和加半較，得三千八百四十一尺，爲長也。

設如有月臺一座，共用方磚一千九百二十塊，其長比闊多八塊，問長闊兩面各用磚幾何？

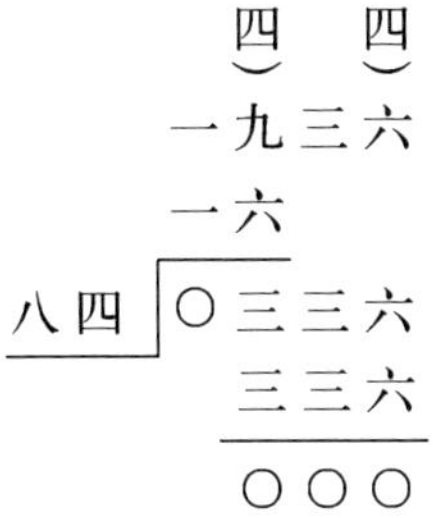

法以長比闊多八塊折半，得四塊爲半較。自乘得十六塊，與積數一千九百二十塊相加，得一千九百三十六塊。開方得四十四塊爲半和，於半和四十四塊減半較，得四十塊爲闊面磚數。

於半和加半較，得四十八塊爲長面磚數也。

設如有銀三百六十兩賞人，其人數比每人所得銀數爲五分之二，問人數及每人所得銀數各幾何？

一率　五分

二率　二分

三率　三百六十

四率　一百四十四

二）四四四○

四四四○

一）一二○

二二

法先用比例分其總銀數，以五分爲一率，二分爲二率，三百六十兩爲三率。得四率一百四十四兩，開方得十二爲人數。以人數除共銀數三百六十兩，得三十兩，爲每人所得之銀數也。此法以人數爲闊，其每人所得銀數爲長，成一長方形。人數既居銀數之五分之二，是闊爲二分，長爲五分也。今將其共銀分作五分而取其二分，即人數與所得銀數相等而成正方形矣。故開方而得人數也。

設如有長方面積八尺，長闊相和六尺，問長闊各幾何？

二)八八一〇

四二一八

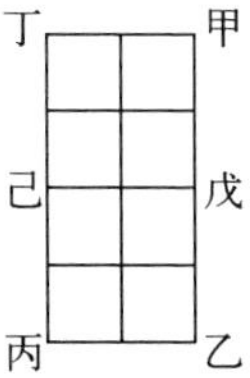

法列積如開平方法商之，積八尺止可商二尺。乃以二尺書於原積八尺之上，而以所商二尺與和數六尺相減，餘四尺，以所商二尺乘之得八尺，書於原積之下。相減恰盡，即知長方之闊得二尺。與和六尺相減得四尺，即爲長方之長也。如圖甲乙丙丁長方形，容積八尺，其甲乙邊長四尺，甲丁邊闊二尺。其甲丁與甲乙相併得六尺，即長闊之和。初商所得二尺，即甲戊己丁正方之每一邊。蓋兩邊俱止一位，故以初商所得爲一邊，於長闊和内減去初商，所餘即又一邊。是以兩邊相乘而與原積相等也。此法比較數爲問者在加減之異，其以較數爲問者，以所商之數與較數相加。此以和數爲問者，則以所商之數與和數相減也。

二〇四四一〇

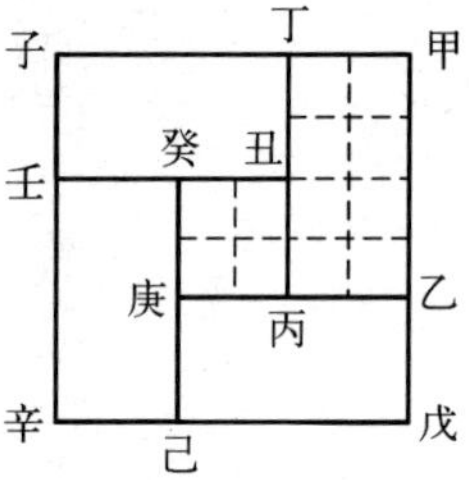

又法以積八尺用四因之，得三十二尺。而以和數六尺自乘，得三十六尺。減去四因之數餘四尺，開方得二尺，即爲長闊相較之數。乃以較數二尺與和數六尺相加，得八尺，折半得四尺，即長方之長。減較二尺，得二尺，即長方之闊也。如圖甲乙丙丁長方形，容積八尺。四因之得甲乙丙丁、戊己庚乙、辛壬癸己、子丁丑壬四長方形。迴環相湊成一空心正方式，較之和數六尺自乘之甲戊辛子正方形，所少者止正中之一小正方形。故相減即餘丑丙庚癸之一小正方形，其丑丙類每一邊即長闊之較，故開方得長闊之較。既得較加於和數是爲倍長。故折半而得長，長減較而得闊也。此法比較數爲問者，亦在加減之異。其以較爲問者，用較自乘與四因數相加。開方而得和，此以和爲問者，用和自乘與四因數相減，開方而得較也。

一)一二〇

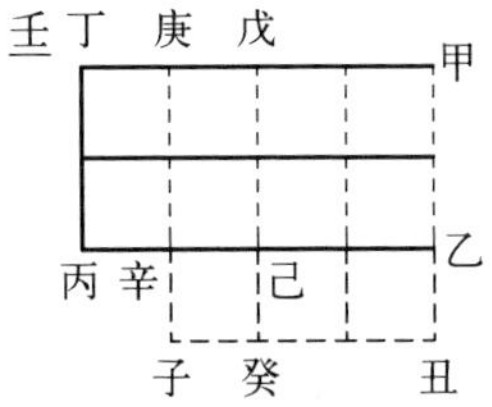

又法先將和數六尺折半，得三尺爲半和，自乘得九尺。與原積八尺相減，得一尺。平方開之，仍得一尺爲半較。於半和減半較，得二尺爲闊。於半和加半較，得四尺爲長，如圖甲乙丙丁長方形，甲乙爲闊，甲丁爲長，甲壬爲長闊和丁壬與丁丙闊等。折半爲甲庚半和，將甲乙丙丁長方内之庚辛丙丁移於乙丑癸己，則成甲丑癸己辛庚一磬折形。與甲庚半和自乘之甲丑子庚正方形相減，餘己癸子辛一小正方形，即半較自乘之方，故開方而得半較也。於甲丑之半和減乙丑之半較，得甲乙之闊，於甲庚之半和加庚丁之半較，得甲丁之長也。又圖甲乙丙丁長方形，容積八尺，甲壬爲長闊之和，甲庚、己庚、庚壬皆半和。甲丁長減等甲乙闊之甲戊，餘戊丁爲長闊之較。其庚丁則爲半較，而甲丁、己丁、丁壬又爲連比例之三線。故己丁中率自乘之方與甲丁首率丁壬末率相乘之長方等見《幾何原本》九卷第三節，則是己丁自乘之方與原設甲乙丙丁長方之積等也。又己庚丁爲勾股形，其己丁邊自乘之方與庚丁邊自乘之方相併，而與己庚自乘之方等見《幾何原本》九卷第四節。故於己庚半和自乘方内減去與原設甲乙丙丁長方積相等之己丁自乘之數，開方而得庚丁爲半較。於己庚相等之庚壬半和内減庚丁半較，而得丁壬與丁丙等之闊。又於己庚相等之甲庚半和甲庚丁半較，而得甲丁之長也。

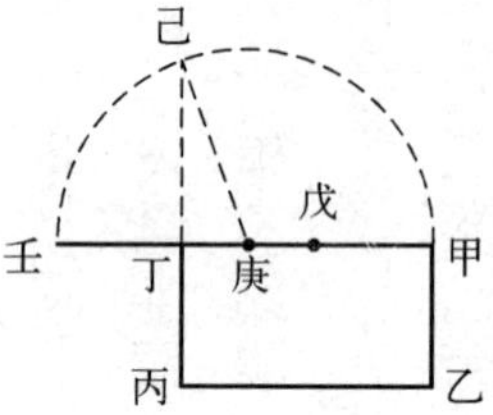

設如有長方面積八百六十四尺，長闊相和六十尺，問長闊各幾何？

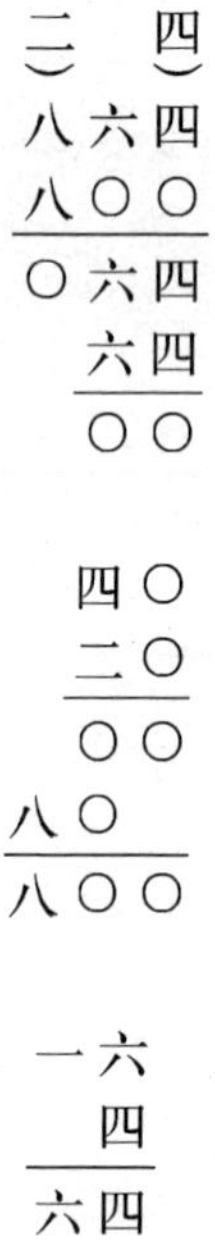

四)四〇四〇　六四四
六〇六六〇　一　六
二)八八〇

法列積如開平方法商之，其八百尺爲初商積，可商二十尺。乃以二十尺書於原積八百尺之上，而以初商二十尺與和數六十尺相減，得四十尺。以初商二十尺乘之，得八百尺，書於原積之下。相減餘六十四尺，爲次商廉隅之共積。乃以初商二十尺倍之得四十尺，與和數六十尺相減，餘二十尺爲廉法，以除六十四尺足三尺。因廉法内尚要減去商數爲法，故取大數爲四尺，則以四尺書於原積四尺之上，而以商法二十尺與次商四尺相減，得十六尺。以次商四尺乘之，得六十四尺，書於餘積之下，與餘積相減恰盡，即知長方之闊得二十四尺。與和六十尺相減餘三十六尺，即爲長方之長也。如圖甲乙丙丁長方形，容積八百六十四尺。其甲乙邊闊二十四尺，甲丁邊長三十六尺，甲戊爲長闊和六十尺，其丁戊與甲乙等。甲子二十尺爲初商數，與辛戊等。甲辛四十尺，則和内減去初商之數，兩數相乘，成甲子己辛長方形，即初商所減之積也。丁戊既與甲乙等，辛戊又與甲子等，則丁辛積子乙等。丁庚己辛小長方積與庚丑壬丙長方積等，是則次商廉隅之共積，即子乙壬丑之積也。次於甲戊和内減倍初商數四十尺如寅戊，餘甲寅二十尺與子癸等爲廉法，子乙者爲次商數也。子乙與丑癸等，則與子癸廉法内減丑癸。餘子丑，與次商子乙相乘，得子乙壬丑小長方，即次商所減之積，故減原積恰盡也。以初商甲子二十尺合次商子乙四尺，得甲乙二十四尺爲闊，於甲戊長闊和六十尺内減與甲乙相等之丁戊闊二十四尺，得甲丁三十六尺爲長也。三商以後，皆仿此遞開之。

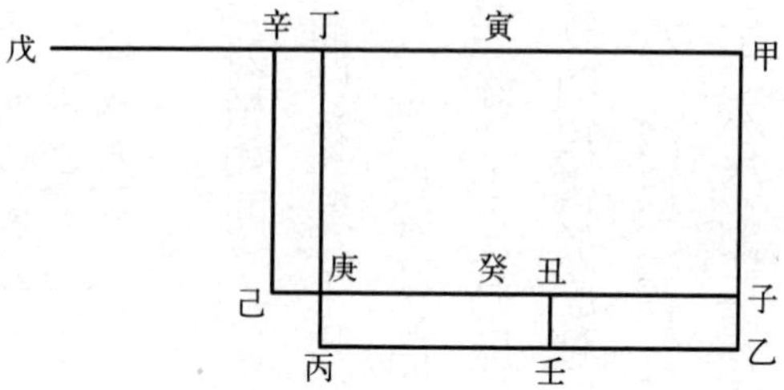

又法以積八百六十四尺用四因之，得三千四百五十六尺，而以和六十尺自乘，得三千六百尺。減去四因之數餘一百四十四尺，開方得一十二尺，即爲長闊之較。乃以較十二尺與和六十尺相加，得七十二尺，折半得三十六尺，即長方之長。減較十二尺，得二十四尺，即長方之闊也。

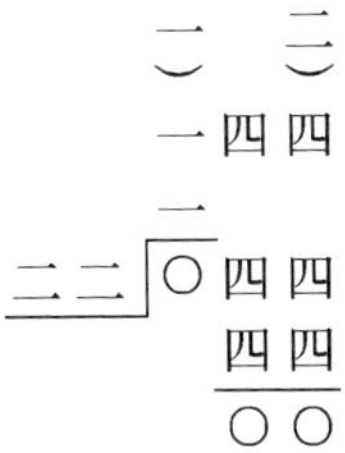

又法先將和數六十尺折半，得三十尺爲半和。自乘得九百尺，與原積八百六十四尺相減，得三十六尺。開方得六尺爲半較，於半和減半較，得二十四尺爲闊。於半和加半較，得三十六尺爲長也。

設如有長方面積一萬九千三百一十二尺，長闊相和二百七十八尺，問長闊各幾何？

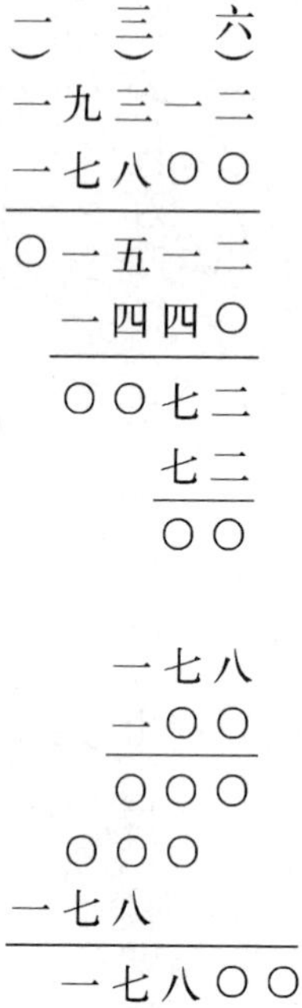

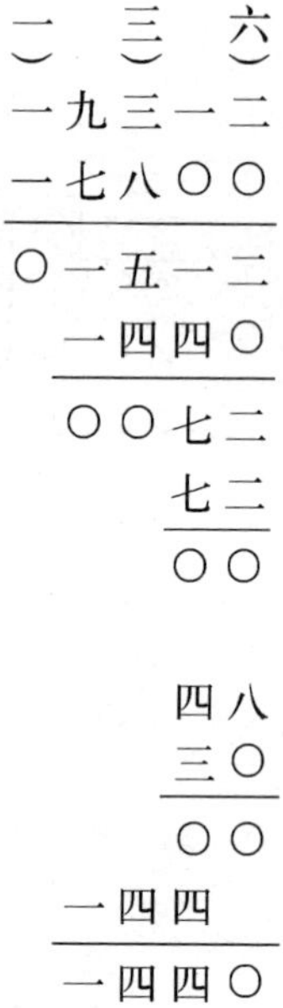

法列積如開平方法商之，其一萬尺爲初商積，可商一百尺。乃以一百尺書於原積一萬尺之上。而以初商一百尺與和數二百七十八尺相減，得一百七十八尺。以初商一百尺乘之，得一萬七千八百尺。書於原積之下。相減餘一千五百一十二尺，爲次商廉隅之共積。乃以初商一百尺倍之得二百尺，與和數相減得七十八尺爲廉法。以除一千五百一十二尺，止足一十尺，因廉法内尚要減去商數爲法，故取大數爲三十尺，則以三十尺書於原積三百尺之上。而以廉法七十八尺與次商三十尺相減，得四十八尺。以次商三十尺乘之，得一千四百四十尺。書於餘積之下。與餘積相減餘七十二尺，爲三商廉隅之共積。乃以初商次商之一百三十尺倍之，得二百六十尺，與和數二百七十八尺相減。餘十八尺爲商法，以除七十二尺，止足四尺，亦因取大於足除之數故定爲六尺，則以六尺書於原積二尺之上。而以廉法十八尺與三商六尺相減，得十二尺。以三商六尺乘之，得七十二尺，書於餘積之下。與餘積相減恰盡，即知長方之闊得一百三十六尺。與和二百七十八尺相減，餘一百四十二尺，即爲長方之長也。此法次商三商，皆取大於足除之數。反復商除始能相符，不若四因積數減和自乘開方之法。或半和自乘減原積開方之法爲整齊也。法以一萬九千三百一十二尺用四因之，得七萬七千二百四十八尺，而以和二百七十八尺自乘，得七萬七千二百八十四尺。減去四因之數，餘三十六尺，開方得六尺，即爲長闊之較。乃以較六尺與和二百七十八尺相加，得二百八十四尺，折半得一百四十二尺，即長方之長。減較六尺，得一百三十六尺，即長方之闊也。

設如有長方面積六萬九千三百六十尺，長闊相和七百八十二尺，問長闊各幾何？

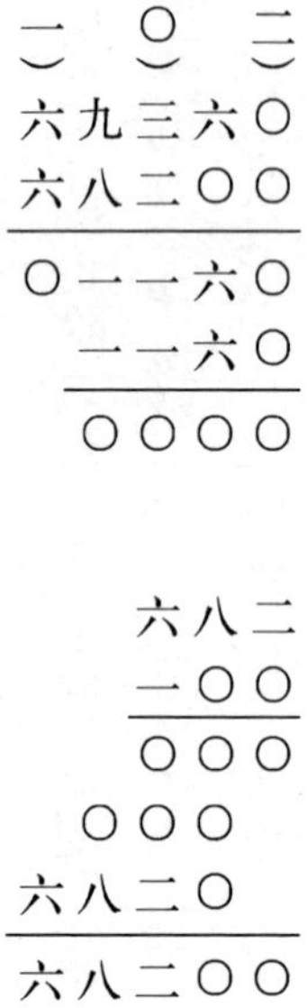

法列積如開平方法商之，其六萬爲初商積，可商二百尺。而以二百尺爲和數七百八十二尺相減，得五百八十二尺，以初商二百尺乘之，得十一萬六千四百尺。大於積數，乃改商一百尺，書於原積六萬尺之上。而以所商一百尺與和數七百八十二尺相減，得六百八十二尺，以初商一百尺乘之，得六萬八千二百尺。書於原積之下。相減餘一千一百六十尺，爲次商廉隅之共積，乃以初商一百尺，倍之得二百尺。與和數七百八十二尺相減，得五百八十二尺爲廉法，以除一千一百六十尺。止足二尺，爰書空位與原積三百尺之上。而以二尺書於原積空位之上，而以廉法五百八十二尺與三商二尺相減，得五百八十尺。以三商二尺乘之，得一千一百六十尺，書於餘積之下。與餘積相減恰盡，即知長方之闊得一百零二尺。與和七百八十二尺相減，餘六百八十尺，即爲長方方長也。此法初商應商二百尺，因減縱相乘得數轉大於原積，故改商一百尺。凡遇此類，不若用四因積數之法，與半和自乘之法算之。法以和數七百八十二尺折半，得三百九十一尺。自乘得一十五萬二千八百八十一尺，與原積六萬九千三百六十尺相減，餘八萬三千五百二十一尺，開方得二百八十九尺爲半較。於半和減半較，得一百零二尺爲闊。於半和加半較，得六百八十尺爲長也。

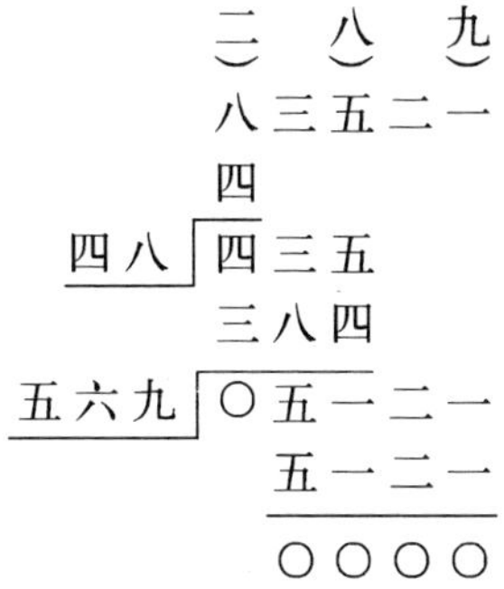

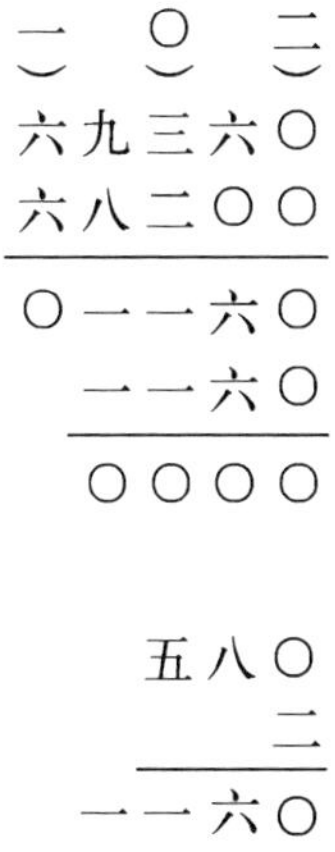

設如有錢四千七百六十文，買果樹不知數，但知樹之共數與每株之價相加，得一百七十

四，問樹數及價各幾何？

```
三）九　　　九　九　〇
　　〇　　　〇　〇　〇
五）八　五　三　三　〇
　　二　二　〇
　　　　　　三
　　　　　　〇
　　　　　　一
```

法以共積一百七十四折半，得八十七爲半和，自乘得七千五百六十九，與共錢四千七百六十文相減，餘二千八百零九，開方得五十三爲半較。於半和減半較，餘三十四爲樹數。於半和加半較，得一百四十爲樹價也。此法以樹數爲闊，樹價爲長，成一長方形。其樹數與樹價相加，即如長闊之和，故以半和自乘減積開方得半較。既得半較，以減半和爲樹數，加半和爲樹價也。

設如有法書一卷共一千一百五十九字，其行數與每行字數相加共八十，問行數及字數各幾何？

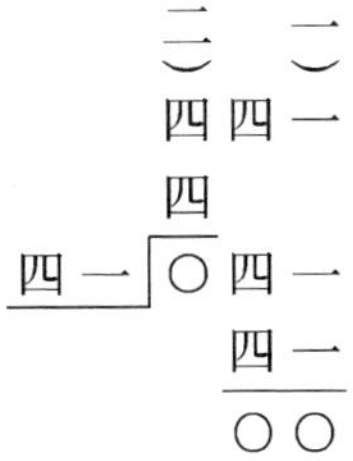

法以和數八十折半，得四十爲半和。自乘得一千六百，與共字一千一百五十九相減，餘四百四十一。開方得二十一爲半較，於半和加半較，得六十一，爲行數。於半和減半較，餘十九，爲每行字數也。

設如有五百八十八人，用船均載，其船數與每船所載人數相加，比船數多四分之三，問船數與每船所載人數各幾何？

一率　三分

二率　一分

三率　五百八十八

四率　一百九十六

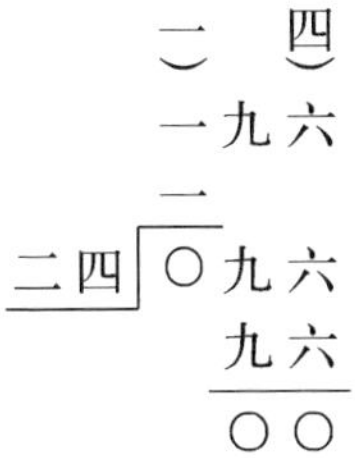

法先用比例分其積以三分爲一率，一分爲二率，五百八十八人爲三率。得四率一百九十六人，用開平方法開之，得十四爲船數。以三因之得四十二，爲每船所載之人數也。此以船數爲闊，每船所載人數爲長，成一長方形船數與人數相加，即如長闊之和。和數既比船數多四分之三，則是和數爲四分。每船所載人數爲三分，船數爲一分，即闊爲一分，長爲三分也。故將共人數三分之而取其一，則人數與船數同爲一分而成正方形矣。故平方開之，即得船數。每船所載人數既爲船數之三倍，故三因之爲所載人數也。

附録：太西算要

丙午之前語九九恐卧矣。丁未留都門，徐師食之、教之，授以幾何，因得旁及曆法、算術諸書，蓋入門而跐不自持也。不三年，利先生死。又數年，龐、熊諸先生去。從游星散，無論相見，即聞者鮮矣。向者手輯歷算種種，既爲人借抄久失，今欲反乞於人，未由也。嗟乎！人之云亡，道亦淪謝。識大有人，請從其小。因檢其最難憶者，亟先之。窮兩日夜，首得算法，遂爲懷西一集，并述所由。時庚申七月，即月增加倍計法。乙丑各增三乘四分開法，因再訂開方法。吴淞孫元化識。

總法

算有《九章》，中法備矣。西法則更奇變無窮，然要不出加、減、乘、分四母法，他法皆依賴是者耳。中算用珠，西算用筆。以概言之，筆雅於珠，辨於珠。析言之，則加法珠便於筆，減法

四　二 八　三	四　二 八　三
三　二　六	一　二　五

三　六　〇　〇	三　六　九　三
三　〇　九　三	三　六　九　〇

之便等。乘法即珠不若筆，分法則筆之便也十倍矣。若夫開方，非珠之所能，盡且明也。故算愈難，而西法愈顯。其用法，以所有之數，從大至小，從左向右横書。書猶珠也。其末位必爲零數，如三千六百九十三，則横書三六九三矣。若有空位，必作一「〇」以補之。如三千六百九十，則零位補一「〇」矣。又或三千六百，則零位、十位皆補一「〇」矣。又或三千零九十三，則百位補一「〇」矣。是零十百千以上者，實數也，數以位定者也。其加、減、乘、分之時，或兩數并得，或兩數乘得者，止於小數。如二加三，得五。二乘三，得六。固即書於本位。若積有大數，如四加八得一十二，四乘八得三十二，則不問幾百幾，幾萬幾，總呼爲幾十幾。不問十、百、千、萬之位，總就本位進一位書。蓋算法止有一至九數，無十。止有零、十兩位，無百、千、萬以上。是零、十又活數也，隨位而移者也。然零、十、百、千、萬者；通用之數，若以度，即分、寸、尺、丈矣；以量，即合、升、斗、石矣；以權衡，即釐、分、錢、兩矣。積十進一位者，常用之數。若以田，即積六尺進一位爲步矣；以稱，即積十六兩進一位爲斤矣；以晷，即積八刻進一位；爲時，積六十分進一位爲度矣。餘依此推。

太西算法

古算法用竹，徑一分，長六寸，二百七十一枚而成六觚爲一握。六觚，六角也，度角至角。其度一寸，面容一分。算九枚，相因之數有十，正面之數實九。其表六九五十四，算中積凡得二百七十一枚。推曆、生律、制器、規圜、矩方、權重、衡平、準繩、嘉量，探賾索隱，鉤深致遠，莫不用焉。度長短者，不失毫釐；量多少者，不失圭撮；六十四黍爲圭，四圭曰撮，三指撮之也。權輕重者，不失黍絫。十黍爲絫。紀於一，協於十，長於百，大於千，衍於萬，算之原也。後世乃爲珠算，而其法較便，然率以定位爲難。差毫釐，失千里矣。茲以筆代珠，始於一，究於九。隨其所得而書。識之滿一十，則不書十而書一於左進位，乃作「○」於本位，曰一十。繇十進百，繇百進千，繇千進萬，皆倣此。

其法以所有之數，從大至小，從左向右横書。書猶珠也，其末位必爲零數。如三千六百九十三，則横書三六九三矣。若有空位，必作一「○」以補之。如三千六百九十，則零位補一「○」矣。又或三千六百，則零位十位皆補一「○」矣。又或三千零九十三，則百位補一「○」矣。是零、十、百、千以上者實數也，數以位定者也。其加、減、乘、分之時，或兩數并得，或兩數乘得者，止於小數。如二加三得五，二乘三得六，固即書於本位。若積有大數，如四加八得

四　二 八　三	四　二 八　三
三　二　六	一　二　五

三　六　〇　〇	三　六　九　三
三　〇　九　三	三　六　九　〇

一十二，四乘八得三十二，則不問幾百幾，幾萬幾，總呼爲幾十幾。不問十、百、千、萬之位，總就本位進一位書。蓋算法止有一至九數。無十，止有零、十兩位，無百、千、萬以上。是零、十又活數也，隨位而移者也。然零、十、百、千、萬者，通用之數。若以度，即分、寸、尺、丈矣；以量，即合、升、斗、石矣；以權衡，即釐、分、錢、兩矣。積十進一位者，常用之數。若以田，即積六尺進一位爲步矣；以稱，即積十六兩進一位爲斤矣；以曆，即積八刻進一位爲時，積六十分進一位爲度矣。餘依此推。

加

加者，一小幾何加一小幾何，成大幾何也。亦謂之并，亦謂之計。西法用筆，不如用珠爲便。然西書左行横行，當其零計之時，即以十數積於十位，百數積於百位，則總結亦自便也。

一六三七
三四八二一〇
三四九八四七

如上一千六百三十七，加以三十四萬八千二百一十并之，則零位得七，十位三一并得四，百位六二并得八，千位一八并得九，萬位得四，十萬位得三，共計三十四萬九千八百四十七，爲得數。

減

減者，於大幾何中除去小幾何，存幾何也，亦謂之除。

　　　　　　　四
　　　一九一六五四
二七四八五七三一

　　　三九四〇八七

如上二千七百四十八萬五千七百三十一，爲大數。除去三十九萬四千零八十七，則得二千七百零九萬一千六百四十四，爲存數。

乘

乘者，以此幾何，乘於彼幾何，令有幾何之幾何也。其法有二，有相乘，有自乘。相乘者，二數相差。自乘者，二數相等，其實自乘亦相乘也。乘之之法，有破頭乘，有倒尾乘。破頭乘者，從大數乘起，順至小數。倒尾乘，則從小數乘起，逆至大數，皆可。然倒尾爲便，何也？假如人數之小者爲六，銀數之小者爲三釐，三六乘得一分八釐。轉而積之，其數易明矣。如後七十八萬零三百四十六人，每人四十九石二斗零七合米，則七八〇三四六爲一數，四九二〇七爲一數。二數相差，爲相乘，先以下數末位爲主，與上數末位向前逐位相呼，即從本位下逆書向前。如七呼六得四十二，則書二於本位，進四於前位。七呼四，得二十八，則書八於次位，進二於又前位。若遇〇，則遞〇一位。上數既完，則以下數二位，又與上數遞呼遞積遞進如前。俟下數各位呼乘既盡，則以所積細數用計法從後并之，即得三百八十三萬九千八百四十八萬五千六百二十二，爲實數。

若兩數皆七八〇三四六，或皆四九二〇七，即自乘矣。

					七	八	〇	三	四	六
						四	九	二	〇	七
二	六	一	一	四	五	六	三	二	四	二
	三	七	四	六	九	六	八	三	八	
	八	三	二	二	三	五	四			
		二	一	一	七	六				
				二	二	四				
					六					
二	八	三	九	八	四	八	五	六	二	二

分

分者，有大幾何以小幾何分之，各得幾何也，即中法之歸除。第歸除法煩易混，此則不須

五
五四
一二一五六
八六四八七
一七一八六五三二二
實　三八三九八一九〇三八

法　七八〇三四
七八〇三四
七八〇三四

〇〇〇〇〇
七八〇三四

商　四九二〇七

歌訣，最爲簡捷。置積爲實，所分爲法。以實法各自横排，逐位相對。若法首大於實首，或兩首相等，而法次大於實次，即以法首退一位。從實次排起次，以法視實，約商一數，謂之商。以商數與法相呼乘，得幾何，即於實首除去幾何。若法有三位，則以此商逐位相呼除實。如法盡而實尚未盡，則以法從法下退一位又排。或實首實次又小於法，則商位作一〇而法數又退一位。假如首商爲萬，次商作〇，則無千三商是百也。乃以法視餘實，又約商一數，復與法遞呼遞除。以此推算，至盡而止。若有零數不得分盡者，必在末後兩三位，則存於本位，以合原數。

如三十八萬三千九百八十一兩，七萬八千零三十四人分之。銀爲實，人爲法。先以實三八三九八一横排，而以法七八〇三四對位順書。實首三，法首七，是爲法大於實，不足以除，故退一位，書次以法約除實，商得一數。如是五則五七三十五，雖勾除而次法之五九四十五，即不足矣。故商爲四，則四呼七得二十八，又呼八得三十二，又呼三得六①，又呼四得一十六。從實首遞除之，則存七一八四五九〇三八爲餘，實知應有二商也。復以法退一位書，再約除實，商得九。以九呼七，得六十三，又呼八得七十二，又呼三得二十七，又呼四得三十六。再從實遞除之，則存一六一五三〇三八爲餘，實知應有三商也。復以法退一位書，再約除實商，得二。以二呼七，得一十四，又呼八得一十六，又呼三得六，又呼四得八。再從實遞除之，則存五四六二三八爲餘實，知應有四商，而法首七，大於實首五，則知商有空位，作〇補之，而以法又退一位書。再約除實商，得七。以七呼七，得四十九，又呼八得五十六，又呼一得二十一，又呼四得二十八，從實遞除之，無餘，則得每人四萬九千二百零七兩。

平差計

平差計者，亦加法。而所差之數相等，謂二數比首數減四，則三四數以後遞減俱四，此爲差數相等。有捷法算之，法以首位至末位共幾位爲一數，以首位之數并於末位之數，爲二數。

① 「又呼三得六」，當爲「又呼三得一十二」之誤。

兩數相乘，得數又兩平分之，即實數也。或視兩數中必有一雙數，則以雙數先兩平分之，乃與彼數相乘，即得實數。凡此法不必首位俱從一起，止視所差相等，即可立算。

一四七〇三六九二五八一四七〇三

一一一一二二二三三三四四

此從一起遞差三者也，其位一十五，其首位末位之并數爲四十四。以四十四兩平分之，爲二十二。以二十二與一十五相乘，得三百三十，爲實數。

六三〇七四一八五二九六三〇七

一二二三四四五六六七八九九

此從六起遞差七者也，其位一十四，其首位末位之并數爲一百零三，以一十四兩平分之爲七，以七與一百零三相乘，得七百二十一，爲實數。

加倍計 增

加倍計者，亦加法，而所倍之數相等。謂二數加於首數二倍，則三數加於二數，亦二倍，四數以後無不二倍。二數加於首數四倍，則三數加於二數亦四倍。四數以後無不四倍。有捷法算之，此亦不必首位俱從一起，止視所倍相等，即可立算。

一二四八六二四八六
一三六二五
二二

此從一起而二倍者也，以末位大數又二倍之，減去首位小數，即得如末位二百五十六之二倍，爲五百十二，減去首位一，得五百十一，即爲實數。

二六八四二六八
一五六八五
一四四
一

此從二起而三倍者也，以末位大數又三倍之，減去首位小數，兩平分之，即得如末位一千四百五十八之三倍，爲四千三百七十四，減去首位二，爲四千三百七十二兩，平分之，得二千一百八十六，即爲實數。

七八二八二八
二二四九六
一四七一
一七

此從七起而四倍者也，以末位大數又四倍之，減去首位小數，三平分之，即得如末位七千一百六十八之四倍，爲二萬八千六百七十二，減去首位七，爲二萬八千六百六十五三，平分之，得九千五百五十五，即爲實數。

五倍以下，以大數各依本倍加之，而減去首位之後，則五倍者四平分，六倍者五平分，七倍以下推類。

開　方

開方，亦分法也。但分法止直角形，一卷界説 而平方、立方則直角方形。一卷界説 分法止在平面，而立方三乘方四乘方，則皆有立體。平方即自乘，立方即再乘，若三乘方以上。或曰：形如立方，則即是立方，何不立方開之？又或曰：三乘當爲兩立方，則四乘當爲三立方，何不以兩立方、三立方開之？皆不可也。夫平方者自之，立方者自之而再之，則三乘方者自之，再之，而三之，四乘方者自之、再之、三之而四之也。再以自再之，則三亦以自三之，四亦以自四之也。如三三爲九，自乘也。三九爲二十七，再乘也。三二十七，爲八十一，乃三乘也。三八十一爲二百四十三，乃四乘也。三二百四十三爲七百二十九，乃五乘也。九則四邊皆三，二十七則六面皆九，而十二，邊仍皆三也。八十一則四長面皆二十七，兩方面皆九，其四長邊皆九，而八短邊仍皆三也。二百四十三，則四長面皆二十七，兩方面皆八十一，其八長邊皆九，而四短邊仍皆三也。長三乘爲長方，四乘爲扁方，惟五乘之七百二十九，則六面皆八十一，而十二邊皆九，乃又爲立方。是三之五乘，即九之再乘，進此而六乘，又爲長方，七乘又爲扁方，八乘又爲立方，則三之八乘，即九之五乘，即八十一之再乘而已。然則開方之法，宜至四乘，而止以五乘之，即爲立方也。憶與利、徐兩先生訪，三乘方之形亦疑焉。今以意度之，或當如是。遂立三乘、四乘開法，附於平方、立方之後。

論方廉隅

開方則有方法矣：方之不盡，乃有隅。隅之又不盡，乃有再隅。然無論方隅，總之，平方，則皆自乘。立方，則皆再乘。三乘方，則皆三乘，四乘方，則皆四乘而已。方隅之交，不得不有廉。廉者，方邊與隅邊相乘也。平方止一面，故止有二廉。立方成一體，則有方之三面，有隅之三面。以隅邊乘方面，有三平廉。以方邊乘隅面，有三長廉。故立方之廉有二法。三乘方亦有方之三面，亦有隅之三面，而長面之方尚與隅隔，故其間别有餘方。餘方即方面三中之一也。此一面爲餘方，則彼兩面爲方平廉。有餘方則亦有兩平廉。各兩平廉之間，即各有一長廉，過此則接隅矣。然以隅法乘方面，又有隅旁方廉。以方法乘隅面，又有隅旁兩平廉，則是三乘方之廉有七法也。四乘方亦有方之三面，亦有隅之三面，而平面之方更與隅隔。故其間既有餘方，尚有兩大廉。兩大廉即方面三中之二也。旁兩面爲大廉，則上一面爲平廉。餘方大廉之上，亦各有平廉。餘方大廉之上面有平廉，則旁兩面各有長廉，四長廉之上又各有小長廉。過此則隅矣。然以方法乘隅面，有隅下餘方，是四乘方之廉有十法也。

定方隅數

凡止一方法，則止於零數。若有一隅法，則方爲十數。有兩隅法，則方爲百數。然何以知應有幾隅？妙在從末實向前隔位作點，平方隔一位，立方隔二位，三乘方隔三位，四乘方隔四位。但視共有幾點即知應有幾商，但視首商是第幾點，即知所商是何數。如三點，則首商是百。四點，則首商是千也。今以方隅各乘定數，開列於左：

算法無十止有一，一無乘，故不具。

自乘	二四	三九	四一六	五二五	六三六	七四九	八六四	九八一
再乘	二八	三二七	四六四	五一二五	六二一六	七三四三	八五一二	九七二九
三乘	二一六	三八一	四二五六	五六二五	六一二九六	七二四〇一	八四〇九六	九六五六一
四乘	二三二	三二四三	四一〇二四	五三一二五	六七七七六	七一六八〇七	八三二七六八	九五九〇四九

開平方

置積爲實，從末位向前隔一位作點，次以自乘約實，商得方法，書於首點下，即以方法自乘得數爲方，先除訖。若有二點者，則以廉隅約餘實，商得隅法，書於次點下。次以方法與隅法相乘，得數倍之爲兩廉。次以隅法自乘，得數爲隅，各除訖。若有三點者，則又以廉隅約餘實，商得隅法，書於三點下。次并前方隅兩法，如前方法推用之。

一」、九

八」

此方法一除者也。如積八十一爲實，止末位一點，知止有一商，即以自乘約實，商得九，爲方法，書於點下。九自乘，得八十一，除盡則得平方邊九。此方隅兩法再除者也。

如積三百六十一爲實，隔一位有二點，知有二商，則初商爲十數。先以自乘約實，商得一〇爲方法，書於首點下。一〇自乘得一百，先除訖，則存二六一爲餘實矣。次約餘實，商得九爲隅法，書於次點下。次以方法一〇與隅法九相乘，得九十，倍之得一百八十，爲兩廉。次以隅法九自乘，得八十一，爲隅，俱除盡，則得平方邊一十九。此方隅，隅三法三除者也。

如積七萬一千八百二十四爲實，隔一位有三點，知有三商，則初商爲百數。先以自乘約實，商得二〇〇爲方法，書於首點下。二〇〇自乘得四萬，先除訖，則存三一八二四爲餘實矣。次約餘實，商得六〇爲隅法，書於次點下。次以方法二〇〇與隅法六〇相乘，得一萬二千。倍之，得二萬四千，爲大兩廉。次以隅法六〇自乘，得三千六百爲大隅。各除之，則存四二二四爲餘實矣。次又約餘實，商得八爲隅法，書於三點下。次以方隅并之，二六〇與隅法八相乘，得二千零八十。倍之，得四千一百六十，爲小兩廉。次以隅法八自乘，得六十四，爲小隅。除盡，則得平方邊二百六十八。

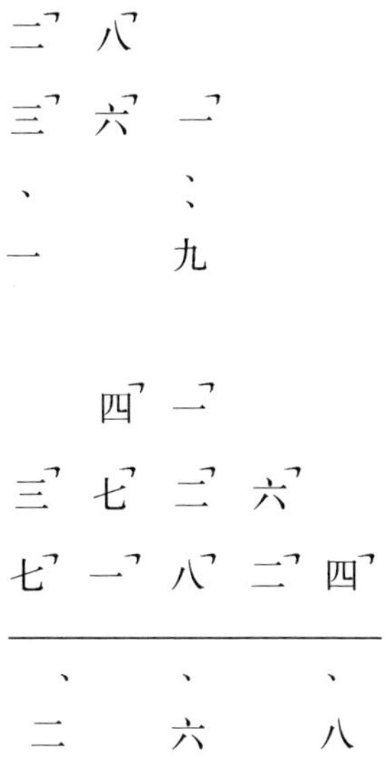

開立方

置積爲實，從末位向前隔二位作點，次以再乘約實，商得方法，書於首點下，即以方法。再乘得數爲方，先除訖。若有二點者，則以各廉與隅約餘實，商得隅法，書於次點下。次以方法自乘，又與隅法相乘，得數三倍之，爲三平廉。次以隅法自乘，與方法相乘，得數三倍之，爲三長廉。次以隅法再乘，得數爲隅。各除訖，若有三點者，則又以各廉與隅約餘實，商得隅法，書於三點下。次并前方隅兩法，如前方法推用之。

	四			
一	二	一	六	七
	、			、
	二			三

此後方隅兩法再除者也。如積一萬二千一百六十七爲實，隔二位有二點，知有二商，則初商爲十數。先以再乘約商，得二〇爲方法，書於首點下。二〇再乘，得八千，先除訖，則存四一六七爲餘實矣。次約餘實商，得三爲隅法，書於次點下。次以方法二〇自乘之，四〇〇與隅法三相乘，得一千二百。三倍之，得三千六百，爲三平廉。次以隅法三自乘之九，與方法二〇〇相乘得一百八十三。倍之，得五百四十爲三長廉，次以隅法三再乘之，得三十七爲隅。除盡，則得立方邊二十三。

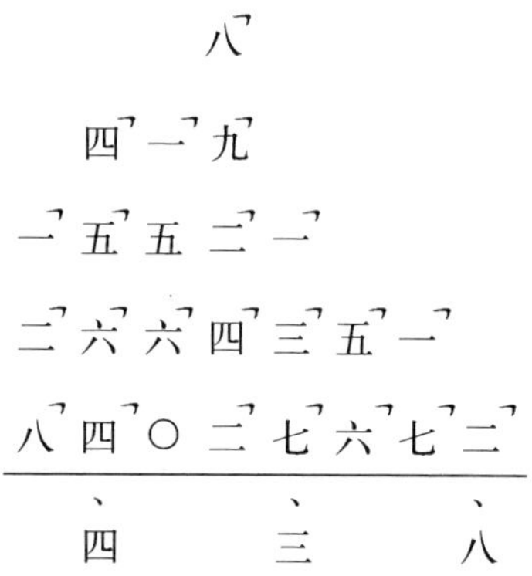

此後方隅隅三法三除者也。如積八千四百零二萬七千六百七十二爲實，隔二位有三點，知有三商，則初商爲百數。先以再乘約商，得四〇〇爲方法，書於首點下。四〇〇再乘，得六千四百萬，先除訖，則存二〇〇二七六七二爲餘實矣。次約餘實商得三〇爲隅法，書於次點下。次以方法四〇〇自乘之一六〇〇〇〇與隅法三〇相乘，得四百八十萬。三倍之，得一千四百四十萬，爲大三平廉。次以隅法三〇自乘之九〇〇，與方法四〇〇相乘得三十六萬。三倍之，得一百零八萬，爲大三長廉。次以隅法三〇再乘之，得二萬七千，爲大隅。各除之，則存四五二〇六七二爲餘實矣。次又約餘實商，得八爲隅法，書於三點下。次以方隅并之，四三〇自乘之一八四九〇〇與隅法八相乘，得一百四十七萬九千二百。三倍之，得四百四十三萬七千六百，爲小三平廉。次以隅法八自乘之六四，與方隅并之四三〇相乘，得二萬七千五百二十。三倍之，得八萬二千五百六十，爲小三長廉。次以隅法八再乘之，得五百一十二爲隅，除盡則得立方邊四百三十八。

開三乘方 增

置積爲實，從末位向前隔三位作點，次以三乘約實，商得方法，書於首點下。即以方法三乘，得數爲方，先除訖。若有二點者，則以各廉與隅約餘實，商得隅法，書於次點下。次以方法再乘之數，與隅法相乘，得數爲方兩平廉。次以方法自乘之數，與隅法自乘之數相乘，得數爲方長廉。次以方法乘隅法得數，以隅法乘方法得數并之，爲餘方法。即以方法自乘之數，與隅方法相乘，爲餘方。次以餘方法與方法相乘之數，又與隅法相乘得數爲餘方兩平廉。次以餘方法與隅法自乘之數相乘，得數爲餘方長廉。次以隅法自乘之數與方法自乘之數相乘，得數爲隅旁方廉。次以隅法再乘之數與方法相乘得數，倍之爲隅旁兩平廉。次以隅法三乘得數爲隅各除之，若有三點者，則又以各廉與隅約餘實，商得隅法，書於三點下。次并前方隅兩法如前方法推用之。

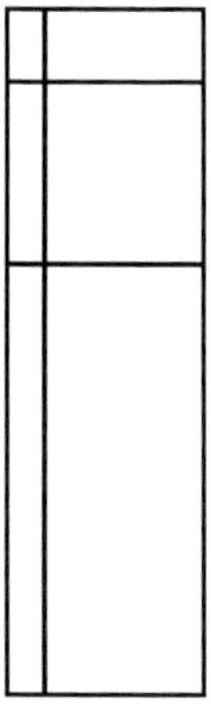

實	二	七、	九	八	四	一、
		二				三
	一	六				
		四	八			
			三	六		
		四	八			
		一	四	四		
			一	〇	八	
			三	六		
			一	〇	八	
					八	一
	二	七	九	八	四	一

此方隅兩法再除者也。如積二十七萬九千八百四十一爲實，隔三位有二點，知有二商，則初商爲千數。先以三乘約實，商得二〇爲方法，書於首點下。二〇三乘得一十六萬，先除訖，則存一一九八四一爲餘實矣。次約餘實，商得三爲隅法，書於次點下。次以方法二〇再乘之八〇〇〇，與隅法三相乘，得二萬四千。倍之，得四萬八千爲方兩平廉。次以方法二〇自乘

之，四〇〇與隅法三自乘之，九相乘得三千六百，爲方長廉。次以方法二〇與隅法三相乘，得六〇。以隅法三與方法二〇相乘，得六〇。并之，得一二〇，爲餘方法。次以餘方法一二〇與方法二〇自乘之四〇〇，相乘得四萬八千，爲餘方。次以餘方法一二〇與方法二〇相乘，得二四〇〇。又與隅法三相乘，得七千二百。倍之，得一萬四千四百，爲餘方兩平廉。次以餘方法一二〇與隅法三自乘之九相乘，得一千零八十，爲餘方長廉。次以隅法三自乘之九，與方法二〇自乘之四〇〇相乘，得三千六百爲隅旁方廉。次以隅法三再乘之二七，與方法二〇相乘，得五百四十。倍之，得一千零八十爲隅旁兩平廉。次以隅法三三乘，得八十一爲隅，俱除盡、無餘，則得高廣邊各二十三，長邊五百二十九。

簡　法

方法二〇與隅法三相乘，得六十。倍之，得一百二十爲餘方法。

餘方法一二〇自乘，亦得一萬四千四百，爲餘方兩平廉。

又簡法

方法二〇再乘之八〇〇〇，與隅法三相乘，得二萬四千。四倍之，得九萬六千，爲方兩平廉，與餘方之并。

方法二〇自乘之四〇〇，與隅法三自乘之九相乘，得三千六百六。倍之，得二萬一千六百爲方長廉，與餘方兩平廉與隅旁方廉之并。

方法二〇與隅法三再乘之二十七相乘，得五百四十四。倍之，得一千一百六十，爲餘方長廉與隅旁兩平廉之并。

又簡法

約第一點上實數商得二〇，約第二點上實數商得三，以二十三三乘之，得二十七萬九千八百四十一。

或以二十三自乘，得五百二十九，即以五百二十九自乘，亦得二十七萬九千八百四十一。

開四乘方 增

置積爲實，從末位向前隔四位作點，次以四乘約實商，得方法，書於首點下。即以方法四乘得數爲方，先除訖。若有二點者，則以各廉與隅約餘實商，得隅法，書於次點下。次以方法三乘之數與隅法相乘得數爲方上平廉，次以方法乘隅法得數以隅法，乘方法得數，并之，爲餘方法。次以方法再乘之數，與餘方法相乘得數，倍之，爲方外兩大廉。次以餘方法自乘之數，與方法相乘得數爲餘方。次以方法自乘之數，與餘方法相乘得數，又與隅法相乘得數，倍之，爲二大廉上平廉。次以餘方法自乘之數，與隅法相乘爲餘方上平廉。次以方法再乘之數，與隅法自乘之數相乘得數，倍之，爲二大廉外長廉。次以餘方法與方法相乘之數，又與隅法自乘之數相乘得數爲餘方外二長廉。次以隅法再乘之數，與方法自乘之數相乘得數，倍之，爲二大廉外小長廉。次以隅法再乘之數，與餘方法相乘得數，倍之，爲餘方外兩小長廉。次以隅法三乘之數，與方法相乘得數，爲隅下餘方。次以隅法四乘，得數爲隅，各除之。若有三點者，則又以各廉隅約餘實商，得隅法，書於三點下。次并前方隅兩法，如前方法推用之。

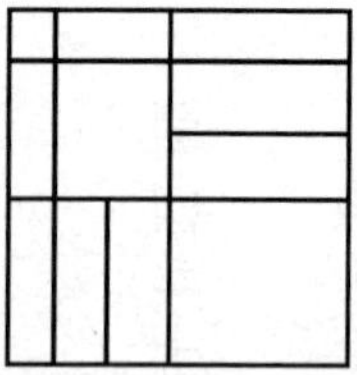

實	四	五	四、	三	五	四	二	四、
			三					四
	二	四	三					
		三	二	四				
	一	二	九	六				
	、	一	七	二	八			
		一	七	二	八			
		、、、	二	三	〇	四		
			八	六	四			
			二	三	〇	四		
			一	一	五	二		
			、、	三	〇	七	二	
				、、	七	六	八	
					一	〇	二	四
					、、	、		
	四	五	四	三	五	四	二	四

此方隅兩法再除者也。如積四千五百四十三萬五千四百二十四爲實，隔四位有二點，知有二商，則初商爲十數。先以四乘約實商，得三〇，爲方法，書於首點下。三〇四乘得二千四百三十萬，先除訖，則存二一一三五四二四爲餘實矣。次約餘實商，得四爲隅法，書於次點下。次以方法三〇三乘之，八一〇〇〇與隅法四相乘，得三百二十四萬，爲方上平廉。次以方法三〇與隅法四相乘，得一二〇，以隅法四與方法三〇相乘，亦得一二〇。并之，得二四〇，爲餘方法。次以方法三〇再乘之，二七〇〇〇與餘方法二四〇相乘，得六百四十八萬。倍之，得一千

二百九十六萬，爲方外兩大廉。次以餘方法二四〇自乘之，五七六〇〇與方法三〇相乘，得一百七十二萬八千爲餘方，次以方法三〇自乘之。九〇〇與餘方法二四〇相乘，得二一六〇〇〇，又與隅法四相乘，得十六萬四千。倍之，爲一百七十二萬八千爲二大廉上平廉。次以餘方法二四〇自乘之，五七六〇〇與隅法四相乘，得二十三萬零四百爲餘方上平廉。次以方法三〇再乘之，二七〇〇〇與隅法四自乘之，一六相乘得四十三萬二千。倍之，得八十六萬四千爲二大廉外長廉。次以餘方法二四〇與方法三〇相乘，得七二〇〇。又與隅法四自乘之，一六相乘得一十一萬五千二百。倍之，得二十三萬零四百爲餘方外二長廉。次以隅法四再乘之，六四與方法三〇自乘之，九〇〇相乘得五萬七千六百。倍之，得一十一萬五千二百爲二大廉外小長廉。次以隅法四再乘之，六四與餘方法二四〇相乘，得一萬五千三百六十。倍之，得三萬零七百二十爲餘方外二小長廉。次以隅法四三乘之，二五六與方法三〇相乘，得七千六百八十，爲隅下餘方。次以隅法四四乘之，得一千零二十四爲隅，俱除盡無餘，則得高邊三十四，長廣邊各一千一百五十六。

簡法

方法三〇與隅法四相乘，得一百二十。倍之，亦得二百四十，爲餘方法。

方法三〇再乘之二七〇〇〇，與隅法四自乘之一六，相乘，得四十三萬二千四。倍之，亦得一百七十二萬八千，爲二大廉上平廉。

方法三〇自乘之九〇〇，與隅法四再乘之六四相乘，得五萬七千六百，四倍之，亦得二十三萬零四百，爲餘方外二長廉。

又簡法

方法三〇三乘之八一〇〇〇〇，與隅法四相乘，得三百二十四萬。倍之，共得一千六百二十萬，爲方上平廉與方外兩大廉之并。

方法三〇再乘之二七〇〇〇，與隅法四自乘之一六相乘，得四十三萬二千十。倍之，共得四百三十二萬，爲餘方與二大廉上平廉又二大廉外長廉之并。

方法三〇自乘之九〇〇，與隅法四再乘之六四相乘，得五萬七千六百十。倍之，共得五十七萬六千，爲餘方上平廉與餘方外二長廉又二大廉外小長廉之并。

方法三〇與隅法四三乘之二五六相乘，得七千六百八十五。倍之，共得三萬八千四百，爲餘方外二小長廉與隅下餘方之并。

又簡法

約第一點上實數商得三〇，約第二點上實數商得四，以三十四四乘之，得四千五百四十三萬五千四百二十四。

或以三十四自乘，得一千一百五十六。以一一五六自乘，得一百三十三萬六千三百三十六。再以三十四乘之，得四千五百四十三萬五千四百二十四。

試

試法以邊原爲正，西則兼用除餘還原者，乘以分還分，以乘還不還，不可信也。除餘，則别爲簡法：法亦有二，一曰身數除，一曰大小數除。身數者，如二六即爲八矣。此惟可九除。大小數者，如二六即爲二十六。此自二至九，皆可除也。大小數之原法止於七除，愚以他數試之，俱合。故云自二至九耳。其法斜作十字，先以兩小數各除其餘，書於左右。次以左右兩數，依本法詳見下又除其餘，書於上。次以大數亦除其餘，書於下。上下兩數相合，乃准。但上下左右共有四除。身數則俱用身數，大小數則俱用大小數；九除，則俱用九除，七除則俱用七除也。其左右兩數若試加試減，則并之，然後除餘試乘試分，則乘之，然後除餘試平方則自乘，試立方則再乘，試三乘，則三乘，試四乘，則四乘，然後除餘也。

二	六	八	九
四	八	六	二
七	五	五	一

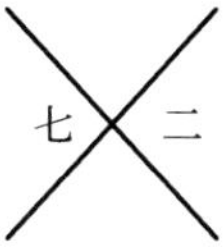

此試加減也，或二六八九加四八六二，得七五五一。或七五五一減二六八九，存四八六二。總之，二六八九，與四八六二爲兩小數。今以身數九除，則二六八九并得二十五，除二九一十八，存七矣，書於左。四八六二并得二十，除二九一十八，存二矣，書於右。二七并得九，無除，書九於上。次以七五五一并得一十八，除一九，存一九，書於下。正相合也。若以大小數七除，則二六爲二十六，除三七二十一，存五。以五連下八爲五十八，除八七五十六，存二。以二連下九爲二十九，除四七二十八，存一矣，書於左。四八爲四十八，除六七四十二，存六。以六連下六爲六十六，除九七六十三，存三。以三連下二爲三十二，除四七二十八，存四矣。書於右，一四并得五，無除，書五於上。次以七五爲七十五，除七十，存五。以五連下五爲五十五，除七七四十九，存六。以六連下一，爲六十一。除八七五十六，存五，書於下，正相合也。

此試乘分也，或二六七以三七五四乘之，得一〇〇二三一八。或一〇〇二三一八，以二六七分之，得三七五四。總之，二六七與三七五四爲兩小數。若用身數如前試加減法九除，則左爲六，右爲一一六。相乘爲六，書於上。次以大數一〇〇二三一八，亦用九除，存六，書於下。正相合也。若用大小數如前試加減法八除，則左爲三，右爲二。二三相乘，爲六，書於上。次以大數一〇〇二三一八，亦用八除，存六，書於下，正相合也。

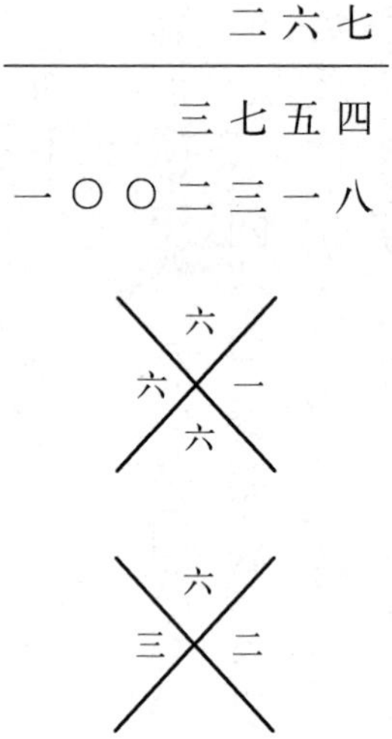

若自乘開平方，則止以一小數自乘，除餘再乘。立方，則止以一小數再乘，除餘三乘，以上推類。

凡乘法，以小成大，無不齊之數。分法，以大散小，有不盡之數，不盡者試時於左右兩數相乘後，仍帶存數并除方合。如一六九八七七七以三三八四分之，得五〇二，不盡者九。今用身數九除，則左爲九，右爲七七九，相乘得六十三。加餘數九爲七十二，然後除之。若用大小數大除，則左爲六，右爲四四六。相乘得二十四，加餘數九，爲三十三，然後除之。

凡大小數者，若用五除，更爲簡捷。蓋既以大小數除，則末位以前皆爲大數，必與五合如一，即二五二，即四五也。此不費遞除，止以末位除之。增

九	七			四	
一	七		○	八	
一	七	四	○	三	
六	八	八	○	三	二
四	九	三	○		○
一	六	三			五
	一				

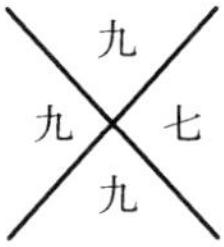

三數算法

三數算法，各法多賴之。總之先定某爲第一數，某爲第二數，某爲第三數，則以二三兩數相乘，以一數分之，即得第四數。

簡平儀説

〔意〕熊三拔 〔明〕徐光啓 撰
李天綱 點校

點校説明

《簡平儀説》爲徐光啓傳授熊三拔天文學的作品，署：「泰西熊三拔撰説，吴淞徐光啓劄記」。徐光啓於一六一〇年利瑪竇逝世後，結束守制，從上海趕去北京，處理教務、政務。本年，熊三拔和龍華民、龐迪我一起接續利瑪竇事務，傳習西學。熊三拔（Sabathino de Ursis，一五七五——一六二〇），意大利耶穌會士，精通物理學，但礙於神父身份，不太情願向徐光啓傳授此類學問。徐光啓説：「間以請於熊先生，唯唯者久之，察其心神，殆無吝色也，而顧有怍色。……有怍色者，深恐此法盛傳，天下後世見視以公輸、墨翟。」（《泰西水法序》）徐光啓打消了熊三拔的顧慮，乃有《泰西水法》和《簡平儀説》之翻譯和介紹。熊三拔爲徐光啓「解其凡」，「因手受之，草次成章」。（《簡平儀説序》）

按《四庫全書總目提要》的總結，《簡平儀説》「大旨以視法取渾圓爲平圓，而以平圓測量渾圓之數也。凡名數十二則，用法十三則，其法用上、下兩盤，天盤在下，所以取赤道經緯，故有兩極線、赤道線、節氣線、時刻線。地盤在上，所以取地平經緯，故有天頂，有地平，有高度綫，有地平分度線」。《簡平儀説》作於萬曆辛亥(一六一一),當年即有刻本。李之藻編《天學初函》,《簡平儀説》收入「器編」。上海市文物保管委員會編《徐光啓著譯集》據《天學初函》本影印,此次即據此排印點校。

李天綱

二〇一〇年十一月

目録

點校説明……一八五
簡平儀説序……一八九
名數 十二則……一九一
用法 十三首……一九四

簡平儀説序

揚子雲未諳曆理而依㸗法言理，理于何傅？邵堯夫未嫻曆法而撰私理立法，法于何生？不知吾儒學宗傳有一字曆，能盡天地之道，窮宇極宙，言曆者莫能舍旃。孔子曰：「澤火，革。」孟子曰「苟求其故」是已。「革」者，東西南北，歲月日時，靡所弗革。言法不言革，似法非法也。「故」者，二儀七政，參差往復，各有所以然之故。言理不言故，似理非理也。

唐虞邈矣，欽若授時，學士大夫罕言之。劉洪、姜岌、何承天、祖冲之之流，越百載一人焉，或二三百載一人焉，無有如羲和、仲叔極議一堂之上者，故此事三千年以還忞忞也。郭守敬推爲精妙，然於「革」之義庶幾焉。而能言其所爲故者，則斷自西泰子之入中國始。先生嘗爲余言：「西士之精于曆，無他謬巧也，千百爲輩，傳習講求者三千年，其青於藍而寒於水者，時時有之。以故言理彌微亦彌著，立法彌詳亦彌簡。」余聞其言而喟然。以彼千百爲輩傳習講求者三千年，吾且越百載一人焉，或二三百載一人焉，此其間何工拙可較論哉？

先生没，賜葬燕中，仍詔聽其同學二三君子依止焚脩。諸君子感恩圖報，將欲續成利氏之書，盡闡發其所爲知天事天、窮理盡性之學。而會中朝方修正曆法，特簡宿學名儒蒞正其事。于時司天氏習聞諸君子之言者，争推舉以上。大宗伯欲依洪武壬戌故事盡譯其書，用備典章。大宗伯以聞報可，自是一時疇人世業，亡不賈勇摩厲，以勸厥成。盛哉！堯舜在上，下有羲和，庶其將極議一堂之上乎？余以爲諸君子之書成，其裨益世道，未易悉數。若星曆一事，究竟其學，必勝郭守敬數倍。其最小者是儀爲有綱熊先生所手創以呈利先生，利所嘉歎。偶爲余解其凡，因手受之。草次成章，未及詳其所謂故也。若其言革也，抑亦文豹之一斑矣。熊子以爲少，未肯傳，余固請行之，爲言曆嚆矢焉，第欲究竟其學爲書，且千百是是，非余所能終也。必若博求道藝之士，虚心揚搉，令彼三千年增修漸進之業，我歲月間拱受其成，以光昭我聖明來遠之盛，且傳之史册，曰曆理大明，曆法至當。自今伊始，敻越前古，亦綦快已！萬曆辛亥秋月，吴淞徐光啓序。

名數 十二則

簡平儀，用二盤。下層方面，名爲下盤，亦名天盤。上層圓面，半虛半實者，名爲上盤，亦名地盤。

下盤安軸處，爲地心。其過心横線，名爲極線。極線之左界爲北極，右界爲南極。其過心直線與極線作十字交羅者，名爲赤道線。盤周之最内一圈，名爲周天圈。

赤道線左右，各六直線，漸次疏密者，名爲二十四節氣線。即以赤道線爲春分，爲秋分。次左一曰清明，曰白露。次左二曰穀雨，曰處暑。次左三曰立夏，曰立秋。次左四曰小滿，曰大暑。次左五曰芒種，曰小暑。次左六曰夏至。此爲日行赤道北諸節氣線也。次右一曰驚蟄，曰寒露。次右二曰雨水，曰霜降。次右三曰立春，曰立冬。次右四曰大寒，曰小雪。次右五曰小寒，曰大雪。次右六曰冬至。此爲日行赤道南諸節氣線也。若儀體小者，左右各三線，則以一宫爲一線。儀體大者，左右各十八線，則以一候爲一線也。

從赤道線上取心，以冬夏二至線爲界，上下各作半圈者，名爲黄道圈。用半圈周平分十二者，是黄道半周天度，十五度爲一分。若儀體大者，分三十六，則五度爲一分也。

已上、下盤諸線，共作一圖，本名《範天圖》，爲測驗根本，别有備論。

極線之上、下，并周天圈分各十二曲線漸次疏密者，名爲十二時刻線。即以極線爲卯正初刻，爲酉正初刻。次上一爲卯正二，爲酉初二。每線二刻，依時列之。次上十二，即周天圈分，爲午正初刻也。次下一爲酉正二，爲卯初二。每線二刻，依時列之。至次下十二，即周天圈分，爲子正初刻也。若儀體小者，上下各六線，則以四刻爲一線。儀體大者，上下各二十四線，則以一刻爲一線。更大者，上下各七十二線，則以五分爲一線也。

周天圈以赤道線、極線，分爲四圈分。每圈分分九十度，爲周天象限。四象限共三百六十，爲周天度數。

上盤中央安軸處爲盤心。盤中過心横線，在半虚半實之界，名爲地平線。其過心直線，與地平線作十字交羅者，名爲天頂線。

上盤之圈周亦以地平、天頂線分爲四圈分。每圈分，分九十度，爲周天象限。四象限共三百六十，爲周天度數。

上盤半虚處，左右相望，作針孔，貫以絲繩，與地平線平行。不論多寡，皆名爲日晷線。

上盤地平線下，横布疏密度數。是依天頂線作平行直線，上應周天度分者，名爲直應度分。

上盤軸心，施一線下垂，線末繫墜，令旋轉加于上盤周天度分者，名爲垂線。若以銅爲權，下重末鋭，令其末旋轉加周者，名爲垂權，與垂線同用。

下盤之上方，横作一直線，與極線平行者，名爲日景線。線之兩端，截去線之上方寸許，不盡線半寸許，又截去線之下方半寸許，令版之左右上角，各爲方柱。柱端與日景線平行者名爲表。

用法 十三首

第一、隨時隨地，測日軌高幾何度、分。　測驗之最急者，爲隨時隨地，求日軌高度、分。曆家必須登臺轉象，未能簡便。今用此儀，應手可得。

以上盤地平線，加于下盤南、北極線。次任用下盤一表以承日，令表端景加于日景線。次視垂線所加上盤圈周度分，即目下日軌高于地平度分。

假如以表承日，表端景，加于日景線，而垂線去天頂線、地平線各四十五度，即日軌高于地平四十五度也。若垂線漸近天頂線，即日軌漸低漸近地平線，即日軌漸高。各以垂線度分，爲日軌度分。

第二、隨節氣求日躔黄道距赤道幾何度、分。　黄赤二道之交，爲天元春、秋分。二道相去最遠處二十三度半强，爲冬、夏至。自天正春秋分日，日躔二道之交。過此，日躔黄道，距赤道漸遠，至冬、夏至而極。過此漸近，至春秋分復躔二道之交。其日躔黄道，每日約平行一度。若其距之遠近，及遠近之差，却各節各日，多寡不同，大都近交差多，近至差少。曆家多用弧矢句股法推算，其間别有大論。今用此儀，可隨節測量，以需後用。

日，日約行一度。視本日去春、秋分幾何日，即循兩黄道圈各檢取去赤道線幾何度，爲兩界，用直線，隱兩界上，循直線，視所當周天圈度分，即所求。

假如清明日欲得黄、赤道距度，視本日距春分，約十五日。日，日約行一度，得十五度，即循兩黄道圈各左方，檢取去赤道線各第十五度，是本日日躔黄道距交度，爲兩界。次用一線，或界尺，隱取兩界循直線，視所當周天圈度分，得六度，是本日日躔黄道距赤道度。又如小滿日，距春分約六十日，即檢取黄道圈上去赤道線六十度，爲日躔黄道距交度。次依法視周天圈，得二十度少，是本日黄、赤道相距度。

第三、隨地隨日，測午正初刻及日軌高幾何度分。凡測正午時，用正方案，爲初法。用日晷，爲後法。今用此儀測得以需後用，亦係初法。

約日將中時，用第一法測日軌高幾何度分。少頃，復依法累測之，日昃而止。次檢日軌最高度分，爲本地本日午正初刻日軌高。若立表，隨所測作線，即得子午線。

假如順天府寒露日，午前用第一法測得日軌高四十度，次用刻漏，或度日影，每過半刻或一刻許，復依法累測得四十一度、四十二度，乃至四十四度。又測得四十三度，即四十四度爲本日午正初刻日軌最高度。依累測，各作表線，得四十四度所作線，爲正子午線。

第四、隨地測南、北極，出、入地幾何度、分。南、北極，出、入，隨地不同。按《唐志》言：三百五十餘里，差一度。西國則二百五十里，差一度。當由尺度異也。乃其實皆爲平差。曆家測驗，先須得此，不然，即晝夜長短、日月出入、躔度高下、交食分數，悉不可考，悉不可論。故元太史郭守敬分道測驗，以爲曆準。然周行四極，輶軒錯出，而所得止二十七處，意其爲術亦太艱難矣。今用此儀，但是人跡所至，都會郡邑，一測便得，不勞餘力矣。

依第三法測得本地午正初刻日軌高幾何度分。次依第二法，求本日日躔距赤道幾何度分。次視日躔赤道南北算之，若日躔赤道南，則以距度加高度，得赤道至地平之高。以赤道高減周天象限度，即得赤道離天頂度，亦即本極出地度，對極入地度。日躔赤道北，則以距度減高度，得赤道至地平之高，如法算之。若春秋分，日正躔赤道，即無距度。其日軌高，即赤道至地平之高。如法算之，地在赤道南北，並同。其有日軌距赤道，天頂居中，日中有倒景者，即倒測日軌高。以高度并距度減去周天象度，即得赤道離天頂度。地在赤道南北，並同。

假如順天府，恒見日躔在南，即知天頂在赤道北，當得北極出地，南極入地。今於天正春分日、午正初刻，依第三法，測得日軌高五十度。又依第二法，得本日日躔黄、赤道之交無距度，即赤道高于地平五十度，以減周天象限九十度，得四十度，即赤道離天頂度。南北極離赤道與地平離天頂，俱九十度，即順天府天頂離北極五十度。而北極出地，南極入地，各四十度。

若順天府霜降日，日躔赤道南。是日午正初刻，測得日軌高三十八度，次依第二法，得日躔距赤道十二度，以加日軌高三十八度，亦得赤道高于地平五十度。如上法，算得北極出地四十度，若順天府立夏日日躔赤道北，是日午正初刻，測得日軌高六十六度。次依第二法，得日躔距赤道十六度，以減日軌高六十六度，亦得赤道高五十度。如上法，算得北極出地四十度。又如應天府清明日，日躔赤道北，是日午正初刻，測得日軌高六十四度。次得日躔距赤道六度，以減日軌高，得五十八度，爲赤道高。以減周天象度，得北極出地三十二度。如地在赤道南者，則躔南加高，躔北減高，算法並同。其有天頂居日軌赤道之中者，天頂距赤道在二十三度半强以内日中有倒景之地，皆是也。如高州府夏至日午正初刻，日中有倒景，即倒測日軌高于北地平八十八度半弱，以并距度二十二度半强，得一百一十二度，減去周天象限九十度，即得赤道離天頂北極出地、南極入地，各二十二度。地在赤道南，則以表北爲倒景，算法同。

第五、隨地、隨節氣，求晝夜刻各幾何。凡晝夜時刻，隨地各有長短，皆以極出地多寡爲準。極出地度分少，則二至晝夜刻所差亦少。度分多，所差亦多。如順天府北極出地四十度，則夏至晝長五十九刻零七分，夜長三十六刻零八分。高州府北極出地二十二度，則夏至晝長五十四刻，夜長四十二刻矣。每時八刻，每日九十六刻。今曆注夏至晝長五十九刻，夜四十一刻。此是洪武間所定應天府晝夜刻分也。正統己巳曆，夏至晝六十一刻，夜三十九刻。此則青州府諸地，北極出地三十七度之晝夜刻也。《大統曆》日百刻。岳文肅以爲從古所無，亦未是。此法惟郭守敬得之，但須隨地用儀表測驗。今作此儀，似足小補郭氏之闕。

以上盤地平線，加于下盤本地南北極出入地度數，視地平線加本日節氣線上，得地平線以上幾何刻即晝刻，以下所餘刻即夜刻。

假如順天府北極出地四十度，以上盤地平線加于下盤南極以上第四十度，則地平以上是順天府所見渾天半體，即見北極出地四十度。南極入地四十度，即見順天府天頂線，在北極以上五十度。即見赤道離天頂線亦四十度，即見地平線斜絡諸節氣線上。所加得夏至爲極長，冬至爲極短。今欲知夏至日晝夜刻幾何，則視地平線與夏至線相加處，向上數得二十九刻十一分，是從日出至午正初刻數。加一倍，得五十九刻零七分，爲本日晝刻。所餘三十六刻零八分，爲本日夜刻也。又欲知冬至晝夜刻，則視地平線與冬至線相加處，向上數之，所得與夏至晝夜數正相反，則夏至晝刻，即冬至夜刻，夏至夜刻，即冬至晝刻也。又欲知立夏、立秋晝夜刻各幾何，依前法，數得二十八爲半日刻。加倍，得五十六爲晝刻。所餘四十刻，爲夜刻也。又欲知立春、立冬晝夜刻，依前法，數得與立夏立秋晝夜正相反，即晝夜刻數亦相反也。又欲知春秋分晝夜刻幾何，依前法，數得二十四刻，倍之，得四十八爲晝刻。所餘四十八爲夜刻，晝夜平也。

第六、隨地、隨節氣，求日出入時刻。　凡日出日入時刻亦隨地不同，《大統曆》夏至，日出寅正四刻，日入戌初初刻，亦洪武間應天府所測日出入時刻。　順天府夏至，日出寅正二刻，日入戌初二刻。　若用此儀，亦隨地可指掌得也。

依第五法，上、下盤相加，視地平線加某時刻分，即得日出入時刻。

假如順天府北極出地四十度，依法相加，即盤中所見地平線以上，皆日出後時刻。　地平線以下，皆日入後時刻。　今欲知夏至日出時刻，視地平線與夏至線相加處爲寅正二，即夏至日出時刻。　是日日軌依夏至線上行，至午復回，至本處爲戌初二，即日入時刻。　又欲知穀雨、處暑日出入時刻，依前法，得卯初一刻少，日出；　得酉正二刻太，日入也。　又欲知春分、秋分日出入時刻，依前法，得卯正初刻日出，酉正初刻日入，爲晝夜平。

第七、論三殊域晝夜寒暑之变。　三殊域者，一極北，謂北極之下；　一極南，調南極之下；　一南北之中，謂赤道之下。　凡迤南迤北漸近二極之下，有一日全爲晝、一日全爲夜者，有一月、二月爲晝夜者。　正當二極之下，即半年爲晝，半年爲夜。　獨赤道之下，終古晝夜常平。　此晝夜之變也。　其寒暑，則三極下皆極寒，赤道下極熱。　又普天之下皆一年而冬夏一周，獨赤道之下，一年而冬夏再周。　此寒暑之變。　今用此儀，悉可究陳也。

依第五法，上下盤相加，視地平線以上時刻即晝，以下即夜。　赤道之下，日行天頂皆夏，日行南北皆冬。

假如地平線加于北極出地六十七度，盤中地平線以上，全見夏至線上十二全時，全不見冬至線上十二全時，即彼處夏至日晝長九十六刻，無夜。夏至日以後，節線漸入地平線下，漸有夜，至秋分而平，夜漸長。至冬至，夜長九十六刻，無晝。冬至日以後，節線漸出地平線上，漸有晝。至春分而平也。又如地平線加于北極出地七十度，盤中地平線以上，全見小滿、芒種、夏至、小暑、大暑。五節線上十二全時，全不見小雪、大雪、冬至、小寒、大寒五節線上十二全時，即彼處小滿以後至夏至全見日輪斜行地上三十日。夏至至大暑，亦全見日輪斜行地上三十日。凡六十日，全爲晝。至大暑以後，節線漸入地平線下，漸有夜，至秋分而平，夜漸長。小雪以後至冬至，日輪斜行地下三十日，冬至至大寒亦斜行地下三十日。凡六十日，全爲夜。至大寒以後，節線漸出地平線上，漸有晝，至春分而平也。又凡日出入地十八度内，皆爲朦朧時刻。故此地雖大暑以後漸有夜，小滿以前尚有夜，其實大暑至處暑，穀雨至小滿，此兩月中，夜亦常明。其時夜極短，皆爲黄昏昧爽，時刻故也。又如地平線加北極出地九十度，盤中北極在天頂線上，以赤道爲地平，地平線以上，全見春分至秋分。日行赤道北，半年中十二全時全不見秋分至春分。日行赤道南，半年中十二全時，即此地當春分日，便見日半輪周行地平之上，以後漸高。至夏至，周行于地平之上二十三度半强。以後漸下，至秋分日，亦見半日輪周行地平之上。此半年全爲一晝秋分，以後漸下入地，至冬至周行於地平之下二十三度半强。以後漸高，至春分，復見半日輪周行地平之上。此半年全爲一夜。其自春分以前，一月爲昧爽。秋分以後，一月爲黄昏也。若赤道之下，南北二極，平出地上，以極線爲地平，赤道爲天頂，盤中地平線以上，全見各節線。及時刻線之半，不論是何節氣，恒得日出後四十八刻，日入後四十八刻。終古晝夜常平也。其寒暑，則普天之下，恒由天頂近日而得暑，天頂遠日而得寒。今以天頂線加于二極線，日躔恒在下，最近，亦六十六度半弱，故二極下極寒。以天頂線加于赤道線，日躔恒在上，最遠，亦二十三度半强，故赤道下極熱也。又赤道之下，以赤道爲天頂，故春分日行赤道，正居天頂，爲夏。日行漸北，迄夏至而極，爲冬。却回至秋分，行赤道，正居天頂，復爲夏。日行漸南，迄冬至而極，復爲冬矣。亦緣天下寒暑，視日遠近。彼中日遠近，歲二周，故寒暑亦歲二周。不以一歲爲二歲者，日復于次，而成歲不在寒暑也。

或聞一年爲一晝夜，不信也。愚聞之西國人，彼親所經歷，無足疑者。近檢《元史》，郭守敬《四海測驗》二十七所内云：北海、北極，出地六十五度，夏至晝八十二刻，夜一十八刻。又檢《唐書》，載貞觀中，骨利斡國獻馬使云：其國在京師西北二萬餘里，夜短晝長，從天色暝時煮羊足，才熟而東方已曙。即此二端，亦足徵北土有極長極短晝夜矣。第元人所至，止于北海，未至六十五度以北，故夜尚有十八刻。骨利斡所居，亦未至六十六度半弱，故夜尚有一兩刻，可煮羊髀。若更北漸短，必至無夜。又更北，北極在天頂，必至一年爲一晝夜。試就此儀論之，其理不得不然。若骨利幹國夜短晝長，是彼中夏至暨冬至，必反而晝短夜長，如其刻數。而史書不言，則傳説未盡也。世間耳目未經，而理之所是不得不信否者。彼北極下人，又肯信吾以百刻爲晝夜哉？即骨利幹使者歸，説唐朝晝夜刻數，彼國人必有不信者。所謂彼我異觀，更相笑也。

或問：元人測得北海北極出地六十五度，夏至晝八十二刻，夜一十八刻。今用此儀測得六十五度，夏至晝獨八十四刻，夜止一十二刻，何也？曰：《授時曆》周天三百六十五度四分度之一，西曆三百六十度，則北海地分，止六十四度。《授時》日百刻，西曆九十六刻，今此儀測得北海六十四度，夏至晝得八十刻少弱，夜得十五刻太强，兩測互算，正相合矣。

第八、隨地隨節氣，求日出入之廣幾何。春分、秋分日，日行赤道一線之上，其出入處，是赤道與地平線之交，謂之天元卯酉。春分以後，日出入漸北，至夏至而極，復南。秋分以後，日出入漸南，至冬至而極，復北。其南北之廣，隨地不同。獨赤道之下，廣止二十三度半强。其自赤道南北，漸遠漸廣，故隨地有各節氣。日出入之廣，其欲用此法，何也？凡營度，必正方面。正方面之法，今時多用羅經。羅經針鋒所止，非子午正線，羅經自有正針處。身嘗經歷在大浪山，去中國西南五萬里。過此以西，針鋒漸向西。過此以東，針鋒漸向東。各隨道里，具有分數。至中國，則泊干丙午之間矣。其所以然，自有別論。今欲得正子午線，亦有轉用之法。但針體微細，難得真確。不如《周禮》土圭及欽天監簡儀正方案所得方面爲準。若用此儀，先知本地本日日出入去、天元卯酉幾何度。候日出，量取，即天元卯酉。依卯酉，作垂線，得子午。

依第五法：上下盤相加，視地平線下直應度分，值本日節氣線得幾何度，即所求。

假如順天府北極出地四十度，欲知冬至、夏至日出入之廣，依前法，視地平線上直應度分，加于夏至節氣線，得三十一度，即夏至日出入處，離天元卯酉以北度分也。即以南三十一度，是冬至日出入，離天元卯酉度分也。總南北爲六十二度，是冬夏二至，日出入之廣。又欲知穀雨、處暑、雨水、霜降四日日出入之廣，依前法得十五度，即知穀雨、雨水兩日日出入在天元卯酉南十五度，處暑、霜降兩日日出入在天元卯酉北十五度也。又如北極出地六十七度，依法測冬至、夏至日出入之廣，得九十度也。

第九、隨地隨節氣用極出入度，求午正初刻日軌高幾何度分。

依第五法，上下盤相加，從地平線所加起算，歷周天度分，數至本節線上得幾何度分，即所求。

假如順天府，北極出地四十度，欲知冬至、夏至、春分日各午正初刻，日軌高幾何度分，依前法，以地平線加南極入地四十度上，從四十一度起算，數至冬至節線，得二十六度半，即是日午正初刻日高度也。至春分節線，得五十度，至夏至節線，得七十三度半，即各日午正初刻日高度也。又如廣東肇慶府，北極出地二十三度半强，依法測得冬至日午正初刻，日高四十三度；夏至日午正初刻，日高九十度，即是日日中無影。又如高州府，北極出地二十二度，依法測得夏至日午正，日軌過天頂而北，其行度反低于小暑、芒種，則午正初刻，從北地平線上起算，數得八十八度半，爲日高度，即是日日中有倒景，在表南。而小暑、芒種兩日，俱日中無景。

第十、日晷。日晷候時，凡二大支，數十百種，别有成書備論。今用此儀，徑可隨地隨時取景，得目下時刻。亦有用此候時，而旁藉他法者，自具他法中。

依第一法，測得目下日軌高幾何度分。次依第五法，上下盤相加。次依日晷線所值日高度分，平行，視本日節氣線所值刻線，即目下時刻。若日晷線不值日高度分，即别用一直線，依日高度分與日晷線爲平行取之。若不用日晷線，即以日高度分之半弦爲度，與天頂線平行，以一界抵地平，一界抵日高度分，依地平線平行取之。

假如順天府冬至日，測得午前日高二十度。次以地平線加于北極出地四十度，依日晷線平行，或日晷平行線平行，或用他度與地平平行，從日高二十度平行至冬至節線上值巳正初刻少，即所求。又如應天府清明後五日，測得午後日高十八度，次以地平線加于北極出地三十二度，依法平行至本日節線上值申正一刻，即所求。

第十一、隨地隨節氣，求日交天頂線在何時刻。　天頂線者，從天元卯酉上至天中，當人之頂爲本地平分天体、南北之界限也。大約北極出地地面，春分以後，日出入于天元卯酉北，日中仍在天頂南。故春分以後、秋分以前，日軌行度，日兩交于天頂線。但東交漸遲，西交漸早，各至夏至而極耳。用此，可逐日測得天元卯酉以正方面，亦可隨地于向北墻上造作日晷，令晝日景線，止于日景所至。

依第五法上下盤相加，視天頂線加某時刻，即所求。

假如順天府，北極出地四十度，欲知清明、白露兩日，日交天頂線在何時刻。依法，視天頂線與本節線相交于卯正二刻、酉初二刻，即是日早、晚日交天頂時刻也。又欲知夏至日日交天頂時刻，依法，測得辰正初刻、申正初刻也。因是可知，順天府面北墻上，清明、白露兩日卯正二刻以前，酉初二刻以後，日光照及也。夏至日，則辰正初刻以前，申正初刻以後，日光照及也。又欲知廣東肇慶府北極出地二十三度半强，夏至日日交天頂線時刻，依法，測得在午正初刻，則是日日光，盡日皆照北墻，其向南墻上，直至日中，微有日光也。又依法測得滿剌伽國在赤道下，北極、南極皆與地平，則春分以後，秋分以前，半年日照北墻；　秋分以後，春分以前，半年日照南墻也。

第十二、論地爲圜體。

用地平線、天頂線加于下盤周天度數，展轉推論，可證地圜之義。

地本圜體，其居天中，不過一點。一點者，無分數可論也。今儀中乃作半虚半實者，緣地面遼闊，人居地上，目力所及，止得天體之半，故以半虚半實爲隱見之象。憑之測驗，非地體實能掩天體之半也。論其實理，則盤心軸畧可指爲地體。今欲證地圜之義，試如有人居滿刺伽國，正當赤道之下。此人當見南北二極，俱與地平，即以上盤地平線，加于下盤極線，其天頂線，上當赤道，下抵軸心，是此人屹立滿刺伽地面之象。次令此人北行二百五十里，當見北極出地一度，南極入地一度，即以地平線南卬北低，令兩極出入地各一度。其地平線北轉一度，天頂線亦北轉一度。是人北行二百五十里之象。若行二千五百里，即轉十度；一萬二千五百里，即轉九十度。隨其所至，人恒如天頂線立，恒以足抵軸心。故地如軸心，當爲圜體，乃得每行二百五十里而更一度，爲平差也。其天頂線依軸心環轉一周，即人環行地球一周之象。若地是平體，居于天半，即如此儀將地平線實黏下盤極線，不令旋轉，即滿刺伽國人行至北地盡處，亦宜常見南極。行至南地盡處，亦宜常見北極。今順天府既見北極出地四十度，將地平線實黏下盤四十度上，順天府人，雖行至南地盡處，亦宜常見北極出地四十度。奈何南行二百五十里而少一度，北行二百五十里而多一度耶？若言地體本平，因去極有遠近，故見有差殊，則天體之大，難作是説。即如其説，亦應作長短差，不宜作平差。既爲平差，必由地球本圜，人循球而行，故南北二極，隨而漸次隱見。今用此儀地平線，展轉象之，于義無爽也。

第十三、論各地分表景不同。《兩儀玄覽圖刻》所云某一帶天下有幾般景，圖中未究其説，今畧用此儀解之。

用上盤地平線、天頂線展轉加于下盤周天度數，可推立表取景，隨地不同。若赤道之下，南北極各與地平，其地有三種景。若南北極各出地初度以上，至未及二十三度半强者，其地有四種景。正當二十三度半强者，亦有三種景。若二十三度半强以上，至九十度者，其地有二種景。若在九十度左右者，則有無窮景。

凡立表取景，必卓立地平線之上，與地平爲直角。若天(下缺三十三字)取景，即以地平線加于(下缺九字)春分以後、秋分以前各節氣，日出(下缺六字)北，知此地日景俱在表南，爲第一種景。秋分以後、春分以前各節氣，日出入俱在天頂線南，知此地日景俱在表北，爲第二種景。春分、秋分日，日出入正當天頂線上，知此地日出景在表西，日入景在表東，日中無景，爲第三種景也。又如法推南北極各出地初度以上至未及二十三度半强者，假如廣州府，北極出地二十三度，立表取景，即以地平線加于本度，以天頂線凖表，即春分以前、秋分以後各節氣，日出入俱在天頂線南，知此地日景俱在表北，爲第一種景。芒種以後，小暑以前，日出入俱在天頂線北，知此地日景俱在表南，爲第二種景。春分以後、芒種以前，小暑以後、秋分以前，日出入交于天頂線，依前第十一法推求時刻，即此地早交以前，晚交以後，日景在表北。早交以後，晚交以前，日景在表南，爲第三種景。芒種小暑日，日出入在天頂線北，日中正當天頂線上，知此地日中以前，以後，景皆在表南。日正中，則無景，爲第四種影也。又如法推南北極各出地二十三度半强者，假如肇慶府，北極出地二十三度半强，立表取景，即以地平線加于本度，以天頂線凖表，即春分以前，秋分以後，亦同廣州府，景在表北，爲第一種景。春分以後、夏至以前，夏至以後、秋分以前，亦同廣州府論日交天頂線，早晚，景在表北。早交後，晚交前，景在表南，爲第二種景。夏至日，日出入在天頂線北，日中正當天頂線上，知此地日中以前、以後，景在表南，日正中，則無景，爲第三種影也。又如法推二十三度半以上至九十度者，假如順天府，北極出地四十度，立表取景，即以地平線加于本度，以天頂線凖表，即春分以前，秋分以後，亦同廣州府，景在表北，爲第一種景。春分以後，秋分以前，亦同廣州府論日交天頂線，早晚，景在表北，早交後，晚交前，景在表南，爲第二種景也。其在九十度左右，日周行地面，則表末之景，當在日躔對衝天上，爲無窮景。

考工記解

〔明〕徐光啓 撰
李天綱 點校

點校説明

徐光啓《考工記解》，明末曾有刻本，後燬去。徐爾默《文定公集引》：「若《芳蕤堂書藝》也，《淵源堂詩藝》也，《甲辰館課》也，《考工記解》也，《徐氏庖言》也，《兵事疏》也，《選練百括》也，《屯鹽疏》也，《農遺雜疏》也，《種棉花法》也，此已刻而燬者也。」按此，《考工記解》屬「已刻而燬者」。因其刻板焚燬，易代之際，坊間不傳，書家不藏，似已失傳，故清末以來李杕、徐允希、徐宗澤和王重民歷次編訂徐光啓文集，均未得以收入。「文革」後，上海市文物保管委員會編《徐光啓著譯集》，在復旦大學圖書館發現《考工記解》抄本，據以影印，世人得睹真容。復旦抄本《考工記解》略有殘缺，上篇第二十三、二十四頁，下篇第二十五頁以下，已不在帙中，但整體尚屬完整，庶幾可以填補此前之缺失。

《考工記》，相傳出於《周官》之「冬官」。因「冬官」已失，《考工記》歷來被認爲是一本記録周代工藝水準和標準的著作。自西漢劉歆將《周官》定爲《周禮》，立經博士，《考工記》在儒學中有一席之地。宋明以後，儒學「淩空蹈虛」，工藝技術漸漸不爲儒生所習。有鑒於此，徐光啓主張「實學」，重視《考工記》。徐光啓認爲《考工記》是一本獨立於《周禮》（《周官》）之外的先秦古書：「《考工記》極爲謹嚴，可不謂先秦古文乎？其説與《周官》多不合，當獨行世，與《周禮》自爲一書。解之者正不必牽引《周官》。」徐光啓把《考工記》看做是一部中國古代科技著作，他和熊三拔合譯《泰西水法》，便是借西洋之《考工》，刺激中國工藝技術之發展。鄭以偉《泰西水法序》説：「徐太史文既酷似《考工記》，此法即不敢補《冬官》，或可備稻人之採。」按徐光啓學生茅兆海《徐玄扈先生考工記解跋》（天啓三年，一六二三），「徐玄扈先生擅董狐之筆，動太乙之靈。每得異書，必窮奇賞。而又眈黄石之略，厚其積而深用之，濟時艱而爲帝者師，固其宜也。」萬曆、天啓年間，學者關注國計民生，徐光啓精研《考工記》，確有「濟時艱而爲帝者師」之使命。

復旦大學圖書館抄本《考工記解》，用經學注疏的方法，抬首列舉《考工記》之正文。正文之後，以縮格小字，加以注釋，爲作者自創。梁家勉《徐光啓年譜》知有《考工記解》，未知其著述年代，姑繫於萬曆三十三年（一六〇五）。《徐光啓著譯集》編者以爲《考工記解》「成書於萬曆四十七年（一六一九）」。然而没有交代出處，翻檢全文，並未透露著述年代之資訊。徐光啓門人茅兆海於天啓三年（一六二三）在太湖東山拜見徐光啓，讀到此書並作跋文。茅兆海，當即茅元儀。茅元儀（一五九四——一六四〇），字止生，號石民，曾署「東海波臣」，「兆海」當爲其另字。浙江湖州人，著名文人茅坤之孫。少年穎異好學，喜兵農之學，天啓元年（一六二一）自刻《武備志》，徐光啓曾爲其《陽明先生批武經》作序，名聞江南。茅元儀和徐光啓周圍之鹿繼善、袁崇煥、孫元化過從甚密，傾心挽救明朝之亡。按茅兆海跋稱，徐光啓「其書釋注成編，手自刪削，凡三易草而後以示人」。語氣中有先睹之快，《考工記解》似乎成書不久，當時尚未刊刻，則《考工記解》應是作於此前，刻於此後。曹于汴《泰西水法序》提及《周禮・冬官》、鄭以偉《泰西水法序》提及《考工記》，均不言及徐光啓有《考工記解》，則《泰西水法》刊佈時（一六一二）應該還没有完稿。如此，徐光啓《考工記解》大約作於萬曆、天啓之際的一六一三——一六二三年間。

李天綱

二〇一〇年十一月

目録

點校説明……二〇九
徐玄扈先生考工記解跋……茅兆海　二一五
考工記解上篇……二一六
輪人……二二三
輿人……二三〇
輈人……二三一
築氏……二三六
冶氏……二三七
桃氏……二三八
鳧氏……二三九
㮚氏……二四〇
段氏闕……二四一
函人……二四一
鮑人……二四二
韗人……二四三
韋氏闕……二四四
裘氏闕……二四五
畫繢……二四五
鍾氏……二四五
筐人闕……二四六
㡛氏……二四六

考工記解下篇……二四七
玉人……二四七
柳人闕……二五三
雕人闕……二五三
磬氏……二五三
矢人……二五三
陶人……二五五
旊人……二五五
梓人……二五六
廬人……二五九
匠人……二六一
車人……二六八
弓人……二七一

徐玄扈先生考工記解跋

《考工記》，未知成于何代也，而與《周禮》若有神會焉。律、吕、宫、商、玄、黄、黼、黻，相宣相錯，自成盛世聲文，使讀者若登霄漢而聽鈞天，經河渚而攬天孫之錦也。徐玄扈先生擅董（孤）〔狐〕之筆，動太乙之靈，每得異書，必窮奇賞，而又躭黄石之畧，厚其積而深用之，濟時艱而爲帝者師，固其宜也。以故于器用、舟車、水火、木金之屬資于廟筭世務者，率皆精究形象以爲决勝之圖，縉紳先生能言之矣。然逆流尋源，皆以《考工記》爲星宿海。江淮河漢分道而馳，即雲夢不足吞而滄溟難爲委。朝宗之應，不亦宜乎？其書釋註成編，手自删削，凡三易草而後以示人。衆壑所歸，莫可名狀。頃先生以練兵膺特旨，暫息東山，遂得入座問奇，訪酉陽不傳之秘，爰以請其真本，與《周禮》合刻而傳焉。靈篆玄文，不敢靳固于稽叔夜耳。夫八陣之列，旋相錯也；五行之動，迭相竭也。發生肅殺之道而機具焉。舍是以求運籌借箸也，抑何塗之從乎？計朱公之佐越居陶，默契斯義，先生之以資兵事，安可謂異代有異諳哉？天啓三年仲春吉日，門人茅兆海謹識。

考工記解上篇

《考工記》極爲謹嚴，可不謂先秦古文乎？其説與《周官》多不合，當獨行世，與《周禮》自爲一書。解之者正不必牽引《周官》，相共評隲也。鬳齋林氏曰：《考工記》不特爲周制也，蓋記古百工之事，故匠人以世室、重屋、明堂共言之，三代制度，皆在此也。又曰：此書續出，簡畧不全，不特韋氏、裘氏、叚氏等官而已。其先後參錯不齊，如攻木之工輪、輿、弓、廬、匠、車、梓，若以序言，當在上篇。今梓、廬、匠、車、弓，皆在下篇，而其序亦自不同。又畫、繢二官，而止曰畫繢之事。玉人亦然。意其全書，凡曰之事者，皆總言之。其列官自别，即車人之事，又有《車人》，爲某爲某可知也。況一官非止爲一事，如輪人、梓人、匠人、車人，皆一官之事，而分主數事。惜乎其不全見也。

國有六職，百工與居一焉。或坐而論道，或作而行之，或審曲面勢以飭五材、以辨民器，或通四方之珍異以資之，或飭力以長地財，或治絲麻以成之①。

作，起也。審曲者，察其文理紆曲也。面勢者，視其縱衡向背也。五材，即五行也。《左氏》：「天生五材，民並用之。」辨，猶具也。

坐而論道，謂之王公；作而行之，謂之士大夫；審曲面勢以飭五材、以辨民器，謂之百工；通四方之珍異以資之，謂之商旅；飭力以長地財，謂之農夫；治絲麻以成之，謂之婦功②。

此所謂之六職也。

粵無(鎛)〔鎛〕，燕無函，秦無廬，胡無弓車。

此四國者，無是工也。(鎛)〔鎛〕，鉏也，治田器也。函，甲也。廬，戟矛柄也。《國語》曰：「侏儒扶盧。」弓車，以狩獵也。

粵之無(鎛)〔鎛〕也，非無(鎛)〔鎛〕也，夫人而能爲(鎛)〔鎛〕也；燕之無函也，非無函也，夫人而能爲函也；秦之無廬也，非無廬也，夫人而能爲廬也；胡之無弓車也，非無弓車也，夫人而能爲弓車也③。

---

① 本段上有眉批：「『國有六職』，至『謂之婦功』，言百功事重，在六職之内。」
② 本段上有眉批：「上文先提六職，纔提六職之人，便層叠深邃。」
③ 本段上有眉批：「四叠不易一字，且聯下十二也，轉古轉覺滔滔。」

粤地塗泥多草蕨，而山出金錫，鑄冶之業，田器爲多。燕近胡，習爲甲冑。秦多細木，善爲矜柲。匈奴無屋宅，田獵畜牧，逐水草而居，皆知爲弓車。

智者創物，巧者述之，守之世，謂之工。百工之事，皆聖人之作也。

守之世，父子相教。古之百工皆疇其業也。

爍金以爲刃，凝土以爲器，作車以行陸，作舟以行水。此皆聖人之作也。

《二儀實録》：黄帝作刀。《尸子》：昆吾作陶。《李尤銘》：奚仲造輅車。《易》：黄帝作舟檝。四者生民之大用也。

天有時，地有氣，材有美，工有巧，合此四者，然後可以爲良。材美工巧，然而不良，則不時、不得地氣也。橘踰淮而北爲枳，鸜鵒不踰濟，貉踰汶則死，此地氣然也。鄭之刀，宋之斤，魯之削，吴粤之劍，遷乎其地而弗能爲良，地氣然也①。

刀、斤、削、劍，必淬之以水，非其地之水弗良也；必錮之以土，非其地之土弗良也。

燕之角，荆之幹，妢胡之笴，吴粤之金錫，此材之美者也。

幹，弓幹，柘也。笴，矢幹。妢胡，楚旁小國。《禹貢》：荆州貢砮及（楛）〔楛〕。（楛）

---

① 本段上有眉批：「天有寒温，地有剛柔。不時，不得天時也。」「兩証地氣，借客顯主。」

〔楛〕者，所謂枌胡之笴也。

天有時以生，有時以殺；草木有時以生，有時以死；石有時以泐；水有時以凝，有時以澤。此天時也①。

泐，石解散也，夏時盛暑大熱則然。一曰，石之脂液融淋爲泐。澤，解散也。《周頌》：「其耕澤澤。」

凡攻木之工七，攻金之工六，攻皮之工五，設色之工五，刮摩之工五，搏埴之工二②。

攻，治也。搏之言拍也。埴，黏土也。五材之工三十，其曰某人者，以其事名官也。其曰某氏者，官有世功，若族有世業，以其氏名官者也。

攻木之工：輪、輿、弓、廬、匠、車、梓。

輪，車輪也。輿，車軫也。弓，弓人也。匠，營宫室者也。梓，爲器用者也。

攻金之工：築、冶、鳧、㮚、段、桃。

築，爲削書刀也。冶，爲戈戟，亦爲箭鏃。鳧，爲鐘。㮚，爲量。桃，爲劍。段氏闕，疑

① 本段上有眉批：「凡七有時，纍纍如貫珠矣。」
② 本段上有眉批：「此節章法，先提綱，後挈目。與坐而論道章法同。此六句乃《考工》一記之都凡。」

鍛鍊五金之工也。

攻皮之工：函、鮑、韗、韋、裘。

函，穿甲者也。鮑，一作鞄，《倉頡篇》有鞄莬柔革之工，治皮爲鞾者也。韗，爲鼓穹者也。韋氏闕，疑爲生皮者也。裘氏闕，疑綴有毛之皮而爲裘者也。《記》曰：良（治）〔冶〕之子，必學爲裘。

設色之工：畫、繢、鍾、筐、㡛。

畫、繢二官，今《記》中總云畫繢之事，各有專業，相待而成也。模成物體而各有所分畫，謂之畫。分布五色而會聚之，謂之繢。鍾氏染羽。筐氏闕，疑刺繡之工也。㡛氏，湅絲也。

刮摩之工：玉、楖、雕、矢、磬。

玉人，琢玉工也。楖人、雕人闕，雕人疑是鏤刻之工，亦有刮摩之事者。矢，爲箭笴者也。磬，爲石磬者也。

摶埴之工：陶、旊①。

---

① 本段上有眉批：「林氏云：分爲二官，必有厚薄、大小不同。」

旊，亦陶也。分爲二官，不能明也，以事弦之，疑陶爲用器，旊人專爲祭器也。

有虞氏上陶，夏后氏上匠，殷人上梓，周人上輿。

舜至質，貴陶。甒，大瓦棺是也。禹治洪水，民降丘宅土卑宮室，盡力乎溝洫而尊匠。湯放桀，疾禮樂之壞而尊梓。武王伐紂，疾上下失其服飾而尊輿。

故一器而工聚焉者，車爲多。車有六等之數。車軫四尺，謂之一等。戈（秘）〔柲〕六尺有六寸，既建而迆，崇於軫四尺，謂之二等。人長八尺，崇於戈四尺，謂之三等。殳長尋有四尺，崇於人四尺，謂之四等。車戟常，崇於殳四尺，謂之五等。酋矛常有四尺，崇於戟四尺，謂之六等。車謂之六等之數。

車者，周所上也。有戈、殳、戟、矛焉，則兵車也。軫，車後橫木也。兵車從地至軫，高四尺。戈，二刃，刺兵也。柲，柄也，亦謂之矜。迆，邪倚之也。《禮》：「乘兵車，出先刃，入後刃。」戈柄長六尺有六寸，邪倚之，故四尺也。殳，擊兵也，八觚，如杖而無刃。八尺曰尋。戟，三刃，刺兵也。倍尋曰常。矛，句兵也，上鋭而旁鉤。酋之言遒也，近也，短也。五兵之用，遠則弓矢射之，近則矛句之。句之矣，然後殳者擊之。戈、戟、矛皆插車輢。《圖説》云：車六等，軫崇於地，戈崇於軫，人崇於戈，殳崇於人，戟崇於殳，矛崇於戟。此六等也。車之六建，則夷矛建於酋矛之前，酋矛建於戟之前，戟建於殳之前，殳建於戈與人之前，而軫不與焉。此六建也。鬳齋林氏曰：言六等之數，却以人長八尺置其間，蓋上下五者，只一人之身，可推其尺寸也。古人律度量衡，互相参攷，亦此意也。按《説文》云：咫，八尺，周尺也。則周尺當今浙尺八寸，當今工部布帛尺六寸四分。人長八尺，今浙尺六尺四寸也，今布帛尺五尺一寸二分也。後凡言尺寸，皆周尺，以今尺準之，取此率也。

凡察車之道，必自載於地者始也，是故察車自輪始。凡察車之道，欲其樸屬而微至。不樸屬無以爲完久也，不微至無以爲戚速也。輪已崇，則人不能登也。輪已庳，則於馬終古登阤也①。

樸，堅固。屬，附著無間疊也。微至，輪至地者少，言圜甚易轉也。齊人有名疾爲戚者，《春秋傳》曰：蓋以操之爲已慼矣。已，大也。齊人之言終古，猶言常也，今吴人語猶然。阤，阪也，言馬高而輪低，雖行平地，如登陂、阤，難引也。

故兵車之輪六尺有六寸，田車之輪六尺有三寸，乘車之輪六尺有六寸。六尺有六寸之輪，軹崇三尺有三寸也。加軫與轐焉，四尺也。人長八尺，登下以爲節。

兵車，革路。田車，木路。乘車，玉路、金路、象路也。兵車、乘車駕國馬，田車駕田

① 本段上有眉批：「一車之受重，惟輪。故察車之工拙，自輪始。」

馬。其車之輪，皆以馬大小爲節也。輪之心爲轂，轂中横截者謂之軸，轂末謂之軹，輿後横木謂之軫，輿下伏兔貫軸者謂之轐。自地至軫，崇四尺，得人長之半也。

輪人爲輪，斬三材必以其時。三材既具，巧者和之。轂也者以爲利轉也，輻也者以爲直指也，牙也者以爲固抱也。輪敝，三材不失職謂之完。望而眡其輪，欲其幎爾而下迆也。進而眡之，欲其微至也。無所取之，取諸圜也。望其輻，欲其掣爾而纖也。進而眡之，欲其肉稱也。無所取之，取諸易直也。望其轂，欲其眼也。進而眡之，欲其幬之廉也。無所取之，取諸急也。眡其綆，欲其蚤之正也。察其菑蚤不齵，則輪雖敝不匡①。

三材，以爲轂、輻、牙也。斬之以時，材在陽，則中冬斬之；在陰，則中夏斬之。和之者，調其鑿内而合之也。轂，輪中圓者。利轉者，以無有爲用也。輻，輪中直者，以實輪而輳轂也。牙則外之以捲而爲輪者，謂之輪輮，或謂之罔，所以運行也。輪雖敝盡，而利轉者、直指者、固抱者如故，故謂之完也。眡其輪，視其牙也。幎，帖幎也。迆，如東北迆會於海之迆，言形勢圓轉帖然，而迆邐漸至於地，亦微至之意，故總言之曰取諸圜也。進，猶行也。微至，或作危至。掣，漸殺削貌，纖小也。輻之入牙者宜壯，入轂者宜殺，蓋一轂之

① 本段上有眉批：「以下攻木之工。」「三無所取句，俱虚語。」

上，着三十穿，非漸次殺削以至於轂，轂無所容之也。肉（之）〔者〕肉好之肉，輻之體也。肉稱，洪殺等也，謂自爪至菑，洪殺之數三十輻，皆相稱也，肉，材也。眼，出大貌，就牙輪側視轂，則稍見凸出，如人之眼也。幬，覆也，幔轂之革。革急則（裏）〔裹〕木廉隅皆見，故曰急也。綆，輪箄也。凡造車輪，皆向外箄。向外箄，則車行不掉也。蚤，與爪同。輪雖箄，其爪之入牙必均齊方正，不歆邪也。輻之入轂者爲菑，入牙者爲爪。泰山平原所樹立物爲菑聲，輻入轂中，似物之植，故亦名菑也。人之齒牙不齊曰齵，菑之入轂，與爪入牙一一相當，不相俛戾，亦名不齵也。匡，枉也。不匡，（下）〔不〕乖斜也

凡斬轂之道，必矩其陰陽。陽也者，稹理而堅。陰也者，疏理而柔。是故以火養其陰而齊諸其陽，則轂雖敝不藃。轂小而長則柞，大而短則摯，是故六分其輪崇，以其一爲之牙圍。三分其牙圍而漆其二，椁其漆內而中詘之，以爲之轂長。以其長爲之圍，以其圍之防捎其藪。五分其轂之長，去一以爲賢，去三以爲軹。容轂必直，陳篆必正，施膠必厚，施筋必數，幬必負幹。既摩，革色青白，謂之轂之善。三分其轂長，二在外，一在內，以置其輻①。

矩，刻識之也。火養其陰，炙堅之也。藃，暴起也。陰柔後必橈減，以革輓轂。木瘦

① 本段上有眉批：「以上九句，包多少制作，註多少尺寸。」

減，則革不着木，必有暴起，故以火養之，使不歊也。柞，迫柞也。摯，扤隉也。轂小而長，則輻間柞狹，菑中弱矣。大而短，轂末不堅，則輻危隉也。輪崇六尺六寸，以其一爲牙圍，牙圍尺一寸也。三分牙圍而漆其二，不漆其踐地者也。漆者七寸三分寸之一，不漆者三寸三分寸之二。今牙厚一寸三分寸之二，則内外面不漆者各一寸也。椁者，度漆以内相距之尺寸也。六尺六寸之輪，漆内六尺四寸，中詘之爲轂長，是轂長三尺二寸。以長爲圍，則爲徑一尺三分寸之二也。阞，三分之一也。捎，除也。藪，謂轂空壺中也，壺中當輻菑者也。謂之藪者，猶言趨也，衆輻之所趨也。以轂之圍三尺二寸，除去三分之一，而以三分之二均爲三十鑿，則不爲鑿者一尺三分寸之二，爲鑿以入菑者，二尺一寸三分寸之一也。不言以扐爲藪，言以扐捎其藪，故知爲藪者三分之二也。賢，軹轂之穿，以受軸者也。轂之穿内外若一，則軸不攝。故内面之穿大，謂之賢，外面之穿小，謂之軹也。五分去一爲賢，則賢徑八寸十五分寸之八，甚大悞也。當作去二，去二則得六寸五分寸之二。軹去三，則得四寸十五分寸之四也。凡大小穿，皆并言金也。令大小穿金各厚一寸，則大穿穿内，實徑四寸五分寸之二；小穿穿内，實徑二寸十五分寸之四也。容轂者，治轂爲之形容也。篆，轂約也。數，言束之多也。幬負幹者，革轂相應，無贏不足也。摩革色青白，謂九漆之乾，而以石摩平之。革色青白，善之徵也。三分其轂長，二在外，一在内，取内外之中置輻焉。轂長三尺二寸，令輻廣三寸五分，則輻内九寸五分，輻外一尺九寸也。

凡輻，量其鑿深以爲輻廣。輻廣而鑿淺，則是以大扤，雖有良工，莫之能固。鑿深而輻小，則是固有餘而強不足也。故竑其輻廣以爲之弱，則雖有重任，轂不折。三分其輻之長而殺其一，則雖有深泥，亦弗之溓也。三分其股圍，去一以爲骹圍。揉輻必齊，平沈必均，直以指牙。牙得則無槷而固，不得則有槷必足見也。六尺有六寸之輪，綆三分寸之二，謂之輪之固①。

鑿與輻廣深相應，則固足相任也。扤，摇動貌。強不足，轂易折也。竑，注家亦云度也。既云量其鑿深，不合異文同義，以意揣之，當從輻末所謂掣爾而纖者，其盡而當轂之處，平量之，以其廣狹，爲弱之短長也。弱，即菑也。今人謂蒲本在水中者爲弱，弱即本字之義。殺，衰小之也。三分輻之長，而殺其一，削以趨牙也。溓，泥黏輻也。三分其股圍，去一以爲骹圍，謂殺輻内數也。股，近轂者也。骹，近牙者也。輻近轂欲豐，若人之髀；股納牙欲約，若人之骹也。骹，脛近足者，喻細也。凡輻之製，面眡之則近轂者約，近牙者廣。掣爾而纖是也。側眡之，則近轂者廣，近牙者狹。三分其輻之長而殺其一，行澤欲杼是也。圍量之，亦近轂者豐，近牙者約。三分其股圍，去一以爲骹圍是也。揉輻必齊，以

① 本段上有眉批：「三雖有洗發極秀，映帶極蜜。」

火熇之，衆輻之直齊如一也。平沈，平漸也。平沈必均，以三十輻浮之水上，其入水淺深若一，無偏輕重也。牙得，謂倨句鑿内相應也。椝，殺也，蜀人謂㲉曰椝也。輻之材欲直指乎牙，直指而相得，不甘不苦，則可以無㲉而固。即有㲉亦小，不可得見也。爪之入牙也甘，則㲉大者必可見，可見則不固矣。綆，向外箄也。輪不箄則車行掉，箄多則不固。六尺六寸之輪，以股視牙。牙外出三分寸之二，則多寡衷，故曰固也。王氏曰：夫火剛而善變，凡物之曲直者，資其用以正焉。水平而無偏，凡物之輕重者，資其體以定焉。揉輻以火，所以齊具曲直之倨句。沈輻以水，所以均其輕重之淺深。揉輻必齊，取諸易直故也。平沈必均，欲其肉稱故也。

凡爲輪，行澤者欲杼，行山者欲侔。杼以行澤，則是刀以割塗也，是故塗不附。侔以行山，則是摶以行石也，是故輪雖敝不甐於鑿。凡揉牙，外不廉而内不挫，旁不腫，謂之用火之善①。

杼，謂削薄其踐地者。侔，上下等也。摶，圜厚也。甐，薄也。牙圜厚，雖受摩鐧，亦不敝薄，以至於鑿也。廉，高出也。挫，衰減也。外廉則内挫。腫，瘣也。牙欲廉欲平，非火弗爲功。用火善，然後能爲固抱。

① 本段上有眉批：「先提二句，下便承明。何等嚴明，何等雄駿。」

是故規之以眂其圜也，(萬)〔萬〕之以眂其匡也，縣之以眂其輻之直也，水之以眂其平沈之均也，量其藪以黍，以眂其同也，權之以眂其輕重之侔也。是故可規、可萬、可水、可縣、可量、可權也，謂之國工①。

此總言輪人也。匡，枉也。等爲萬蔞，以運輪上，輪中萬蔞，則不匡刺也。或曰：萬，矩也。匡，方也。輪輻三寸上下相直，從旁以繩縣之。中繩，則鑿正輻直也。置輪全體於水中，平漸之無輕重，則斲材均也。黍滑而齊，以量兩壺。牙與轂各三寸數，無贏不足焉，則數之淺深同也。以兩輪互權之，輕重侔，則引之無難易也。

輪人爲蓋，達常圍三寸，桯圍倍之，六寸。信其桯圍以爲部廣，部廣六寸。部長二尺，桯長倍之，四尺者二。十分寸之一謂之枚。部尊一枚，弓鑿廣四枚，鑿上二枚，鑿下四枚。鑿深二寸有半，下直二枚，鑿端一枚。弓長六尺謂之庇軹，五尺謂之庇輪，四尺謂之庇軫。三分弓長而揉其一，三分其股圍，去一以爲蚤圍。三分弓長，以其一爲之尊。上欲尊而宇欲卑，上尊而宇卑，則吐水疾而霤遠。蓋已崇，則難爲門也。蓋已卑，是蔽目也。是故蓋崇十尺。良蓋弗冒

① 本段上有眉批：「六句洶湧錯落，總疊一句，連用六可字尤妙。」

弗紘，殷畝而馳不墜，謂之國工①。

蓋者，主爲雨設也。乘車無蓋。《禮》所謂潦車，或蓋車也。蓋之制，上爲部，中爲達常，下爲桯，旁爲弓。部，蓋斗也，如今繖頭是也。達常，蓋斗柄。上持部，下入桯，以達乎上下者也。桯，蓋杠也，如今繖柲是也。弓，蓋橑也，如今繖骨是也。桯者，以含達常。達常者，以接部。部者，周遭爲鑿以納弓也。達常徑一寸，桯圍倍達常，爲六寸，徑二寸也。信其桯圍六寸以爲部廣。廣，徑也。部長二尺，桯之長倍於部，而爲四尺者二，則八尺。所謂蓋崇十尺者也，部與桯正相接，達常兩入焉，管其中以爲固，故十尺之度，無（大）〔達〕常之長數也。十分寸之一謂之枚。枚，一分也。尊，高也。部之上端，其中央眡四圍稍隆起焉，高一分也。弓之入鑿，縱横各廣四分。鑿上有二分，鑿下有四分，是弓之抵部者厚一寸，廣四分也。鑿深二寸有半，對爲五寸也。下直二枚者，鑿空下正入上，則上侵而入，廣四分，則内之横廣一分也。凡部之鑿，其外則縱横各四分，其内則縱廣六分，横廣一分。至内深處高六分。從外直視之，則外低二分也。鑿端，内深處也。部外廣而内狹，外之横爲弓菑亦如之，撓而平剡其下二分以内之，則蓋之尊稍迆而下，不甚平，亦不甚撓也。庛，

① 本段上有眉批：「一句十二字，形容入神。」

覆幹也，故書作柲。軹，轂末也。輿廣六尺六寸，兩轂并六尺四寸。旁減軌内七尺，則兩軹以内，凡丈一尺六寸也。六尺之弓倍之，加部廣凡丈二尺六寸，有宇曲之減可覆。軹，不及幹也。輻納於輪，故五尺庇輪、四尺庇軫也。三分弓長而揉其一，一近部而稍迤二尺，爲宇曲也。弓近部謂之股，猶輻入轂謂之股。宇曲之末謂之蚤，猶輻入牙謂之蚤也。股欲粗，蚤欲細。三分其股圍，去一以爲蚤圍，股圍二寸八分，則蚤圍一寸三十分寸之二十六也。三分弓長，以一爲尊。六尺之弓，上近部稍迤者二尺。宇曲四尺，爪末下於部二尺，則上尊而宇卑矣。隤下曰宇，人長八尺，爪下於部二尺，故蓋崇十尺，其制衷焉。冒者，蒙以衣也。紘者，從下而上，以繩繫之也。般庣者，横馳於庣中也。横馳必有高下，弗冒弗紘而弓弗隊，則良蓋也。

輿人爲車，輪崇、車廣、衡長參如一，謂之參稱。三分車廣，去一以爲隧。三分其隧，一在前，二在後，以揉其式。以其廣之半，爲之式崇。以其隧之半，爲之較崇。六分其廣，以一爲之軫圍。三分軫圍，去一以爲式圍。三分式圍，去一以爲較圍。三分較圍，去一以爲軹圍。三分軹圍，去一以爲轛圍。（圓）〔圜〕者中規，方者中矩，立者中縣，衡者中水。直者如生焉，繼者如附焉。凡居材，大與小無并。大倚小則摧，引之則絶。棧車欲弇，飾車欲侈①。

輿，車箱也。車廣，輿廣也。輪崇輿廣，各六尺六寸等，故曰三如一焉。稱，等也。車輿之深謂之隧。植於輿之兩旁者爲輢。横於兩輢在車前爲人所憑者爲式。兩輢上出式者爲較，故書作榷。輿後横木爲軫。輢之植者衡者爲軹。式之植者衡者爲轛。一云：轛謂車輿軨立者也。立者爲轛，横者爲軹。軹與轂同名也。兵車之深四尺四寸，式深尺四寸三分寸之二。式之崇三尺三寸，較崇於式二尺二寸。軫圍尺一寸，式圍七寸三分寸之一，較圍四寸九分寸之八，軹圍三寸二十七分寸之七，轛圍二寸八十一分寸之十四也。(圓)〔圜〕中規，方中矩。立中縣，衡中水。此治材善也。如生，如木從地生，言人爲如天造也。如附，如附枝之弘殺，言相合如一體也。此居材善也，并偏邪相就也。居材，大與小并，用力之時，其大者倚於小者，小者力不堪，則摧絶也。棧車，士所乘，無革鞔，易折壞，故欲弇。弇者，斂而向内也。大夫以上乘飾車，革鞔輿，故欲侈。侈者，縱而向外也。

輈人爲輈。輈有三度，軸有三理。國馬之輈，深四尺有七寸。田馬之輈，深四尺。駑馬之輈，深三尺有三寸。軸有三理，一者以爲媺也，二者以爲久也，三者以爲利也。軏前十尺，而策

① 本段上有眉批：「一句一字，皆入妙品。」

半之。

輈，車轅也。《詩》：「五楘梁輈。」《方言》曰：「楚、衛之間，轅謂之輈。」軸，兩轂中横貫之木。度，數也。輈之深，謂轅曲中也。國馬，謂種馬、戎馬、齊馬、道馬，高八尺。兵車、乘車，軹崇三尺有三寸，加軫與轐七寸，又并此輈深，則衡高八尺七寸。除馬之高，則餘七寸，爲衡頸之間也。田馬七尺，駑馬六尺，其車之輪軹與軫轐，大小之減率半寸也。各并輈深，則衡之高遞減一尺，其衡頸之間皆七寸也。孅者，無節目也。久者，堅忍也。利者，滑密也。軓，謂輿下三面材，輢式之所尌，持車正者也。謂之軓者，言軓法也。前軓以前，至於輈末，其長十尺，而御者之策半之，則適足以及焉，而無過不及也。軓前十尺，弦也；國馬之輈深四尺七寸，句也；以求其股，當得一丈四尺八寸也。

凡任木：任正者，十分其輈之長，以其一爲之圍；衡任者，五分其長，以其一爲之圍。小於度，謂之無任。五分其軫間，以其一爲之軸圍。十分其輈之長，以其一爲之當兔之圍。三分其兔圍，去一以爲頸圍。五分其頸圍，去一以爲踵圍①。

任木者，車所籍以勝任之材也。任正，即輿下三面材也。輿有四面，後一面爲輿之

---

① 本段上有眉批：「四『任』字照應甚密。」

軫，其三而當輿之下，皆有材以任其上。車所取正，故謂之任正。十分其輈之長者，輈長(十)〔一〕丈，與隧四尺四寸，共一丈四尺四寸。以十分之，得一尺四(尺)〔寸〕五分寸之二，以爲任正之圍也。衡任者，謂兩阸之間也。此輈頸用力之處，故謂之衡任也。衡長六尺六寸，五分之，得一尺三寸五分寸之一，以爲衡任之圍也。無任，言不勝任也。輿廣六尺六寸，即軫之間。五分其一以爲軸圍，則軸圍亦一尺三寸五分寸之一，與衡任相應也。當兔者，輈之當伏兔者，其圍亦一尺四寸五分寸之二，與任正相應也。頸，謂輈之前持衡者。其圍七寸七十五分寸之五十一也。

凡揉輈，欲其孫而無弧深。今夫大車之轅摯，其登又難。既克其登，其覆車也必易。此無故，唯轅直且無橈也。是故大車平地既節軒摯之任，及其登阤，不伏其轅，必縊其牛。此無故，唯轅直且無橈也。故登阤者倍任者也，猶能以登。及其下阤也，不援其邸，必緧其牛後。此無故，唯轅直且無橈也。

孫，順理也。弧，木弓也。凡弓引之中參。中參，深之極也。揉輈之倨句，如二可也。如三則深，傷其力。摯，輖也，重而下至也。輈不可過於深，又不可過於直。直則其勢下至，登阤爲難。既能登之，其傾覆尤易。軒，高也。摯言其輕而下至，軒言其高而上亢，即所謂軒輊也。大車於平地，既已節其軒輊之任，及其登阤，牛不退而偪伏其轅，則轅必重而縊縛其牛矣。此皆勢不孫曲使然也。凡登阤者，自下而上，其用力倍，故曰倍任。夫登阤既倍任，然有力之牛，猶能以登。及其下阤，不援摩其車之邸，則車必速下，而緧就其牛之後矣。此皆勢不孫曲使然也。此輈之三度，所以其深皆有常數也。邸，輿也。緧，馬鞦也，關西謂之紂，關東謂之緧。車近牛，若緧之在後，故曰緧其牛後也。

是故輈欲頎典，輈深則折，淺則負。輈註則利準，利準則久，和則安。輈欲弧而無折，經而無絕。進則與馬謀，退則與人謀，終日馳騁，左不楗，行數千里，馬不契需，終歲御，衣衽不敝。此唯輈之和也。勸登馬力，馬力既竭，輈猶能一取焉。良輈環灂，自伏兔不至軓七寸。軓中有灂，謂之國輈①。

頎，長也。典，常也。輈長有數，過不及皆非法度之常也。一云：堅刃貌也。深則折，言揉之太深，傷其力，馬倚之則折也。淺則負，揉之淺，則馬如負之然也。「利準」重讀，衍文也，當作「註則利，準則久」。註，謂輈之揉者，形如注星，則利也。準，水地也。謂輈之在輿下者，平如準則能久也。註與準者和，人乘之則安也。弧而折，太深故也。經，謂順理也。進退，猶言前與馬謀，後與人謀，與人馬之意相應

① 本段上有眉批：「以下八句，形容『和則安』。一句末仍以和結之。」

也。楗，或作券。券，今倦字也。輈和而行易，則久馳騁，載在左者不罷倦也，乘車尊在左。合而相倚曰契，緩而不進曰需。衽，裳也，終歲御衣衽不敝，車行而無摇動之勞也。勸，助也。輈和力省，如助馬用力。及馬既止，輈之勢尚欲一前取道，喻易進也。灂，漆之斷文也。輈有筋膠之被，外著以漆，用力久則有斷文焉。環灂，灂如環，用力極均故也。《弓人》云：角環灂。是其類也。伏兔至軓，蓋如式深者，兵車、乘車，式深尺四寸三分寸之二，自伏兔不至軓七寸，軓中有灂，是伏兔至軓前半有灂也。輈極良，用力齊，故軓以後平者，亦有灂也。

軫之方也，以象地也。蓋之圓也，以象天也。輪輻三十，以象日月也。蓋弓二十有八，以象星也。龍旂九斿，以象大火也。鳥旟七斿，以象鶉火也。熊旂六斿，以象伐也。龜蛇四斿，以象營室也。弧旌枉矢，以象弧也。

言車而又言旂者，并所達也。交龍爲旂，左青龍、大火，東方之宿也；鳥隼爲旟，前朱雀、鶉火，南方之宿也；熊虎爲旗，右白虎、參伐，西方之宿也；龜蛇爲旐，後玄武、營室，北方之宿也。析羽爲旌，畫以弧星，又畫枉矢。枉矢，妖星。蛇行有尾，以象天之弧矢。弧矢屬井，亦南方星也。大閲，則諸侯建旂，州里建旟，師都建旗，縣鄙建旐，斿車載旌。

攻金之工，築氏執下齊，冶氏執上齊，鳧氏爲聲，㮚氏爲量，段氏爲（鏄）〔鎛〕器，桃氏爲刃。

此統言攻金諸官也。多錫爲下齊，少錫爲上齊。大刃、削殺矢、鑒燧，用下齊。鐘鼎、斧斤、戈戟，用上齊。聲，鐘、錞于之屬。量，豆、區、鬴也，（鏄）〔鎛〕器，田器、錢（鏄）〔鎛〕之屬。刃，大刃，刀劍之屬。

金有六齊，六分其金而錫居一，謂之鐘鼎之齊。五分其金而錫居一，謂之斧斤之齊。四分其金而錫居一，謂之戈戟之齊。三分其金而錫居一，謂之大刃之齊。五分其金而錫居二，謂之削殺矢之齊。金錫半，謂之鑒燧之齊。

此和金之品數。齊，濟也。鑒，鏡也。燧，陽燧，所以取火。凡金多于錫，則刃白且明也。慮齋氏曰：此文有鼎，有斧斤、鑒燧，而經無此官，疑有闕失。恐冶氏、桃氏所職，亦不止一項。以此推之，《考工記》之所失者多矣。

築氏爲削，長尺博寸，合六而成規。欲新而無窮，敝盡而無惡。

削，書刀也。漢以前用竹簡，先以火灼去汗，謂之殺青，次以削削之，然後用筆作書，故稱刀筆也。削長一尺，博一寸，以六削相連而環之，其圓中成規。若弓之反張，可合九、合七、合五而成規也。馬融諸家，以爲偃曲却刃，則刃在上也。新，莊生所謂所解數千牛，而芒刃若新發於硎者也。無窮者，常新無窮已也。刃也、脊也，其金如一，雖至敝，盡無瑕惡也。此皆材美工巧之効也。

冶氏爲殺矢，刃長寸，圍寸，鋌十之，重三垸。

殺矢，在下齊，而冶氏執上齊，不應乃爲殺矢。矢人造八矢，則殺矢已在其中。此十四字似脱簡，誤置此也。殺矢，田獵之矢，鏃長一寸，圍亦一寸。鋌，箭足入笴中者也。鋌十之，入笴者尺也。重三垸，權之重三垸也。

戈廣二寸，内倍之，胡三之，援四之。已倨則不入，已句則不決。長内則折前，短内則不疾。是故倨句外博。重三鋝，戟廣寸有半寸，内三之，胡四之，援五之。倨句中矩，與刺重三鋝①。

《司馬法》曰：戈戟者刺之。戈戟，皆刺兵也。戈二刃，漢人稱句子戟，或謂之雞鳴，或謂之擁頸。今所謂戟，是其遺也。廣二寸者，戈之身通内、援與胡，皆博二寸也。内者，胡以内接柲者也，其長四寸。胡者，刃之傍出，曲而邪指者也，其長六寸。援者，刃之正出，直而向上者也，其長八寸。凡戈之制，胡爲難，故戈有四病，皆言胡也。已倨，謂胡微直而邪多。胡之鋒端，其去援也遠，以(喙)〔啄〕人則不入也。已句，謂胡曲多，二刃皆上指，以(喙)〔啄〕人則創不決也。内太長，則胡以上之援必過短，胡之刃，顧折而前出於援，

① 本段上有眉批：「倍之、三之、四之，又爾變化。」

不可用以刺也。内太短，則胡以上之援必過長，胡縮而援出多，上重下輕，則用之不利便也。倨句，胡之曲處。倨言其内，句言其外。曲處向外稍廣，則内倨不太句，外句不太倨，俗謂之曼胡似此也。鋝，鍰也，漢時稱或以太半兩爲鈞，十鈞爲環，環重六兩太半兩，鍰、鋝同。三鋝，則一斤四兩也。戟三刃，漢人稱三鋒戟，今所謂叉钂，是其遺也。三刃，則其廣宜少殺於戈，故其身廣一寸有半，其内長四寸半，胡長六寸，鍰長七寸半。倨句中矩，并兩旁之胡，其勢方正也。刺，援也，與刺，言通兩胡與援稱之，共重三鋝也。戟三刃，而與戈同重，殺其度也。

桃氏爲劍，臘廣二寸有半寸。兩從半之。以其臘廣爲之莖圍，長倍之。中其莖，設其後。三分其臘廣，去一以爲首廣而圍之。身長五其莖長，重九鋝，謂之上制，上士服之。身長四其莖長，重七鋝，謂之中制，中士服之。身長三其莖長，重五鋝，謂之下制，下士服之。

劍，匕首也。臘，謂兩刃。劍面通廣二寸半。兩從半之，劍脊中高，兩面殺趨鍔，從中分，各一半也。莖在夾中者，圍二寸半，長五寸。人所握處曰夾，劍之納於夾中者曰莖。當莖之中，穿郤以持夾者曰後。三分臘廣，去一以爲首廣而圍之，則首圍其徑得一寸三分寸之二也。身者，柲以上也。上制長二尺五寸，重三觔十二兩。中制長二尺，重二觔十四兩三分兩之二。下制長一尺五寸，重二觔一兩三分兩之一。人各以形貌大小帶之。士，謂國勇力之士，能用五兵者也。《樂記》曰：「武王克商，裨冕搢笏，而虎賁之士説劍。」

鳧氏爲鐘，兩欒謂之銑，銑間謂之于，于上謂之鼓，鼓上謂之鉦，鉦上謂之舞，舞上謂之甬，甬上謂之衡。鐘縣謂之旋，旋蟲謂之幹，鐘帶謂之篆，篆間謂之枚，枚謂之景，于上之攠謂之隧①。

鐘口兩角謂之欒，鐘體橢圜有兩面，合處垂爲兩角，名欒，又名銑也。于，鐘唇之上祛也。氣之上達，謂之于。于，言和也。鼓，于上可擊處也。鉦，鐘腰之上也。舞，鐘之頂也。于、鼓、鉦、舞，四者皆鐘體也。甬，鐘柄也。衡，甬上平處也。體，所以出聲。柄，所以垂體。旋，鐘柄上有孔，繫之可以旋轉也。旋蟲謂之幹者，旋之四環，爲蹲熊、盤龍、辟邪之類也。帶，所以介其名也。介在于、鼓、鉦、舞、甬、衡之間，凡四。篆間有乳，面三十六孔，挾鼓與舞作四簇，每簇九乳。乳曰枚，言其可數也，亦謂之景。攠，弊也，受擊處也。隧在鼓中，窐而生光如隧也。

十分其銑，去二以爲鉦，以其鉦爲之銑間，去二分以爲之鼓間。以其鼓間爲之舞脩，去二分以

---

① 本段上有眉批：「周之名官，皆以職命名。若媒氏、羅氏、射鳥氏、挈壺氏之類，無非各取其職，以名其官者。今乃以鳧氏爲鐘之官，無所取義，當以鐘氏易之。」

爲舞廣。以其鉦之長爲之甬長，以其甬長爲之圍。參分其圍，去一以爲衡圍。參分其甬長，二在上，一在下，以設其旋。薄厚之所震動，清濁之所由出，侈弇之所由興，有説。鍾已厚則石，已薄則播。侈則柞，弇則鬱，長甬則震，是故大鍾十分其鼓間，以其一爲之厚。小鍾十分其鉦間，以其一爲之厚。鍾大而短，則其聲疾而短聞。鍾小而長，則其聲舒而遠聞。爲遂六分其厚，以其一爲之深而圜之。

㮚氏爲量，改煎金、錫則不耗。不耗，然後權之。權之，然後準之。準之，然後量之。量之以爲鬴，深尺，内方尺而圜其外，其實一鬴；其臀一寸，其實一豆；其耳三寸，其實一升。重一鈞。其聲中黄鍾之宫。槩而不税。其銘曰：「時文思索，允臻其極。嘉量既成，以觀四國。永啓厥後，兹器維則①。」

可以容一豆②。其耳在傍可以手舉者，其深三寸，覆之可受一升、一鈞、三十觔。漢鬴亦深尺，内方尺而圓外，乃重二鈞者。漢用黍尺十寸，周尺八寸也。其聲中黄鍾之宫，古者神瞽考中聲以制量。蓋黄鍾律九寸，容秬黍千二百以爲龠。自龠以上，加

---

① 自上段「二分以爲之鼓間」以下，底本原缺，這兩段正文乃《徐光啓著譯集》所補。
② 此句之上當有解文。

之至鬴，其聲亦中黄鍾之宫，得器之精微故也。槩，平也。《管子》曰：「釜鼓滿，則令槩之。」不税者用此以爲式，而收税則不用之也。時，是也。文，文德之君也。極，至。觀，示也。　慮齋林氏曰：凡官名不可强説。易山齋以桃辟不祥，遂爲劍；桌堅也，遂爲量，皆强生意義。不知鍾之染羽，㲋之爲鍾，如何可解？

凡鑄金之狀，金與錫，黑濁之氣竭，黄白次之；黄白之氣竭，青白次之；青白之氣竭，青氣次之，然後可鑄也。

銷鍊金、錫精麤之候。

段氏闕①

函人爲甲。犀甲七屬，兕甲六屬，合甲五屬。犀甲壽百年，兕甲壽二百年，合甲壽三百年。

函，容也。屬，謂上旅下旅札續之數。七屬者，甲之札葉，七節相續也。甲堅者札長。合甲，削革裡肉，但取其表，合以爲甲也。

凡爲甲，必先爲容，然後制革。權其上旅與其下旅，而重若一，以其長爲之圍。

爲容，然後制革者，相其人身大小長短，然後裁制札之廣袤也。上旅，腰以上爲衣也。

① 上有眉批：「段氏爲(鏄)〔鎛〕器，以序工知之。」

下旅，腰以下爲裳也。《春秋傳》所謂「棄其甲裳」是也。重若一者，上下等也。以其長爲之圍，以甲之一葉言之，其廣得長之半也。

凡甲鍛不摯則不堅，已敝則橈。

摯之言致也，凡甲必鍛革爲之。不摯者，鍛之不孰，則革不堅而易壞。已敝者，鍛之不孰，則革無强易曲橈也。

凡察革之道，眡其鑽空，欲其窓也；眡其裏，欲其易也；眡其朕，欲其直也；櫜之，欲其約也；舉而眡之，欲其豐也；衣之，欲其無齘也。眡其鑽空而窓，則革堅也；眡其裏而易，則材更也；眡其朕而直，則制善也；櫜之而約，則周也；舉之而豐，則明也；衣之無齘，則變也①。

窓，孔小貌。孔小者，以革堅固。裏，革内面也。易，平易無敗蔑也，其材經削治故。朕，縫之界限。其朕直，以制善故。卷置櫜中則約，周正無橈故。舉之而豐，札績分明故。齘，如齒齘不齊而易菱也。變，便也。衣之無齘，隨身便利故。

鮑人之事，望而眡之，欲其荼白也；進而握之，欲其柔而滑也；卷而摶之，欲其無迆

① 本段上有眉批：「又翻疊一層，意皆調古。」「窓、朕、齘，字法多奇。」

也；眡其著，欲其淺也；察其線，欲其藏也。革欲其荼白而疾澣之，則堅；欲其柔滑而腥脂之，則需；引而信之，欲其直也。信之而直，則取材正也。信之而枉，則是一方緩一方急也。若苟一方緩一方急，則及其用之也，必自其急者先裂。若苟自急者先裂，則是以博爲帴也。卷而摶之而不迆，則厚薄序也。眡其著而淺，則革信也。察其線而藏，則雖敝不甐①。

不曰鮑人爲某，而曰之事，其所治之皮，不止一事也。荼白，色如茅莠也。摶，縳也。迆，下至也。循之而下至，革有厚薄故也。著者，冒于物之上也。欲其淺，如所謂幬之廉也。線，縫革之縷也。疾澣之者，不欲久漬於水也。腥，與渥同。需，與濡同。需，耎也。帴，與淺同。以博爲帴，言雖廣如淺，蓋其裂者不任用也。序，舒也，厚薄均也。信，無縮緩也。甐，磷也。線藏，則革雖敝，而線不壞也。

韗人爲皐陶，長六尺有六寸，左右端廣六寸，中尺，厚三寸。穹者三之一，上三正。鼓長八尺，鼓四尺，中圍加三之一，謂之鼖鼓。爲皐鼓，長尋有四尺，鼓四尺。倨句，磬折。凡冒鼓，必以啓蟄之日。良鼓瑕如積環。鼓大而短，則其聲疾而短聞。鼓小而長，則其聲舒

① 本段上有眉批：「以下復解上文，與函人文勢同。」

而遠聞①。

臯陶，鼓木也。臯有高義，陶言中虛，如陶穴也。合版爲之，版長六尺六寸，兩端廣各六寸，而中廣一尺，所以爲穹窿也。厚三寸者，通左右端與中皆厚三寸也。穹者三之一，謂鼓中穹窿而起者，居鼓面三分之一也。若鼓四尺，則版穹一尺三寸三分寸之一。倍之，爲二尺六寸三分寸之二。加鼓四尺，穹之徑六尺六寸三分寸之二，當是合二十版也。三，讀爲參。正，直也。參直者，穹上一直，兩端又直，各居二尺二寸，不弧曲也。此鼓兩面，以六鼓差之。賈侍中云「晉鼓大而短」，近晉鼓也。以晉鼓鼓金奏。鼓四尺，謂革所蒙者廣四尺也。中圍加三之一者，加于面之圍，以三分之一也。面四尺，其圍十二尺，加以三分一，四尺，則中圍十六尺，徑五尺三寸三分寸之一也。今亦合二十版，則版穹六寸三分寸之二耳。大鼓謂之鼖，以鼖鼓鼓軍事。臯鼓即鼛鼓。磬折，中曲之不參正也，中圍與鼖鼓同，以磬折爲異也。臯鼓以鼓役事。冒，蒙鼓以革也。起蟄者，蟄蟲聞雷聲而動，鼓所取象也。瑕，痕也。積環者，革調急，其文累累如環之積也。

韋氏 闕

---

① 本段上有眉批：「鼖鼓、臯陶不對舉，便是錯綜。」

裘氏闕

畫繢之事，雜五色，東方謂之青，南方謂之赤，西方謂之白，北方謂之黑，天謂之玄，地謂之黄。青與白相次也，赤與黑相次也，玄與黄相次也。青與赤，謂之文；赤與白，謂之章；白與黑，謂之黼；黑與青，謂之黻；五綵備，謂之繡。土以黄，其象方，天時變，火以圜，山以章，水以龍，鳥獸蛇，雜四時五色之位以章之，謂之巧。凡畫繢之事，後素功①。

六色相次，繪以爲衣。文章黼黻，繡以爲裳。古人之象無天地，爲此《記》者見時有之也。天時變，謂畫天隨四時色也。火以圜者，畫火形如半圜然，在裳。山以章者，《爾雅·釋山》曰「山正章、宛中隆、山脊岡」是也，在衣。水以龍者，龍，水物也，在衣。鳥、獸、蛇，旗章也。九章之服，獨言火、山、龍；九旗之物，獨言鳥、獸、蛇者，古文省也。素，白采也。後布之，爲其易漬汙也。

鍾氏染羽，以朱湛丹秫三月而熾之，淳而漬之。三入爲纁，五入爲緅，七入爲緇②。

羽，所以飾旌旗及王后之車。湛，漬也。丹秫，赤粟也。熾，炊也。以朱秫湛之三月

---

① 本段上有眉批：「日、月、星、辰，可以象指者也。雲、雷、風、雨，難以象指者也。故畫龍以表雲，畫雉以表雷，畫虎以表風，畫蛇以表雨。蓋形著于此，而義取于彼也。」

② 本段上有眉批：「此專言染羽，絶無及鐘者，合改鐘作染無疑。」

而熾之，其色淳熟，則羽與色相入，然後漬之也。漬，染也。三入爲纁。再染以黑，則成緅。又再染以黑，則成緇。

筐人闕

㡃氏湅絲，以涚水漚其絲七日，去地尺暴之。晝暴諸日，夜宿諸井，七日七夜，是謂水湅。湅帛，以欄爲灰，渥淳其帛，實諸澤器，淫之以蜃。清其灰而盝之，而揮之，而沃之，而盝之，而塗之，而宿之。明日沃而盝之。晝暴諸日，夜宿諸井，七日七夜，是謂水湅①。

治絲帛而熟之，謂之㡃。涚水者，灰所泲水也。《禮》有泲齊，即泲酒。漚，漸也。楚人曰漚，齊人曰涹。宿諸井，懸井中也。以欄爲灰，以欄木爲灰也。渥淳者，厚漬之，令淳孰也。澤器，滑澤之器也。淫，當爲湟。蜃，蜃灰，今蛤粉也。以蜃薄粉之，令帛白也。清其灰，以水濯去蜃灰也。盝，與漉同，去水也。揮，擊也。沃，亦漬也。塗者，復塗以蜃也。

---

① 本段上有眉批：「連用七而字、七之字，簡古峻潔。」

考工記解下篇

玉人之事，鎮圭尺有二寸，天子守之。命圭九寸，謂之桓圭，公守之。命圭七寸，謂之信圭，侯守之。命圭七寸，謂之躬圭，伯守之。

此一官所記，與《周禮·典瑞》畧同。命圭，王所命之圭也，朝覲執焉，居則守之。桓圭，如桓楹之狀，其左右稜道處爲桓楹之形也。信圭，純直勢也。躬圭，稍曲也。《三禮圖》所載，鎮圭刻一山，桓圭刻植楹，信圭刻一人直身，躬圭刻一人曲身，皆謬也。不言穀璧、蒲璧者，缺文也。艾軒林氏曰：《博古圖》起於宣和間，漢晉時無有也。由歷代以來，掘得古器，至宣和間始爲圖載之，以示後世。漢晉諸儒不曾見此，無恠乎其不知也。是以聶崇義所作《三禮圖》全無來歷，謂穀璧即畫穀，蒲璧即畫蒲，皆以意爲之也。不知穀璧即今腰帶夸上粟文，觀《博古圖》可見。使當時掘得古器，藏之上方，不載之圖，今人何緣知之？此圖至金人犯闕後遂失。此本及吴少董使虜見之，遂市以歸，尚有數十面不全。

天子執冒四寸，以朝諸侯。天子用全，上公用龍，侯用瓚，伯用將。繼子男執皮帛。

冒，亦作瑁，《書》有「上宗奉同瑁」，上方正，而下稍斜剡之，謂其可以冒諸侯之圭，故曰冒。一曰：冒者，言德能覆蓋天下也。四寸者，方以尊接卑，以小爲貴也。「天子用全」以下四句，言裸器也。裸圭一器，其首刻爲龍，口以前注曰龍，盛鬯處曰瓚，圭柄曰將。全者，全用玉也。以玉飾龍，故曰用龍。以玉飾瓚，曰用瓚。以玉飾柄，曰用將。子男執柄，繼子男者公之孤，其見禮次子男，贄用皮帛，謂用束帛，而以豹皮表之爲飾也。天子之孤，表帛以虎皮。此説玉及皮帛者，遂言見天子之用贄①。

天子圭中必。

必者，以組約圭，中央執之，以備失墜也。俗呼約爲鼈。《聘禮》曰：「絢組亦約也。」鄭云：「必，讀如『如鹿車縪』之縪。」鹿車縪，漢語也。縪、絢、組，皆一義也。

四圭尺有二寸，以祀天。大圭長三尺，杼上，終葵首，天子服之。

四圭，四邸之圭也。邸，抵也，本也。中央爲璧之圖形，其四隅之出爲圭形，其本著於璧也。祀天者，以禮上帝也。大圭，王所搢者，亦謂之珽。《玉藻》曰：「天子搢珽。」杼，閷也。其上兩畔殺去之，故曰「杼上」也。終葵，椎也，齊人謂椎爲終葵。爲椎於其杼上，

① 本段上有眉批：「龍當作厖，瓚當作餍。」

明無所屈也。鬳齋林氏曰：《典瑞》「王搢大圭，執鎮圭」，搢則在腰帶之間，而又執鎮圭。圭，玉爲之。如何搢一而又執一，非尊者所宜。以意推之，祭祀之時，則執大圭，上有椎頭，不至失墜，則可以搢，故以搢言。鎮圭，則朝諸侯時所執，故以執言。決無一時並用兩圭之理。按：大圭，杼上、終葵首，林氏稱上有椎頭，不至失墜，則可以搢。此大謬也。疑林不解椎爲何物，誤以鎚當之耳。《世説新語》云「鈍如鎚，利如錐」，兩物絶不相似。若搢之可不至失墜，以語於鎚則可。此所謂終葵，椎，則錐也。錐、椎二字，古通用。此物或金或木，皆可爲。故其形則剡上而斗峻，自脊趨廉，如屋脊之去霤也。其末鋭之，所以錐刺物爲用也。古人用以埋着土中，別識地界。故賈山論秦皇馳道曰：「隱以金椎，樹以青松。」注家無解此者，其實金椎所以別識道里，樹之青松以爲植也，隱度也。北周庾信詩有「日晚金椎路，朱軒流水車」，而稱人之貧，曰無卓錐、置錐、立錐以此。又其用以刺物，故有椎埋，以椎入地，刺探有無。今盜發古塚，多有此器，無鎚可發丘之理。張良力士，(徂)〔狙〕擊始皇，勢必相離稍遠，擲之以椎，故稱誤中，亦無鎚可以中副車之理。《漢書》「十夫撓椎」，亦無鎚有可撓之理。又其勢無所屈，故古人用以辟邪，因名辟邪，齊人名椎爲終葵，故辟邪與終葵，又可通稱。而人有名終葵者，又有轉爲鍾馗者，義取辟邪，世遂譌傳唐進士鍾馗能食鬼也。或用桃爲之，亦以辟邪，即古之桃符，至今巫家猶用之，而人名朱桃椎，桃椎亦辟邪也。故金椎、桃椎、辟邪、終葵、鍾馗，體象並同，形鋭而直，絶非錐類。古鐘鼎欵識，每書子孫字爲人形，其手所執，即是辟邪，即是終葵、椎。元人尚有藏得一具者，其識曰舟。黄長睿，博古之美，勝國無雙，而撰《東觀餘論》，指此物以爲戈，抑亦不精甚矣。夫大圭之制，亦止爲方形。而（抒）〔杼〕其首，終葵之首，如葺屋三分之勢耳，無他異也。《顔氏家訓》稱：北朝人解大圭終葵首，以爲勢如葵葉之椎，記此以爲笑劇。然愚以謂此人解經雖誤，第云勢如葵葉，一似嘗議大圭之形者，有如謂椎爲鎚，搯之不墜之椎，聞此更未知如何捧腹耳。

土圭尺有五寸，以致日，以土地。祼圭尺有二寸，有瓚，以祀廟。琬圭九寸而繅，以象德。琰圭九寸，判（圭）〔規〕，以除慝，以易行。璧羨度尺，好三寸，以爲度。圭璧五寸，以祀日月星辰。璧琮九寸，諸侯以享天子。穀圭七寸，天子以聘女。

夏至日之景，尺有五寸，謂之地中，適與土圭等。若冬至日景，丈有三尺。以致日，度景至不至，則爲非地中也。土，猶度也，建邦國以度其地，而制其域也。祼之言灌也，謂始獻酌奠也。祼圭之瓚如槃，其柄用圭，圭尺有二寸，有流前注者，凡流皆爲龍口。惟宗廟有祼，天地大神至尊則不祼。琬，猶圜也。上下皆爲圜形，王使之瑞節也。諸侯有德，王命賜之，使者執琬圭以致命焉。繅，藉也。琰圭，亦使節也。凡圭琬上寸半，琰圭（剡）

〔琰〕半以上，又半爲瑑飾，半爲圜，故曰判規也。諸侯有爲不義，使者征之，執以爲瑞節也。除慝，誅惡逆也。易行，去煩苛也。羡，延也，徑也。好，璧孔也，四面爲肉，中間爲孔。《爾雅》：「肉倍好謂之璧，好倍肉謂之瑗，肉好若一謂之環。」好三寸，則左右肉各三寸。倍爲六寸，通九寸，其形稍延，則上下之羡各半寸，其袤一尺，而廣則九寸也。特稱度者，璧之尺寸，可以起度，猶律之可以起龠。所謂度在禮則起於璧，羡在樂則起于黄鐘之長是也。圭其邸爲璧，故曰圭璧，取殺於上帝也。禮，諸侯享天子用璧，享后用琮。曰璧琮以享天子，通言之也。《小行人》合六幣，璧以帛，琮以錦。聘女者，納徵加於束帛也。

大璋、中璋九寸，邊璋七寸，射四寸，厚寸。黄金勺，青金外，朱中，鼻寸，衡四寸。有繅，天子以巡守，宗祝以前馬。

璋，半圭也。射，頭（剡）〔琰〕出者也。勺，酒尊中勺也。鼻，流口爲龍，鼻形也。以璋爲柄，以勺承流，射以貫勺，鼻以前注也。衡，横通，謂勺徑也。三璋之勺，形如圭瓚。天子巡守，有事於山川，則用裸焉。大山川，用大璋，加文飾也。中山川，用中璋，殺文飾也。小山川，用邊璋，半文飾也。祈沈以馬，宗祝亦執勺以先之。禮，王過大山川，則大祝用事（馬）〔焉〕；將有事於四海山川，則校人飭黄駒。

大璋亦如之，諸侯以聘女。

此文有不相屬，當在「天子以聘女」之下。稱大璋者，以大璋之文飾之也。亦如之，亦如穀圭七寸也。

瑑圭璋八寸，璧琮八寸，以覜聘。牙璋、中璋七寸，射二寸，厚寸，以起軍旅，以治兵守。駔琮五寸，宗后以爲權。大琮十有二寸，射四寸，厚寸，是謂内鎮，宗后守之。駔琮七寸，鼻寸有半寸，天子以爲權。兩圭五寸，有邸，以祀地，以旅四望。瑑琮八寸，諸侯以享夫人。案十有二寸，棗㮚十有二列。諸侯純九，大夫純五，夫人以勞諸侯。璋邸射，素功，以祀山川，以致稍餼。

瑑，文飾之也。圭、璋、璧、琮四器，其長等。璧琮不瑑，而圭璋瑑。衆來曰覜，特來曰聘，皆朝王也。《聘禮》曰：「凡四器者，惟其所寶，以聘可也。」（剡）〔琰〕之側，刻爲駔牙之文曰牙璋。中璋其次也。琮，方形，中有孔，以組繫之，故曰駔琮。爲權者，以爲稱錘，以起量也。宗后守大琮，如王之鎮圭。射之外，亦爲駔牙也。鼻，所以爲權也。天子與宗后，皆有組琮以爲權。后五寸，天子七寸，隆殺之辨也。兩圭有邸，僢而共本，象地數二也，且殺於上帝也。享夫人，享王后也，所謂享王后以琮是也。王后而曰夫人，記時諸侯僭稱王，而夫人之號不別也。案，王案也，几屬。棗㮚，婦人之贄，疑如穀璧，瑑其文於案，成行列也。純，皆也。王后勞朝諸侯之案皆九列，聘大夫皆五列，則十有二列者，勞二王之後與？邸射，剡其本也。素功，無瑑飾也。致稍餼，造賓客，納稟食也。

楖人闕

雕人闕

磬氏爲磬，倨句一矩有半。其博爲一，股爲二，鼓爲三。參分其股博，去一以爲鼓博；參分其鼓博，以其一爲之厚。已上則摩其旁，已下則摩其耑。

磬之形垂下，下兩端視正方稍侈，故有倨句之度也。倨句一矩有半者，必先度一矩爲句，一矩爲股，而求其弦。既而以一矩有半觸其弦，則磬之倨句也。磬之形有大小，此假矩以定倨句，非用其度也。博，股博也。股，磬之上大者。鼓，其下小者所當擊者也。此言長短廣狹厚薄之度，亦假設之也。假令磬股廣四寸半者，股長九寸，鼓長尺三寸半，廣三寸，通厚一寸也。已上，過厚也，太厚則其聲石，故摩其旁使薄焉。已下，過薄也，太薄則其聲播，故摩其耑使短。此調其長短厚薄，使聲清濁得宜也。

矢人爲矢。鍭矢三分，茀矢三分，一在前，二在後。兵矢、田矢五分，二在前，三在後。殺矢七分，三在前，四在後。參分其長而殺其一，五分其長而羽其一。以其笴厚爲之羽深，水之以辨其陰陽。夾其陰陽以設其比，夾其比以設其羽，參分其羽以設其刃，則雖有疾風，亦弗之能憚矣。刃長寸，圍寸，鋌十之，重三垸。前弱則俛，後弱則翔，中弱則紆，中強則揚。羽豐則遲，羽殺則趮。是故夾而搖之，以眡其豐殺之節也；橈之，以眡其鴻殺之稱也。凡相笴，欲生而〔摶〕〔摶〕，同〔摶〕〔摶〕欲重，同重節欲疏，同疏欲㮚①。

茀矢，鄭司農以《周禮·司弓》矢職証之，謂茀當爲殺，殺當爲茀。一在前，二在後，三訂之而平者，以鏃在笴首，差重也。兵矢，謂枉矢、絜矢也，亦可以田。田矢，繒矢也。其鏃比殺矢差輕，故五分之。茀矢，矢之鏃比兵矢、田矢又輕，故七分之也。三分其長而殺其一者，如矢笴長三尺，則殺其前一尺，令趣鏃也。五分其長而羽其一，如笴三尺，則羽六寸。笴厚，笴之徑。羽深，羽之廣也。不言度者，矢有輕重，未可定也。陰陽者，竹生時向日爲陽，背日爲陰。陰偏浮輕，陽偏堅重，試之水，則陽偏居下，陰偏居上矣。矢〔三〕〔之〕離弦，亦欲令陽下陰上，則無傾欹。故水之以辨也。比者箭括，所以御弦，弓矢比在笴兩傍，弩矢比在上下。夾其陰陽，使括貫出其中，令陽居下，以發矢也。夾其比以設其羽，設羽於四角也。三分其羽以設其刃，刃二寸也。憚，驚憚，動也。刃長寸，長字下脱「二」字也。鋌，鏃之入笴者也，長尺。俛，低也。翔，斜也。紆，曲也。揚，飛也。豐，大也。趮，旁掉也。皆言幹羽之病，強弱失中，豐殺失節，使矢行不正也。欲視其豐殺之節，宜以指夾矢而搖之，以審其輕重。欲視其鴻殺之稱，宜以指撓其幹而曲之，以審其強弱也。生

① 本段上有眉批：「結束數語，悠揚洶湧之妙，正不易形容。」

者，無瑕蠹也。摶，圜也。㮚，色如栗堅密也。竹之圜同，擇其重者用之。竹之重同，擇其節之疎者用之。其節之長同，擇其堅栗者用之，擇笴之法也。

陶人爲甗，實(一)〔二〕鬴，厚半寸，脣寸。盆，實二鬴，厚半寸，脣寸。甑，實二鬴，厚半寸，脣寸，七穿。鬲，實五觳，厚半寸，脣寸。庾，實二觳，厚半寸，脣寸。

甗，甑類，用之以蒸者，蓋無底甑也。盆，用以盛者。甑有底而七穿，所以通火氣而熟物也。七者中一而圜六，其疎密稱也。鬲用以烹者。鬴實百升，一曰六斗四升。觳實三斗，一曰斗二升。

旊人爲簋，實一觳，崇尺，厚半寸，脣寸，豆實三而成觳，崇尺。凡陶旊之事，髻墾薜暴不入市。器中膞，豆中縣。膞崇四尺，方四寸。

簋，盛黍稷。豆，薦菹醢。皆祭器也。《爾雅》：「木豆謂之豆，竹豆謂之籩，瓦豆謂之登。」此蓋瓦豆也。豆實斗，一曰四升。髻，讀爲刖，缺也，一曰器不正也。墾，頓傷也。薜，破裂也。暴，墳起不堅致也。不入市，爲其不任用也。膞，所以準器，既拊泥而轉其均，封膞其側，以擬度端其器，今之模子也。豆中縣，縣之繩以正豆柄也。膞崇四尺，以正其高；方四(尺)〔寸〕，以正其厚也。凡器高於此，則垺不能相勝；厚於此，則火氣不交，故式止此焉。

梓人爲筍簴。天下之大獸五：脂者、膏者、羸者、羽者、鱗者。宗廟之事，脂者、膏者以爲牲，羸者、羽者、鱗者以爲筍簴。外骨，内骨，卻行，仄行，連行，紆行，以脰鳴者，以注鳴者，以旁鳴者，以翼鳴者，以股鳴者，以胸鳴者，謂之小蟲之屬，以爲雕琢。厚脣弇口，出目短耳，大胷燿後，大體短脰，若是者謂之羸屬，恒有力而不能走，其聲大而宏。有力而不能走，則於任重宜；聲大而宏，則於鐘宜。若是者以爲鐘簴，是故擊其所縣而由其簴鳴。鋭喙決吻，數目顧脰，小體騫腹，若是者謂之羽屬，恒無力而輕，其聲清陽而遠聞。無力而輕，則於任輕宜；其聲清陽而遠聞，於磬宜。若是者以爲磬簴，故擊其所縣而由其簴鳴。小首而長，摶身而鴻，若是者謂之鱗屬，以爲筍。

筍簴以懸鐘磬，横者筍，植者簴。脂，牛羊屬。膏，豕屬。羸，獸淺毛，虎豹貔螭屬。羽，鳥屬。鱗，龍蛇屬。以爲牲，致美味也。以爲筍簴，貴野聲也。外骨，龜屬。内骨，鼈屬。卻行，蚓屬。仄行，蟹屬。連行，魚屬。紆行，虵屬。脰，項也。脰鳴，鼃黽屬。注，口也。注鳴，精列屬。旁鳴，蜩蜺屬。（羽）〔翼〕鳴，蟋蟀屬，鄭曰：發皇屬。股鳴，斯螽屬。胷鳴，鄭曰：熒原屬；楊子雲曰：蛇醫，或謂熒原。以爲雕琢者，刻畫祭器博庶物也。燿，頎小也。宏，洪也。由，若也。吻，口腃脣也。顧，長貌，莊子曰「其脰肩肩」是也。騫，虧也。摶，圜也。鴻，鄭曰：傭也。

凡攫閷援簭之類，必深其爪，出其目，作其鱗之而。深其爪，出其目，作其鱗之而，則於眡必撥爾而怒。苟撥爾而怒，則於任重宜，且其匪色，必似鳴矣。爪不深，目不出，鱗之而不作，則必穨爾如委矣。苟穨爾如委，則加任焉，則必如將廢措，其匪色必似不鳴矣。

言作筍簴之獸也。攫，言其便捷而攫物也。閷，言其纖利而閷物也。援，言其力之攀而取也。簭，言其吻之囓而食也。深其爪，爪本深也，本深則末露。出其目，目露而瞪也。作，起也。而，頰毛也。作其鱗之而，頰領之間，髭鬣怒起也。撥，發動貌。匪、斐同，文也。委，棄諸地也。措，猶頓也。言雕刻之巧者，雖未考擊，視其文采氣色，已似鳴矣。拙者反是。

梓人爲飲器，勺一升，爵一升，觚三升。獻以爵而酬以觚，一獻而三酬，則一豆矣。食一豆肉，飲一豆酒，中人之食也。凡試梓，飲器鄉衡而實不盡，梓師罪之。

《韓詩説》：一升曰爵，二升曰觚，三升曰觶，四升曰角，五升曰散。鄭曰：觚，當爲觶，古書或从角从氏，故誤爲觚也。三酬九升，獻一升，則爲一斗。此以器量之大小爲文，非主一獻，賓三酬也。豆實斗，一曰豆，聲之誤，當爲斗也。衡，平也，言平爵鄉口酒不盡，則梓人之長罪於梓人焉。

梓人爲侯，廣與崇方，參分其廣而鵠居一焉。上兩个，與其身三，下兩个半之。上綱與下綱出舌尋，縜寸焉。張皮侯而棲鵠，則春以功；張五采之侯，則遠國屬；張獸侯，則王以息燕。祭侯之禮，以酒脯醢，其辭曰：「惟若寧侯，毋或若女不寧侯，不屬於王所，故抗而射女，強飲強食，詒女曾孫諸侯百福①。」

侯有中，有身，有上下舌，身夾中，上下舌夾身。廣與崇方，言身也。鵠，所射也，中也。參分居一，縱横各居三分之一也。上下兩個，侯身四隅，其一端屬於侯身，其一端屬於直也，此則舌也。謂之舌者，取其出而左右也。上兩个與其身三，左右兩个之長，各如其身之廣也。下兩个半之，半於上也。并左右兩个之長，僅如其身廣也。凡侯之制，中與身各取正方，通上下舌張之，則上廣下狹也。上廣下狹者，蓋取象於人。張臂八尺，張足六尺，是取象率也。身之廣長三其鵠，上兩舌之長并身之廣三其身，《鄉射禮記》曰「倍中以爲躬，倍躬以爲左右舌」是也。三居一焉，而稱倍者，左右各倍也。不言度者，随大小以此爲率也。如天子之射於畿外，諸侯於其國中射，皆以九爲節。侯道九十弓，弓二寸，以爲侯身，則侯身高廣各丈八尺。鵠方六尺，上兩个各丈六尺，下兩个各九尺也。綱，持舌繩也。侯有上下左右舌，故有上下左右綱，以持其舌，舌盡處各羡八尺焉，以繫之於植也。

---

① 本段上有眉批：「古文天生地設，如此簡妙。後人爲古文，則務爲艱險，便有筆墨蹊徑，不如此自然矣。」

緝者，綴於侯身侯舌之上下，所以籠綱如今之釦也。皮侯，皮飾侯則也。棲鵠者又以皮方制之，著於侯中以爲韋也。謂之鵠者，義取於鳱鵠。鳱鵠小鳥，難中，故以中之爲雋也。此侯者以大射。大射者，將射祭於澤宮，以擇士也。春，讀爲蠢，作也，出也。射以作其容體，出其合於禮樂者，與之事鬼神也。《司（表）〔裘〕》曰「王大射，則共虎侯、熊侯、豹侯，設其鵠」是也。五采之侯，不設鵠而以五采畫正也。正之方外如鵠，内二尺。五采者，内朱，次白，次蒼，次黄，玄居外也。其侯身之飾，又以五采畫雲氣焉。謂之正者，内志正之義也。此侯者以賓射，諸侯朝會，王張此侯與之射，故曰遠國屬也。《射人職》曰「王以六耦射三侯，三獲三容，樂以《騶虞》，九節五正」是也。獸侯，畫獸之侯也。《鄉射記》曰：「天子熊侯白質，諸侯麋侯赤質，大夫布侯畫以虎豹，士布侯畫以鹿豕，凡畫者丹質。」是獸侯之差也。息者，休農息老物也。燕者，勞使臣，若與羣臣閒暇，飲酒而射也。祭侯之禮，司馬實爵而獻獲者於侯，薦脯醢折俎，獲者執以祭侯。寧者，諸侯先有功德，其鬼有神也。抗，舉也。曾孫諸侯，謂繼世爲侯者也。射爲諸侯也，故祭稱謂侯焉。

廬人爲廬器，戈柲六尺有六寸，殳長尋有四尺，車戟常，酋矛常有四尺，夷矛三尋。凡兵無過三其身，過三其身，弗能用也，而無已，又以害人。故攻國之兵欲短，守國之兵欲長。攻國之人衆，行地遠，食飲饑，且涉山林之阻，是故兵欲短。守國之人寡，食飲飽，行地不遠，且不涉山林之阻，是故兵欲長①。

廬，矜也，凡矜八觚。夷，長也。人長與尋齊，進退之度三尋，用兵力之極也。欲短欲長，言罷羸宜短兵，壯健宜長兵。短兵致死，長兵制人也。

凡兵，句兵欲無彈，刺兵欲無蜎。是故句兵椑，刺兵摶。轂兵同強，舉圍欲細，細則校。刺兵同強，舉圍欲重，重欲傅人，傅人則密，是故侵之。凡爲殳，五分其長，以其一爲之被而圍之。參分其圍，去一以爲晉圍；五分其晉圍，去一以爲首圍。凡爲酋矛，參分其長，二在前，一在後而圍之。五分其圍，去一以爲晉圍；參分其晉圍，去一以爲刺圍。凡試廬事，置而摇之，以眡其蜎也；灸諸牆，以眡其橈之均也；横而摇之，以眡其勁也。六建既備，車不反覆，謂之國工②。

彈者，戰掉也。蜎者，蠕弱也。齊人爲斧柄爲椑，椑者，楕圜也。摶，圜也。爲矜之法，句兵堅者在後，刺兵堅者在前也。轂兵同強，舉（圜）〔圍〕欲細，言其強雖與他兵同，而舉圍視他兵特欲稍細也。舉，手所操處也。校，疾也。傅，近也，近敵人也。密，審也，正

① 本段上有眉批：「提。」
② 本段上有眉批：「又提。」

也。侵之，能敵也。人手操細以擊則疾。前重，故勢烈也。操重以刺則正。前輕，故舉按如意，不傍掉也。爲之被而圍之，猶云爲之被圍也。被，鄭曰：把中也。以意度之，殳長尋有四尺，人所持不應乃徑八寸，安在舉圍欲細也。被，當是殳之中間大者，所以擊也。人所持在被之下、晋之上，則極細也。晋者，柲之下銅鐏也。柲下欲插地而立，有銅鐏焉，謂之晋也。首，殳上鐏也。刺圍，刃圍，柲之上端接刃處也。矛之強在其中間，稍後，殺其一以趨晋，殺其二以趨刺。所謂句兵，欲無彈也。置，尌也，植之地而摇之，以審其體弱而撓也。炙，柱也。牆歰，故以拄兩牆之間，輓而內之，本末勝負可知也。又横執而摇之，以審其材之堅也。六建，五兵與人也。反覆，猶軒輖也。

匠人建國，水地以縣。置槷以縣，眡以景。爲規，識日出之景與日入之景。晝參諸日中之景，夜考之極星，以正朝夕。

水地以縣，用水注地，浮之以木繩，正之以取平。今工猶有此法，所謂準也。槷，即臬也。於所平之地，中央樹八尺之臬，臬端以八繩縣之，皆傅於木，則臬正矣。然後朝視日出之景，暮視日入之景，又即其景兩端之內規之以爲圜，以其規之徑中屈之而適當臬中，其景乃審也，則東西正矣。晝參日中之景，景最短者以爲子午之位。夜考之極星以爲子位，則南北正矣。曰正朝夕，不言南北可也。

匠人營國，方九里，旁三門。國中九經九緯，經涂九軌。左祖右社，面朝後市，市朝一夫。

作而立之謂之建，周圍而治之，丈尺其大小謂之營。方九里，王城之制也。旁三門，城之一旁爲三門，四旁凡十二門也。每門三涂，三門凡九涂也。涂必以三者，男行左，女行右，車行其中也。地，南北爲經，東西爲緯。涂九軌，涂各容方九軌。不言緯，省文也。軌，謂轍廣。乘車六尺六寸，旁加輻内二寸半，輻廣三寸半，綆三分寸之二，金轄之間三分寸之一，倍之爲一尺四寸；凡八尺，是爲轍廣。九軌，積七十二尺，則涂廣十二步也。左祖右社，前朝後市，王宮所居也。祖，宗廟。面，猶鄉也，王宮當中經之涂也。市與朝皆用一夫之地。一夫方百步，以開方言，則四面各百步，爲百畝之地也。山齋易氏曰：古有三朝：内朝、外朝、治朝。亦有三市：大市居中，朝市居東，夕市居西。

夏后氏世室，堂脩二七，廣四脩一。五室，三四步，四三尺，九階，四旁兩夾窻，白盛。門堂三之二，室三之一。殷人重屋，堂脩七尋，堂崇三尺，四阿，重屋。周人明堂，度九尺之筵，東西九筵，南北七筵，堂崇一筵，五室，凡室二筵。

世室、重屋、明堂，一也。三代異制，即堯之衢室，舜之総章，亦明堂也。注以世室爲宗廟，重屋爲路寢，誤也。其制皆有堂有室，夏后氏度以步，殷人度以尋，周人度以筵。修，深也。（三）〔二〕七者，堂深十四步也。廣四修一者，廣加修四分修之一也。十四步，四分而加一，堂之廣，十七步半也。五室三四步四三尺，疑脱「廣修」字。三四步者，疑室之修十二步也。四三尺者，疑室之廣，加於修十二尺也。九階，堂四面皆有階。南面三階，東西北各兩階也。窻者助户爲明，四旁兩夾窻，室之四旁各有户，一户皆兩夾窻，每室八窻也。白盛者，以蜃灰堊(壁)〔壁〕也。蜃，海蛤也。盛之言成也，以飾成宫室也。門堂，門側之堂，所謂塾也。三之二者，居正堂三分之二，則南北九步二尺，東西十一步四尺也。門堂之側有室，居正堂三分之一，則南北四步四尺，東西五步五尺也。重屋堂脩七尋，深五丈六尺，放夏。周則其廣九尋七丈二尺，五室各二尋也。崇三尺，陛高三尺也。四阿，四柱屋，四面各有檐霤也。明堂度以九尺之筵，東西九筵，廣八丈一尺。南北七筵，脩六丈三尺。崇一筵，陛高九尺也。凡室二筵，每室深廣一丈八尺也。殷、周崇三尺、九尺，夏后氏不言崇，謂之卑宫室，以此也。草廬吴氏曰：《書傳》云：周人路寢，南北七雉，東西九雉。室居上雉，雉長三丈，則室居六丈也。古人寢不踰廟，明堂之室，止於二筵，狹於路寢遠矣。其中必有錯誤。

室中度以几，堂上度以筵，宫中度以尋，野度以步，涂度以軌。

几長五尺，筵九尺，軌八尺，取諸物也。人張手八尺爲尋，張足六尺爲步，取諸身也。五度者，各因其物宜，周制也。

廟門容大扃七个，闈門容小扃三个，路門不容乘車之五个，應門二徹三个。内有九室，九嬪居之；外有九室，九卿朝焉。九分其國以爲九分，九卿治之。

扃，鼎扃也，以木貫鼎耳，所以閉鼎者也。大扃，牛鼎之扃，長三尺。每扃爲一个，七个二丈一尺也。闈，廟中之門也。小扃，膷鼎之扃，長二尺。三个六尺也。路門，大寢之門也。乘車，廣六尺六寸，五个三丈三尺也。言不容者，兩門乃容之，此門半之，丈六尺五寸也。應門，正門，謂廟門也。徹，徹也，二徹之内八尺，三个則二丈四尺也。内，路寢之内也。外，路門之外也。九室，如今朝堂諸曹治事房。九嬪，掌婦學之法，以教九御。六卿三孤爲九卿。

王宮門阿之制五雉，宮隅之制七雉，城隅之制九雉。經涂九軌，環涂七軌，野涂五軌。門阿之制，以爲都城之制。宮隅之制，以爲諸侯之城制。環涂以爲諸侯經涂，野涂以爲都經涂①。

阿，檐宇也。《禽經》曰：「雉上有(文)〔丈〕。」故論城之制亦稱雉。雉高一丈，廣三丈。度高以高，度廣以廣。宮門阿之制五雉，是高五丈，廣十五丈也。宮隅，城隅，謂角罘罳也。宮隅七雉，高七丈，廣二十一丈也。城隅九雉，高九丈，此不度廣，

① 本段上有眉批：「聯疊四句，何等簡便。」

《左氏》云「都城百雉」，則論其廣也。國中三經三緯，通曰經涂。遶城曰環涂，郊外曰野涂。都四百里，外距五百里。王子弟所封，其城隅高五丈，宫隅、門阿皆三丈。諸侯畿以外也，其城隅高七丈，宫隅、門阿皆五丈也。都城近，故其制卑而屈。諸侯遠，故其制崇而伸。諸侯環涂五軌，其野涂，及都之環涂、野涂皆三軌。

匠人爲溝洫。

溝洫，田間水道，以正經界、備旱潦。獨言溝洫者，其通稱也。鬳齋林氏曰：溝洫一事，乃《周禮》大節目。蓋匠人之制，與遂人不合，故鄭氏以爲遂人所言，鄉遂之制；匠人所言，乃三等采地之制。王畿之内，環以六鄉，又環以六遂。其地窄，故其所述至萬。夫有川而止三等，采地散在王畿之内，地頗寬，故匠人所言至方百里也。然遂人一成而有川，匠人至百成而有川，懸絶太甚。鄭氏之説，難以牽合。若知《周禮》自爲一書，《考工》自爲一書，本不相關，皆非周公舊典，則無復此拘礙矣。

耜廣五寸，二耜爲耦。一耦之伐，廣尺，深尺，謂之甽。田首倍之，廣二尺，深二尺，謂之遂。九夫爲井。井間廣四尺，深四尺，謂之溝。方十里爲成。成間廣八尺，深八尺，謂之洫。方百里爲同。同間廣二尋，深二仞，謂之澮。專達於川，各載其名。

耜，耒頭金也，古者耜一金，兩人併發之。今之耜，岐頭兩金，象古之耦也。伐之言發也，發土於上，故謂之伐，或作垡，今俗稱墢，即伐也。一耦之伐廣尺深尺，則謂之畎，甽與畎同。今之田埒高者爲壟，下者爲畎也。田者，一夫所佃百畆，方百步。田首，百畝之畔也。倍之，倍於甽也。此謂之夫間之遂，遂上亦有徑也。自此以登之，三夫爲屋，〔三〕屋爲井。井方一里。屋，具也。一井之中，三屋九夫，三三相具，以出賦稅，共治溝，溝上有畛也。成方十里，成中容一甸，甸方八里，出田稅，緣邊一里治洫，洫上有涂也。同方百里，同中容四都、六十四成，方八十里，出田稅，緣邊十里治澮，澮上有道也。澮則直至於川，復無所注入也。川者大水通流，非人力所治。載其名，識其某澮從某所達於某川也。

凡天下之地埶，兩山之間必有川焉。大川之上，必有涂焉。凡溝逆地防，謂之不行。水屬不理孫，謂之不行。梢溝三十里而廣倍。凡行奠水，磬折以參伍。欲爲淵，則句於(短)〔矩〕。凡溝必因水埶，防必因地埶。善溝者水漱之，善防者水淫之。凡爲防，廣與崇方，其閷參分去一，大防外閷。凡溝防，必一日先深之以爲式。里爲式，然後可以傅衆力。凡任，索約大汲其版，謂之無任。葺屋參分，瓦屋四分，囷窌倉城，逆牆六分。堂涂十有二分。竇其崇三尺，牆厚三尺，崇三之①。

---

① 本段上有眉批：「一章聯用七『凡』字，不嫌輻湊，不礙脉絡，以下卻不用一『凡』。」

阞，地脉也。屬，注也。理，條理。孫，孫順也。逆地脉則甚逆，不順理則微逆，皆謂之不行，不行則決溢也。禹鑿龍門，爲其逆地阞故也；播九河，不理孫故也。梢之言漸也，順也。梢溝者不逆地阞，水注理孫也，則流水疾。流水疾則善漱齧，故行三十里而末之廣倍首也。奠水，積水不流也，欲行之必三折五折，如石磬之倨句，則其去有漸，而後爲田間之用也。凡水行欲紆曲，故坎爲弓爲輪焉。欲爲淵則句於（短）〔矩〕，言欲其積而爲淵，則當於矩折之處，更爲之句曲。句曲者，如之如玄。大曲則流轉，流轉則其下成淵焉，今俗呼旋渦是也。防，隄也，所以止水。漱，齧也。善溝者水齧去（上）〔土〕，助之爲深，得水勢故也。淫，讀爲廞，謂水淤泥（上）〔土〕，留著助之爲厚也。廣與崇方者，廣與長等，崇與廣等，其形方，方則固也。或云：方，等也。其閷三分去一，言爲防之法，下濶三分，則上濶二分，殺其一，則基厚也。大防外閷，又殺於三分去一之外，基更厚也。先一日深之以爲式，盡一人一日之力，所濬築若干廣深，然後每人每日，以此爲程。又以一王準之，里當日若干人，然後每里以此爲程，則可以鳩集衆力，計工計地，責成易也。索者，用以縮版。約，約縮也。汲，引也。築防若牆者，以繩縮版兩端，兩端之繩，相去欲狹。大引長之兩繩，相去過廣，工力雖省，其版則橈。版橈，築之則鼓，土不堅矣，故謂之無任。《詩》曰：「其繩則直，縮版以載。」又曰：「約之格格，椓之橐橐。」葺屋，茅蓋屋也。三分者，霤其脊，三分其脩，以其一爲斗峻。如霤去脊，脩九尺，則霤下于脊三尺也。瓦屋，則四分其脩，以一爲峻，葺屋勢陡，瓦屋稍平，其吐水有駛緩也。囷、窌、倉，所以積穀，圜曰囷，方曰倉，穿地曰窌，三者皆有城。城者，四圍之牆也，其上之蓋，皆以土塗之。其形邪上，則逆牆也。六分者，六分其逆牆之脩，以一爲峻也。堂涂，陳也。堂下至門之徑，以瓴甋甃之。〔十有〕二分者，自督至旁十二分其修，以一爲峻也。峻者，亦以爲吐水也。宮中水道謂之竇。牆基厚三尺，則高九尺。高以爲防，厚以爲久。高三其厚，以是爲率，足以相勝也。

車人之事，半矩謂之宣，一宣有半謂之欘，一欘有半謂之柯，一柯有半謂之磬折。

此立尺寸之名以起度也。柯長三尺，以此推之，則欘長二尺，宣長一尺三寸三分寸之一，矩長二尺六寸三分寸之二也。磬折，長四尺五寸也。欘，斵斤柄也。柯，伐木之柯柄也。矩、宣、磬折，疑不能明也。鄭曰：「矩，法也。所法者，人也。人長八尺而大節三，頭也，腹也，脛也。以三通率之，故矩二尺六寸三分寸之二也。頭髮皓落曰宣，半矩曰宣，人頭之長也。柯欘之木頭取名焉。」《易》曰：「巽爲宣髮。」《玉藻》曰：「三分帶下，紳居二焉。」紳長三尺，是人帶以下四尺五寸。磬折立，則上俛，故四尺五寸曰磬折也①。

① 本段上有眉批：「後人以宣字難解，因爲寡髮。若論頭字，亦如何解宣即頭也？」

車人爲耒，庛長尺有一寸，中直者三尺有三寸，上句者二尺有二寸。自其庛緣其外以至於首，以弦其內，六尺有六寸，與步相中也。堅地欲直庛，柔地欲句庛。直庛則利推，句庛則利發。倨句磬折，謂之中地①。

車人爲耒，疑不能明也。耒，耜柄也。其次中直，上下皆句庛。其下句，接耜者也。上句，人所執，即首也。上句、下句，皆内向，故句股在外，弦在内也。自其庛之下端，緣其外以至於首，此句股也。其度六尺六寸，弦其内當六尺，故曰與步相中也。直刺易以用力，故利推。句刺易以起土，故利發。倨句磬折，其倨句之數中磬折也。中地，宜於地也。

車人爲車，柯長三尺，博三寸，厚一寸有半。五分其長，以其一爲之首。轂長半柯，其圍一柯有半。輻長一柯有半，其博三寸，厚三之一。渠三柯者三。行澤者欲短轂，行山者欲長轂。短轂則利，長轂則安。行澤者反輮，行山者仄輮。反輮則易，仄輮則完。六分其輪崇，以其一爲之牙圍。柏車轂長一柯，其圍二柯，其輻一柯，其渠二柯者三，五分其輪崇，以其一爲之牙圍。大車崇三柯，綆寸，牝服二柯有參分柯之二。羊車二柯有參分柯之一。柏車二柯。凡爲

---

① 本段上有眉批：「按草廬吴氏曰：以職爲官，周制也。琢玉，則爲玉人；制磬，則爲磬人。今乃以車人爲耒人之官，且耒農器也，初無預於車者，其文又無一字及車者。以義推之，當以車字易耒字無疑。」

轅，三其輪崇，參分其長。二在前，一在後。以鑿其鉤，徹廣六尺，鬲長六尺。

先言柯而後及三車之制，蓋以柯準之也。柯之博倍其厚，其形楕圜，齊人謂之椑，以此也。五分其長以其一爲之首，首圍得六寸，殺於身也。車人所造爲牛車、柏車、羊車，與輿人之乘車、兵車、田車，其制異也。轂長一尺五寸，徑四尺五寸也。大車輪崇九尺，其輻之長，雖并菑爪，不應乃有四尺五寸。輻長四尺五寸，言軹崇也。厚三之一，渠厚得博三之一，一寸也。渠，即牙車渠也。(二)〔三〕柯者三，三柯九尺三之，二丈七尺，輪崇九尺也。此上言牛車也。牛車行平地及行澤，柏車則行山。澤泥苦其太安，山險苦其太動。故二車之轂，長短各別。輮，牙柔也。澤地塗泥，故反其木裏，需者在外，則滑易不黏也。山多砂石，懼破碎之，故仄輮欲得表裏相依，堅忍也。六分其輪崇以其一爲牙圍，牙圍一尺五寸，亦言牛車也。柏車，輪長三尺，徑六尺，輻三尺，亦軹崇也。渠二柯者三，牙一丈八尺，輪崇六尺也。五分之以一爲牙圍，牙圍尺二寸也。大車，即牛車也。崇三柯，輪崇也。牝服，(專)〔車〕箱也，人立處也。二柯有三分柯之二，八尺也。一曰牝服，較也，亦謂之平鬲。羊，善也。羊車，善車，漢人謂定張車。羊車之牝服七尺，柏車牝服六尺。轅，輈也。乘車、兵車、田車則曰輈，此三車則曰轅，名異而制同也。三其輪崇，則大車之轅二丈七尺也。三分其轅之長，二在前，揉以爲深，一在後，則入於車箱之下。鉤者，轅之鉤心也，於二分之後，一分之前，中而鑿之，以鉤車箱也。徹，車廣也。鬲，轅端厭牛領者。徹廣六尺，則與四馬車八尺之徹異也。鬲長六尺，則與六尺六寸之衡異也。蓋兩轅之車，一牛在轅内，故鬲短而轍狹；一轅之車，兩服在轅外，故衡長而轍廣也。輿人之輿，車人謂之牝服。輿人之衡，車人謂之鬲。輿人之爲車，起度於輿廣。車人之爲車，起度於柯長。輿人之車，其箱廣而不方。車人之車，其箱方而不廣，制各不同也。

弓人爲弓，取六材必以其時。六材既聚，巧者和之。幹也者，以爲遠也；角也者，以爲疾也；筋也者，以爲深也；膠也者，以爲和也；絲也者，以爲固也；漆也者，以爲受霜露也。

取幹以冬，取角以秋，取絲、漆以夏。筋、膠未聞。

凡取幹之道七，柘爲上，檍次之，檿桑次之，橘次之，木瓜次之，荆次之，竹爲下。凡相幹，欲赤黑而陽聲。赤黑則鄉心，陽聲則遠根。凡析幹，射遠者用埶，射深者用直。居幹之道，菑栗不迆，則弓不發。凡相角，秋閷者厚，春閷者薄。稺牛之角直而澤，老牛之角紾而昔。疢疾險中，瘠牛之角無澤。角欲青白而豐末。夫角之本，蹙於𦚔而休於氣，是故柔。柔故欲其埶也。白也者，埶之徵也。夫角之中，恒當弓之畏，畏也者必橈。橈故欲其堅也。青也者，堅之徵也。夫角之末，遠於𦚔而不休於氣，是故脆。脆故欲其柔也。豐末也者，柔之徵也。角長二尺有五寸，三色不失理，謂之牛戴牛。凡相膠，欲朱色而昔。昔也者，深瑕而澤，紾而摶廉。鹿膠青白，馬膠赤白，牛膠火赤，鼠膠黑，魚膠餌，犀膠黄。凡昵之類不能方。凡相筋，欲小簡而長，大結而澤。小簡而長，大結而澤，則其爲獸必剽，以爲弓，則豈異於其獸。筋欲敝之敝，漆欲測，絲欲沉。得此六材之全，然後可以爲良①。

檍，杻也。檿，山桑也。《國語》曰：「檿弧箕箙。」木近心則色赤黑，遠根則聲清陽。陽聲，聲清也。鄭曰：「木之類近根者奴。」析者，鋸脩之也。埶者，用曲木，令木性自曲，則反其曲爲弓，使向外張之，則挽令向内以取埶，故曰埶也。用直者，取其木之直也。用曲則宜薄，薄則力少，所謂往體多，來體寡。若是者利射遠，夾庾之類是也。用直則可厚，厚則力多，所謂往體寡，來體多。若是者利射深，王弧之類是也。居者，處其材也。菑栗，亦謂以鋸副析幹也。迆，邪行絶理也。邪行絶理，則弓發。發，裂也。撊，殺也。秋殺牛則角厚，春殺牛則角薄，秋氣揫斂故也。紾者，縛纏之紋也。昔，錯也。老牛則角觕理錯，多疾則角裡傷，牛瘦瘠則角不滋，三者與穉牛正相反也。𠛪，腦也。蹙，近也。休，煦也。其角之下本近於腦，而生氣煦之，故其角柔。然無埶，則太柔而不可用。埶者，如弓之埶，橈之則屈，釋之勁有力，埶不甚柔也。畏，與隈同。

① 本段上有眉批：「總提角一句，下文三提三應之。」「神句奇古。」「與筍簴章句法正同。」

弓之曲隈，漢人稱弓淵，今稱弓閃是也。角之中，其用於弓也常在其隈，張時挽動爲多，不堅則易折也。青則堅，雖橈而不傷也。角之末去腦遠，生氣之煦所不及，則多脆。若其末小，則脆之甚易折也。豐大者，剒氣及煦之，柔而不脆，故可用也。三色，本白、中青、末豐也。牛戴牛，角直一牛，如牛之上戴一牛也。昔，亦錯也。摶，圜也。廉，瑕嚴利也。珍而昔，非角之善，其在膠，則善也。鹿膠以下凡六等，鹿膠用其角，魚膠用其膘，馬牛鼠犀用其皮，皆煮而成之。餌，色如餌也。昵，或爲䵒。䵒，黏也。膠以六者爲良，他脂膏之類，不能比也。凡相筋，筋小者欲簡細而脩長，筋大者欲糾。

凡爲弓①，冬析幹而春液角，夏治筋，秋合三材，寒奠體，冰析灂。冬析幹則易，春液角則合，夏治筋則不煩，秋合三材則合，寒奠體則張不流，冰析灂則審環，春被弦則一年之事。析幹必倫，析角無邪，斲目必荼。斲目不荼，則及其大脩也，筋代之受病。夫目也者必強，強者在內而摩其筋，夫筋之所由幨，恒由此作。故角三液而幹再液。厚其帤則木堅，薄其帤則需，是故厚其液而節其帤。約之不皆約，疏數必侔。斲摯必中，膠之必均。斲摯不中，膠之不均，則及其大脩也，角代之受病。夫懷膠於內而摩其角，夫角之所由挫，恒由此作。凡居角，長者以次需。

① 自「凡爲弓」以下至篇末，底本原缺，《考工記》正文乃《徐光啓著譯集》所補。

恒角而短，是謂逆橈，引之則縱，釋之則不校。恒角而達，辟如終紲，非弓之利也。今夫茭解中有變焉，故校。於挺臂中有柎焉，故剽。恒角而達，引如終紲，非弓之利。撟幹欲孰於火而無贏，撟角欲孰於火而無燂，引筋欲盡而無傷其力，鬻膠欲孰而水火相得，然則居旱亦不動，居濕亦不動。苟有賤工，必因角幹之濕以爲之柔。善者在外，動者在内。雖善於外，必動於内，雖善，亦弗可以爲良矣。

凡爲弓，方其峻而高其柎，長其畏而薄其敝。宛之無已，應。下柎之弓，末應將興。爲柎而發，必動於𦁤。弓而羽𦁤，末應將發。弓有六材焉，維幹強之，張如流水。維體防之，引之中參。維角𣥺之，欲宛而無負絃。引之如環，釋之無失體，如環。材美，工巧，爲之時，謂之參均。角不勝幹，幹不勝筋，謂之參均。量其力有三均。均者三，謂之九和。九和之弓，角與幹權，筋三侔，膠三鋝，絲三邸，漆三斞。上工以有餘，下工以不足。

爲天子之弓，合九而成規。爲諸侯之弓，合七而成規。大夫之弓，合五而成規。士之弓，合三而成規。弓長六尺有六寸，謂之上制，上士服之。弓長六尺有三寸，謂之中制，中士服之。弓長六尺，謂之下制，下士服之。

凡爲弓，各因其君之躬志慮血氣。豐肉而短，寬緩以荼，若是者爲之危弓，危弓爲之安矢。骨直以立，忿埶以奔，若是者爲之安弓，安弓爲之危矢。其人安，其弓安，其矢安，則莫能以速中，且不深。其人危，其弓危，其矢危，則莫能以愿中。往體多，來體寡，謂之夾臾之屬，利射侯與弋。往體寡，來體多，謂之王弓之屬，利射革與質。往體來體若一，謂之唐弓之屬，利射深。大和無灂，其次筋角皆有灂而深，其次有灂而疏，其次角無灂。合灂若背手文。角環灂，牛筋蕡灂，麋筋斥蠖灂。和弓轂摩。覆之而角至，謂之句弓。覆之而幹至，謂之侯弓。覆之而筋至，謂之深弓。

泰西水法

〔意〕熊三拔 述 〔明〕徐光啓 譯

李天綱 點校

點校說明

據上海古籍出版社《徐光啓著譯集》影印北京一六一二年原刻本，封面頁署「《泰西水法》，西國熊有綱先生譯，北京原板」，内頁署「泰西熊三拔撰説，吴淞徐光啓筆記，武林李之藻訂正」。徐光啓「筆記」，即以中文翻譯記録之。另外，内芯首頁署「考訂校刻姓氏：安邑曹于汴、廬陵彭惟成、上海姚永濟、徐州萬崇德、瀘州張鍵、平湖劉廷元、華亭張鼐、永年李養志、華亭李凌雲、銅仁楊如皋」，多是徐光啓的友朋、學生、同鄉後輩。序文爲曹于汴、彭惟成、鄭以偉、徐光啓所作，原無斷句，今重新加以標點。正文原有句讀，今亦改爲新式標點。

本書的譯述，徐光啓有始終之功。徐光啓認爲：「此《泰西水法》，熊先生成利先生之志而傳之者也。」（徐光啓《泰西水法序》）因徐光啓曾請利瑪竇介紹歐洲水利學説，利瑪竇則介紹同會神父熊三拔帮助從事。此後，耶穌會其他會士也陸續有所貢獻，而由熊三拔和徐光啓在北京最終完成。據曹于汴《泰西水法序》：「太史玄扈徐公，軫念民隱，於凡農事之可興，靡不採羅。閲泰西水器及水庫之法，精巧奇絶，譯爲書而傳之。」翻譯《泰西水法》的工作，「肇議於利君西太，其同儕共終厥志，而器成於熊君有綱」。利瑪竇去世後，徐光啓從上海赴北京任職，再次要求熊三拔翻譯《泰西水法》。熊三拔當時面有「怍色」，恐「後此法盛傳天下，後世見視以公輸、墨翟」（徐光啓《泰西水法序》），被中國士紳誤會爲匠人。徐光啓最終説服了熊三拔，乃有《泰西水法》之譯述。對此，熊三拔在《泰西水法·水法本論》中仍加説明：「夫百工藝事，非道民之本業。竊嘉諸君子，哀人之深，勉副其意，仍托筆爲書，梓而傳之。」表明本書的翻譯，是應徐光啓的強烈要求而作。可見，没有徐光啓的推動，《泰西水法》便不克譯成。從全書的内容看，《泰西水法》不是一部簡單的「西學」譯著，按當時的「撰述」方法，書中不但引用了大量中文辭彙，還涉及諸多典章制度。熊三拔畢竟中年來華，中文寫作不够熟練。徐光啓爲此付出大量勞作，故此，彭惟成爲本書所作《聖德來遠序》説：「西洋諸先生之得太史（徐光啓）以傳也，幸矣哉！」

《泰西水法》初刻於萬曆四十年（一六一二），後收入《農政全書》第十九、二十卷；李之藻收入《天學初函》「器編」；《四庫全書》編修時，收入《子部·農家類》；嘉慶五年（一八〇〇）

南沙席氏掃葉山房有刊本。《四庫全書總目提要》稱讚本書：「西洋之學，以測量步算爲第一，而奇器次之。奇器之中，水法尤切於民用，視他器之徒矜工巧、爲耳目之玩者又殊，固講水利者所必資也。」

李天綱

二〇一〇年十一月

目録

點校説明 …… 二七七
泰西水法序 …… 曹于汴 二八三
聖德來遠序 …… 彭惟成 二八五
泰西水法序 …… 鄭以偉 二八八
泰西水法序 …… 徐光啓 二九〇
水法本論 …… 熊三拔 二九三
卷之一 …… 二九五
卷之二 …… 三〇五
卷之三 …… 三一八
卷之四 …… 三三〇
卷之五 …… 三三九

泰西水法序

惟上帝好生，既生人則爲之生食。食，出於地，藝於人。人有遺能，地乃有遺利，食乃不足。其不足，恒以旱乾。天澤既不可徼，則渠塘溉灌急焉。顧亦罕所講究，而西北之鄉允未閑習。土高泉寡，井有淺深甘鹻，大段不得水之用。即有用之者，工力繁浩，不償所費。然大禹疏治溝洫，必於冀州建都之域不至獨遺，今胡以一望岡鹵？豈阡陌開後，因仍墮廢，遂謂水泉之利若靳於此方田家。終歲懸懸，占雲盼雨，雨愆其期，立視苗槁。猥云天實爲之，人力無可奈何，枵腹菜面，展轉爲溝中之瘠而已矣。

太史玄扈徐公，軫念民隱，於凡農事之可興，靡不採羅。閱泰西水器及水庫之法，精巧奇絶，譯爲書而傳之。規制具陳，分秒有度。江河之水，井泉之水，雨雪之水，無不可資爲用，用力約而收效廣。蓋肇議於利君西太，其同儕共終厥志，而器成於熊君有綱。中華之有此法，自今始。

粤稽曩昔盛世，首重民食，而田器亦有司存。《周禮·稻人》，掌稼、蓄水、止水、蕩水、均水、舍水、瀉水，俱有經畫。今也牧民之宰，簿書不遑，過隴畝問桑麻亦未多睹，他何論哉？雖前人樹藝之方，載於《月令》諸編，上不倡，下不諳也，食胡以足？竊意冬曹當以此書頒之直省，而方岳之長，宜宣告郡邑倣而行。觸類而長，尚何患粒食之難乎？夫士人談及參贊，遜爲聖神，若無敢望涯涘者，不知此類事即贊化育。井田壞而古今分，雖猝不能言，復然崇重農功，固王道之先也。不圖於是，而欲睎蹤隆古之治，必弗可覬已。且安有尊處民上，坐享民膏，不爲民生熟計，忍令其饑以死，此豈天之意也哉？萬曆壬子歲夏五月望日賜同進士出身吏科都給事中河東曹于汴撰。

聖德來遠序

聖明在宥，道化淳備。有歐羅巴利先生，偕其國聰慧有學者諸儒彥，航海西洋，修我貢事，至懿美也。兩先生曆法律呂，巧奪化工，言動周旋，悉程軌物。澹然忘其家而設教，則歸於天主。

彭子於辛丑一見，大玄賞之，自以爲得塵外鑣也。予後供奉鳳池，旋入瑣闥，轉盼十二年。懷人憶舊，欲再見利先生，則拜之北邙矣。低徊悲痛，不能已已，與熊有綱先生依然道故，亦猶之利先生也。予得其日晷，尚難解其測法。又得其取水具，遂命工習之。携工南行，以廣高人教澤，攄予夙心。熊先生徵予一言，予冗久未相酬，兹於途次憶其《交友論》、《二十五言》、《畸人篇》等書，如李冢宰、馮宗伯、曹都諫、李工部、徐太史諸公鳴珂清暇，相與講德，豈非我聖明雍熙之會而至德來遠之賜哉？

猗歟盛矣！然予實有以見夫往古來今，宇宙寥廓；懷瑾握瑜，彥聖崇閎。而語水、語海，固未可束于見也。吾輩所見者不及几，蘧以上惟讀伏羲、神農、黃帝以來虞、夏、商、周之書，而西洋諸先生則往往無吾之所有，而又有吾之所無。可嘉尚者，彼其多能而不皦皦以智名，好修而不沾沾以學著。以是將進之於沕穆之世，則有其能，有其修；將偕之於聲華之埸，則又無其能，無其修。朝廷予之官不拜，高準碧瞳，方巾青袍，身爲遠臣，日給大官之奉。讀中原書，習中原語，隨人所問，即開心授人。近用廷議，與修曆法，先生輩其高人而吾輩其玄賞也已。

昔者聖人觀象於乾坤，考度於神明，探命曆之去就，省群後之德業。類族辨物，繁有千品。少昊氏都於曲阜，鞬鞮毛人獻其羽裘。渠搜之人服禹之德，獻其珍裘，毛出五彩。今西洋儒彥覲我文明而來，其人皆學識才藝，何啻一羽裘、珍裘之獻乎？吾輩相與邂逅，緬惟疇昔，博物洽聞，吹藜天祿，固已知其所知者，并於西洋儒彥獲知其所未知焉。吾未知西洋之所知，猶之乎西洋未知吾之所知也。由是而之焉，極天所際如西洋者，又何可勝數？惟是義理無盡，寥廓無邊，超然大觀，可以破小，此借資於高人而取精於玄賞，不亦奇乎？彭子曰：奇矣而未爲奇也。何也？夫子論「至聖配天」，曰「聰明睿知」，曰「溥博淵泉」，至精微矣。而曰「洋溢中國，施及蠻貊」，則性於天者，中國、蠻貊之所有，即至聖之所有。如水然，隨所洋溢，無不同流；如朋友交際然，此有施及，彼即茹受，夫子固已觀其所以一而不貳者。籍使蠻貊不與中國一，中國不與至聖一，則眸睫之外即相枘鑿，何以曰「洋溢」，曰「施及」哉？况熊先生輩津津理窟，彬彬儒生，縱一葦之所如而觀光於天朝，其於至聖之妙，當必有所吻合者。吾輩得此雅游，世不常有，史不多書，所謂奇者固自真奇矣。

熊先生之教在天主，即吾輩事天之學，人身喘息呼吸，無一不與天通。造化聚散升沉，無一不與人應。譬如髮潤則將雨，亦人天合一之證矣。是書成于太史公手，尤邃古，讀之恍然忘其爲今之人也。因歎天壤間有一奇事，必有習其精微，筆之書以利天下，傳於後世者。余恨十載京華，未面太史耳。嗟乎！西洋諸先生之得太史以傳也，幸矣哉！萬曆壬子孟夏日，廬陵彭惟成書于良鄉公館。

泰西水法序

此《泰西水法》，熊先生成利先生之志而傳之者也。法五種：曰龍尾圖，凡五；曰玉衡圖，凡四；曰恒升圖，凡四；曰水庫圖，凡三。而終之以藥露諸器圖，凡一。用以取水，力省而功倍。徐太史子先譜之最悉，一開卷即不必見其具，可按文而匠也。書成，中國不憂傳焉。蓋開闢以來，修水用者數易矣。標枝之世，掬而飲。亡何蠡焉，盂焉，尊焉，井焉，使掬者視之，不亦最巧也乎？用矣而未廣。其後偃鴻井，其田以受潤，廣矣而未備。又其後阡陌開，而陂池興雨雲，從渠插中出也，備矣而未有機。又其後桔槔出，機矣而井田、陂池亦不可復覩。

古者水土共爲一官，統之司空。土行不修，則水利愈巧，巧固生于窮歟？然未有若此之利者，夫田不可復井，何者？必十年始驅民田入之官，必十年始溝官田畫之澮。墳廬城郭之阻又亡論，則必廢二十餘年畊而可。此可幾乎意者水田可也。而予郡徐伯繼尚寶，一爲而躓。故爲今之農，仰天不雨，惟取土龍而祝之耳。予家世農，見鄉土最壚，浹旬晴，則桔江而之田；浹旬雨，則又決田而之江。遭苦旱，醵錢爲車，如碓加輪焉。寘筒其表，前軒後輊，與水爲無窮。一晝夜度灌二十鐘，顧必急流而可，不然則法窮。又山之民絙泉于竹以溉而不費人力，顧必山泉而可，不然則法窮。兹法也而傳，急流可，即吴越緩流也，亦可。山泉可，即燕齊平蕪也，亦可。隨俗之便，或用中土法，或用此法，可以佐水車之不及，而前民用所謂巧生于窮，而窮亦因巧而濟者耶？人云《考工記》可補《冬官》。予直謂《冬官》未亡，第錯於他官如《稻人》《瀦溝》之類。徐太史文既酷似《考工記》，此法即不敢補《冬官》，或可備《稻人》之採，非墨子蜚鳶比也。

利先生爲歐羅巴人，偕其儕用賓于朝。甲辰，予識其人于都中，緑瞳虬鬚，與之言，恂恂有道君子也。予休澣别去，利先生已化，曾爲詩以哭之。至壬子復趨朝，則墓草已宿矣。悲愴久之，乃訪熊先生，見其家削者，髹者，絢者，則治水具也。彼方日以錢易水而飲，顧切切然思人田之毛澤，又且遠臣，此其人豈區區踵頂利所可及哉？永樂時神機火槍法得之交南，嘉靖時刀法、佛狼機鳥嘴炮法得之日本。然金火之用耳，師金火以致利，詘水土而廢巧，則爲敢于殺人而不敢于養人矣，而可乎？

大都西洋之學，尊天而貴神。其餘伎復善曆算，精于勾股。予每欲學，而苦不得暇。至其言物理，則願與之相與質難于無窮，而此不具論。論其水法如此。上饒鄭以偉撰。

泰西水法序

泰西諸君子，以茂德上才利賓于國。其始至也，人人共歎異之。及驟與之言，久與之處，無不意消而中悅服者。其實心、實行、實學，誠信于士大夫也。其談道也，以踐形盡性，欽若上帝爲宗。所教戒者，人人可共由一軌于至公至正，而歸極于惠廸吉從逆凶之旨，以分趨避之路。

余嘗謂：其教必可以補儒易佛，而其緒餘更有一種格物窮理之學。凡世間世外、萬事萬物之理，叩之無不河懸響答，絲分理解。退而思之，窮年累月，愈見其說之必然而不可易也。格物窮理之中，又復旁出一種象數之學。象數之學，大者爲曆法，爲律吕。至其他有形有質之物，有度有數之事，無不賴以爲用，用之無不盡巧極妙者。昔與利先生游，嘗爲我言：薄游數十百國，所見中土土地人民，聲名禮樂，寔海内冠冕。而其民顧多貧乏，一遇水旱，則有道殣，國計亦詘焉者，何也？身被主上禮遇隆恩，思得當以報。顧已久謝人間事矣，筋力之用，無所可効。有所聞水法一事，象數之流也，可以言傳器寫，倘得布在將作，即富國足民。或且歲月見效，私願以此爲主上代天養民之助，特恐羈旅孤踪，有言不信耳。

余嘗留意兹事二十餘年矣。詢諸人人，最多畫餅。驟聞若言，則唐子之見故人也。就而請益，輒爲余説其大指，悉皆意外奇妙，了非疇昔所及。值余銜恤歸，言别則以其友熊先生來謁：「余昨所言水法不獲竟之，他日以叩之此公可也。」迄余服闋趨朝，而先生已長逝矣。間以請於熊先生，唯唯者久之。察其心神，殆無吝色也，而顧有怍色。余因私揣焉：無吝色者，諸君子講學論道所求者，亡非福國庇民，矧兹土苴以爲人，豈不視猶敝蓰哉？有怍色者，深恐此法盛傳天下，後世見視以公輸、墨翟，即非其數萬里東來捐頂踵，冒危難牖世兼善之意耳。輒解之曰：人富而仁義附焉，或東西之通理也。道之精微，拯人之神；事理粗迹，拯人之形。並説之，並傳之，以俟知者，不亦可乎？

先聖有言：「備物致用，立成器以爲天下利，莫大乎聖人。」器雖形下，而切世用，兹事體不細已。且窺豹者得一斑，相劍者見若狐甲而知鈍利。因小識大，智者視之，又何遽非維德之隅也？先生復唯唯。都下諸公聞而亟賞之，多募巧工，從受其法，器成即又人人亟賞之。余因筆記其説，實不文。然而諸公實存心于濟物，以命余，其可辭？抑六載成言，亦以此竟利先生之志也。梓成，復命余申言其端。夫諸器利益，諸公已深言之，曷贅爲？然而有兩言焉，嘗試虚心揣之：西方諸君子而猶世局中人也，是者種種有用之學，不乃其秘密家珍乎？亟請之，往往無吝色而有怍色，斯足以窺其人矣。抑人情勞則思，佚則忘善。此器也，而爲世用，誰則不佚？倘弗思而忘善乎，不乃階之爲厲矣？余願用茲器者相與共默計之：先生之所爲蹙然而色怍也，將無或出于此？萬曆壬子春月吴淞徐光啓序。

水法本論

昔者造物主之作天地萬物也，如大匠之作宫室器用也。工人造作，必先庀具土木金石，物具而後攻之。所造宫室器用，必也土木金石爲之體焉。造物之主，備大全能，能以無爲有。其始有之物，爲元行。元行四：一曰土，二曰水，三曰氣，四曰火。因之以爲體而造萬物也，非獨爲體而已。既生之物，不依四行，不能自存；不賴四行，不能自養。如人一身，全賴四行會合所生，會合所成。身中温暖，蒸化食飲，令成血氣，是用火行；身中脉絡，出入嘘吸，調和内外，是用氣行；身中四液，津潤臟腑，以及百骸，是用水行；百體五内，受質成形，外資食物、草木血肉，是用土行也。人身若此，萬類盡然。因此四行爲是世界所須，至切至急，以故造物之主作此四行，遍在世間，至廣至足。試觀氣行，塞滿空際，人物有生之類呼吸其中，草木百昌，因緣茁發。又觀火行，因緣于日，温暖下濟，萬物發生，成熟變化。土則承載萬生，發育品類；水則遍滋羣有，任意斟酌。是此四行隨處可得，任物取資，不若珍寶諸類，深藏希有。夫珍寶諸類不切世用，則深藏希有。水、氣、火、土，世用至急，則遍滿充足。伊誰之力？實本玄功。以是可推生物之初，必有造物之主。其綜理籌度，悉由仁愛；裁制多寡，具有權量也。四行之論，其理甚廣，其説甚長，宜有專書備論，今獨就水行略言其緒。夫四行各有本所，水之本所當是海也。海不遍大地，即又作爲流泉，溝洫、江河、川瀆，令平地高山遍有之。又不能遍大地爲江河，即又作爲地脉旁通潛演。掘地穿井，無不得之。井養之利，足資人用。人力有限，或熯竭之地，水所不至；高原上地，水脉甚深。物生其間，無由滋潤，遂其長育，即又作爲雨露霜雪，用霑溉生養之。于是爲海，爲川，爲井，爲雨，皆水之本所。有生之類，受澤于兹，取之無禁，求之至足矣。主宰之恩猶未既也，復裨人靈承天制用，于是古先迪哲，作爲水器以利天下。或取諸江河，或取諸井，或取諸雨雪，藉以救災捍患，生物養民。積久彌精，變化日新焉。嗟夫，深心實理，巧思圓機，誰令人類得與于斯，斯亦造物之全能乎？

學道餘晷，偶及兹事，一二見知，謬相賞歎，仍令各制一器。夫百工藝事，非道民之本業，竊嘉諸君子，哀人之深，勉副其意，仍託筆爲書，梓而傳之。倘當世名賢，體天心，立人命，經世務，憂時艱者，賜之蕘采，因而裕民足國，或亦遠臣矢心報効之一班也。萬曆壬子初夏泰西耶蘇會士熊三拔謹譔。

泰西水法卷之一

用江河之水，爲器一種。

龍尾車記

龍尾車者，河濱挈水之器也。治田之法，旱則挈江河之水入焉，潦則挈田間之水出焉。治水之法，淺涸則挈水而入，方舟焉；疏濬則挈水而出，畚鍤焉。不有水之器，不得水之用。三代而上，僅有桔槔。東漢以來，盛資龍骨。龍骨之製，日灌水田二十畝，以四三人之力，旱歲倍焉，高地倍焉。駕馬牛，則功倍費亦倍焉。溪澗長流而用水，大澤平曠而用風，此不勞人力，自轉矣。枝節一蔆，全車悉敗焉。然而南土水田，支分櫛比，國計民生，于焉是賴。即兹器所在，不爲無功已。獨其人終歲勤動，尚憂衣食。乃至北土旱災，赤地千里，欲拯斯患，且有進焉。

今作龍尾車，物省而不煩，用力少而得水多。其大者，一器所出，若決渠焉。累接而上，可使在山，是不憂高田；築爲堤塍而出之，計日可盡，是不憂潦歲與下田；去大川數里數十里，鑿渠引之，無論水稻，若諸水生之種，可以必濟，即黍稷、菽麥、木棉、蔬菜之屬，悉可灌溉，是不憂旱；濬治之功，出水當五分之一，今省十九焉，是不憂疏鑿；龍蟠之斗，旱熯之年，上源枯竭，穿渠旁引，多用此器，下流之水，可令復上，是不憂漕也。蓋水車之屬，其費力也以重。水車之重也，以障水，以帆風，以運旋本身。龍尾者，入水不障水，出水不帆風，其本身無銖兩之重，且交纏相發，可以一力轉二輪。遞互連機，可以一力轉數輪。故用一人之力，常得數人之功。又向所言風與水，能敗龍尾之車也，在鶴膝斗板。龍尾者，無鶴膝，無斗板，器居水中，環轉而已。湍水疾風，彌增其利。故用風水之力，而常得人之功。若有水之地，悉皆用之，竊計人力可以半省，天災可以半免，歲入可以倍多，財計可以倍足。方于龍骨之類，大畧勝之，然而千慮之一，以當起予，可也。智士用之，曲盡其變。不盡方來，或者無煩覼縷焉。

龍尾者，水象也，象水之宛委而上升也。龍尾之物有六：一曰軸。軸者，轉之主也，水所由以下而爲上也。二曰墻。墻者，以束水也，水所由上也。三曰圍。圍者，外體也，所以爲固抱也。四曰樞。樞者，所以爲利轉也。五曰輪。輪者，所以受轉也。六曰架。架者，所以制高下也，承樞而轉輪也。六物者具，斯成器矣。或人焉，或水焉，風馬牛焉，巧者運之，不可勝用也。

一曰軸

圜木爲軸，長短無定度，視水之淺深，斟酌焉而爲之度。二十五分其軸之長，以其二爲之徑。木之圜，必中規而上下等，以八繩附臬之法，八平分其軸之周，直繩而施之墨。軸之兩端，因直繩之兩端而施之墨，八繩之交，得軸之心也。以八平分之一分爲度，以度八繩之墨，皆平行相等而爲之界，以句股求弦之法，兩界斜相望而墨爲之弦。弦之竟軸而得一螺旋之墨，因螺旋之墨而立之墻，爲螺墻，墻之間而得螺旋之溝，爲螺溝。螺溝者，水道也。軸得一墨焉，則得一墻焉。一溝焉，水得一道焉。或二之，或三之，四之。以上同于是，多則均，一則專，惟所爲之。既墻而圍之，既建而迤之而轉之，水則自螺旋之孔入也。水之入于螺旋之孔也，水自以爲已下也，而不自知其已上也。故曰：軸者，轉之主也，水所由以下而爲上也。

注曰：圜，與「圓」同，量水淺深者。下文言句四，股三，弦五，則岸高九尺者，軸之長當一丈五尺也。凡作軸，皆度岸高，以三五之法準之。二十五分之二者，如軸長一丈，則徑八寸。如本篇第一軸立面圖，己丁長一丈，則丁丙之徑八寸也。此畧言軸欲大耳。若徑至三寸以上，不嫌長丈；八寸以上，不嫌長二丈也。軸過小，則水爲之不升。八繩附臬者，《周禮》樹八尺之臬，縣八繩下垂皆附于臬。今軸身作線，大略似之也。八平分者，如軸兩端圖，甲乙丙丁戊圈爲軸之周。所分甲乙、乙丙等八分者，平分度也。軸之兩端，卧其軸，各作己甲過心線，依法分之，即上下合也。次于軸兩端之邊，依所分各界，兩兩相對，各作平行直線。八線附木，皆平直，是爲八平分軸之周，如立面圖己丁、庚丙諸線是也。次于兩端，各作甲己、丁丙諸線，則得軸兩端之各庚心也。以八平分之一爲度者，謂以甲乙爲度，從庚至辛，作庚辛、辛壬等短界線，至丙而止。八線皆如之，各線之短界線，皆平行，皆相等也。墨爲之弦者，從庚向癸，依句股法，作庚癸斜弦線。内纏之至子，外纏之至丑，至寅至卯至辰，斜纏軸面，竟軸而止，則得一螺旋線也。單線則爲單墻單溝也，若欲爲雙溝者，則平分庚丑線得午，從午外上向己，内下向未，亦依法作螺旋線也。若作四槽者，又平分庚午于壬，依法作之。欲作三槽六槽九槽者，先分軸爲九平分，欲作五槽十槽者，先分軸爲十平分，依法作之。

二曰墻

軸之上，因各螺旋之繩而立之墻。墻之法，或編之，或累之，皆塗之。墻之兩端，不至于軸之兩端。其至也無定度，惟所爲之，以樞之短長稱之。八分其軸長，以其一爲墻之高，可減也，不可加也。墻，其累之也，欲堅而無墮也；其編之也，欲密而平也；其塗之也，欲均而無罅也。兩墻之間，謂之溝。溝，水道也。水行溝中，而墻制之使無下行也。故曰：墻者所以束水也，水所由上也。

注曰：編墻之法，削竹爲柱。依螺旋之線而立之。每立一柱，即與軸面之八平分長線爲直角。如立柱于本篇一圖之午，即柱爲垂線，與庚丙長線爲直角也，而又與軸兩端之丙丁爲一直線也，若本篇二圖之癸丙是也。削柱欲均，安柱欲正，列柱欲順，立柱欲齊。既畢，則以繩編之，畧如織箔之勢。繩以麻，或紵，或菅，或布，或篾，惟所爲之。既畢，以瀝青和蠟，或和熟桐油，融而塗之。或以生桐油和石灰、瓦灰塗之，或以生漆和石灰、瓦灰塗之。凡瀝青加蠟與桐油，取和澤而止，石灰、瓦灰相半，桐油或漆和之，取燥濕得宜而止。累墻之法，取柔木之皮，如桑槿之屬，剥取皮，裁令廣狹相等，以瀝青和蠟，依螺旋之線，層層塗而積之。累畢，如前法塗之。既畢，而兩墻之間成螺旋之溝，水從溝行而墻不漏者，是墻之善也。八分之一者，如軸長八尺則墻高一尺。此亦畧言高之所至也。一以下，任意作之，故曰可減不可增。一法，若欲爲長軸，則墻之高與軸之徑等。

三曰圍

墻之外，削版而圍之，版欲無厚。墻之兩端，順墻柱之勢，穿軸而立四柱焉。依墻之高而束之環，圍板之端，入于環。圍之外，以鐵爲環而約之。長者中分圍之長，以鐵環約之。又長者三分其長，以兩環約之。圍之版，其相合也。與其合于墻之上也，皆合之以塗墻之齊。圍之外，皆塗之以受雨露也。圍，其合也欲無罅。圍之合于墻也，欲無罅。有圍，故水入螺旋之孔而不絶。無罅，故水行于螺旋之溝而不洩。則水旋而上也。故曰：圍者外體也，所以爲固抱也。

注曰：圍之板，量圍徑之大小與其長，酌全體之重輕而制厚薄焉。其長竟墻，其廣一寸以上，視圍徑之小大增損之。太廣而合之，則角見也。其内面稍剞之，以就墻之圓。外面者，圍既合而削之。當墻之盡，穿軸爲四柱者，所以居環而受圍也，如本篇三圖之卯寅辰午等是也。環以堅韌之木爲四弧，弧各加于環柱之上，合之成環焉。環之下方，或爲溝焉，居中以受圍板之端。或居外，或居内。爲刻而受之如爲溝于未，此居中也。爲刻于申，此居外也。于酉，居内也。鐵環之束，在兩端者，與木環相抵，卯午也，戌亢也。或中分約之者，心斗是也。若兩中環者，則在尾與箕也。或不用鐵環，以繩約之，而塗之齊，與劑同。合以塗墻之劑者，瀝青和蠟，或油灰，或漆灰也。若塗圍之周者，則漆灰爲上，油灰次之。瀝青和蠟者，恐不耐暑日也，爲下。而欲速成則用之，欲解而時脩，則用之。是者暑日架之，則以苫蓋之。水入于螺旋之孔者，孔在環之内。軸之外，四柱之中，戌亥角亢之間是也。雖下向必入者，以迤故，水趨于圍也。既其出，則在卯寅辰午之間矣。一法，墻之兩端以二圓版蓋之，開圍板之下端而水入之，開上端之圓板而出之。其效同焉。

四曰樞

軸之兩端，鐵爲之樞，當心而立之。樞之用在圜，輪在圍若在軸者，皆圜之。輪在上樞，方其上樞之上。輪在下樞，方其下樞之下。方之者，以居輪，立樞欲正，欲直。不正不直者，輕重不倫也。既正既直，輕重均，轉之如將自轉焉，則雖大而無重也。故曰：樞者所以爲利轉也。

注曰：當心者，本篇一圖之庚心也。樞之大小長短無定度，量全體之輕重，制大小焉。量輪之所在與地之所宜，制短長焉。輪所在者有七，下方詳之也。方則止，故可以居輪。正者，當庚之心。直者，與軸端圓面爲直角，與軸上八平分線俱爲一直線也。求正尚有軸端諸線可憑，求直稍難焉。今立一試法，視一圖軸兩端諸分線，以規一抵軸端邊之乙，一抵樞之頂心爲度，次去乙抵戊量之，又去戊抵己量之，皆至于樞之頂心者，即樞直也。如將自轉者，戚速之甚也。

五曰輪

輪有七置，輪有三式。七置者，當圍之中焉，圍之兩端焉，軸之兩端焉，兩樞焉。在圍者，夾其圍而設之輻。輻之末，周之以輞焉，輞樹之齒焉。在軸與樞者，方其處而入之轂，轂樹之齒焉。凡輪，皆以他輪之齒發之。其疾徐之數，視輪與他輪之大小焉，其齒之多寡焉。故輪欲密附而少爲之齒。輪附而齒少，他輪大而齒多，則其出水也必疾矣。故曰輪者所以爲受轉也。

注曰：輪有七置者，因地勢也，量物力也，相大小而制徐疾也。在圍之中者，本篇四圖之丁是也。在圍之兩端者，丙與戊是也。在軸之兩端者，乙與己是也。在兩樞者，甲與庚是也。若車大而軸長，出水之地高，則在丁矣。若平地受水而用人力、畜力、風力者，當在甲乙丙矣。用水力，當在戊己庚矣。夾圍之輻，子丑之類是也。辛者，容圍之空也。壬癸，輞也。寅卯之類，齒也。方其處者，軸與樞當受轂之處也。辰，入樞之空也。戌，入軸之空也。午，轂也。酉，赤轂也。未、申、亥、角之類皆齒也。他輪者，或人車，或馬牛贏車，或風車，或水車之輪也。此諸車之輪者，非謂其大卧輪也，蓋指接輪焉。接輪者，農家所謂「撥子」是也。試言人車，則有卧軸也。卧軸之一端有接輪，卧軸之上有拐木也。今于甲乙丙任置一輪焉，如置在軸之乙輪，即以卧軸之接輪交于乙輪。人踐拐木而轉之，接輪與乙輪相發也。若馬牛贏車及風車，則有卧軸也。卧軸之兩端皆有接輪，今以其一交于乙輪，以其一交于彼車之大卧輪，駕畜焉，颺風焉，而轉之，接輪與乙輪相發也。若水轉之車，則有卧軸也。卧軸之一端有接輪，卧軸之上有立輪。立輪之外，有受水之箠也。今于戊己庚任置一輪焉，如置在軸之己輪，即以卧輪之接輪交于己輪。水激于篷而卧軸爲之轉，接輪與己輪相發也。疾徐之數與他輪相視者，如乙己之輪齒十二，人車之接輪齒十二，是拐木一轉而得一轉也。如樞輪之齒八，而人車之接輪齒十六，是拐木一轉而得二轉也。人車之接輪齒二十四，是一轉而得三轉也。若樞輪之齒八，而駕畜飄風之卧輪齒七十二，是一轉而得九轉也。故曰：輪欲密附，密附則齒爲之少。他輪欲大，大則齒多。然而密者過密焉，則力爲之不任，大者過大焉則遲。故曰因地勢，量物力，相大小而制徐疾焉。今圖樞輪之齒八，軸輪十二，圍輪十六，約略作之，非定率也。趣欲使兩輪之交，疏密相等焉，長短相入焉。相關相發而不滯，則足矣。其小者，欲無用輪，方其樞之末，别爲衡。衡之一端入于樞焉，其一端植之柱焉。柱之體圓，又爲之掉枝而首爲圓孔焉。以掉枝之圓孔，入于柱而轉之。若大者而欲無用輪，則以兩掉枝同加于柱，兩人對執而轉之。最大者，兩掉枝之末，各爲持衡，四人或六人，對持其衡而轉之。

六曰架

架者，一上一下，皆爲砥柱。或木焉，或石焉，或瓴甋焉。柱之植，欲堅以固也。下柱居水中，以鐵爲管，施之柱首，迤而上向，以受下樞之末。制管高下，量水之勢，令得入于螺溝之下孔而止也。上者居岸，以鐵爲管，施之柱首，迤而下向，以受上樞之末。若輪與衡，在上樞之末者，則中樞而設之頸。以鐵爲山口而架樞其上，出其樞之末，以受輪與衡也。制高下之數，以句股爲法而軸心爲之弦。弦五焉，則句四焉，股三焉。過偃則不高，過高則不升。

注曰：瓴甋，磚也。堅者，其本體堅。固者，其立基固也。上柱者，本篇五圖之甲乙是也。下柱者，丙丁是也。上管以受上樞，戊也。下管以受下樞，己也。句股法者，一高一下，如四圖之亢房線而置之，令上樞之末在亢，下樞之末在房也。三四五者，如上樞之末爲亢，至下樞之末爲房長一丈，如法置之，則自下樞之末房，依地平作平行線。自上樞之末亢，作垂線，而兩線相遇于氐。其亢氐線，必長六尺，氐房線，必長八尺也。若迤建于岸之側，謂無從作垂線者，則以句股法反用之：以圍板爲倒弦，別作一尾箕垂線爲股。尾爲直角，作尾心横線爲倒句。若尾箕長一尺五寸，偃仰移就之。令尾心長二尺，即心箕必二尺五寸。而亢房線，必合三四五之句股法也。凡圍板長一丈，水高必六尺，求多焉，不可得。相水度地制器者，以此計之。若水過深，岸過高，器不得過長，則累接而上之。累接之法，亦以接輪交而相發也。

泰西水法卷之二

用井泉之水，爲器二種。

玉衡車記 專筩車附

玉衡車者，井泉挈水之器也。既遠江河，必資井養。井汲之法，多從綆缶。饔飧朝夕，未覺其煩。所見高原之處，用井灌畦，或加轆轤，或藉桔槔，似爲便矣。乃俯仰盡日，潤不終畝。聞三晉最勤，汲井灌田，旱熯之歲，八口之力，晝夜勤動，數畝而止。他方習惰，既見其難，不復問井灌之法。歲旱之苗，立視其槁，饑成已後，非殍則流，吁！可憫矣。今爲此器，不施綆缶，非藉轆轤，無事桔槔，一人用之，可當數人。若以灌畦，約省夫力五分之四。高地植穀，家有一井，縱令大旱，能救一夫之田。數家共井，亦可無饑餓流亡之患。若資飲食，則童幼一人，足供百家之聚矣。且不須俯仰，無煩提挈。略加幹運，其捷若抽。故煙火會集之地，一井之

上，尚可活一煢民也。

玉衡者，以衡挈柱。其平如衡，一升一降，井水上出，如趵突焉。玉衡之物有七：一曰雙筩。雙筩者，水所由代入也。二曰雙提。雙提者，水所由代升也。三曰壺。壺者，水之揔也，水所由續而不絶也。四曰中筩。中筩者，壺水所由上也。五曰盤。盤者，中筩之水所由出也。六曰衡軸。衡軸者，所以挈雙提下上之也。七曰架。架者，所以居庶物也。七物者備，斯成器矣。更爲之機輪焉，巧者運之，不可勝用也。

注曰：趵突，泉水上出也。

一曰雙筩

鍊銅或錫爲雙筩，其圜中規而上下等。半其筩之長，以爲之徑，下有底。中底而爲之圜孔，以其底之半徑，爲孔之徑。筩之旁，齊于底而樹之管，管外出而上迤也。管之容，其圜中規管之下端〔抒之以合〕于筩①。開筩之下端，爲橢孔，融錫而合之于管。管之上端，亦抒之。既樹之，則與筩之邊爲平行。三分其底之徑，以其一爲管之徑。底之圜孔，爲之舌以揜之。舌者

① 「抒之以合」原缺，據《四庫全書》本補。

方版，方版之旁爲之樞。底孔之旁爲之紐。樞入于紐，如户焉而開闔之。舌之開闔，與管之孔無相背也。紐居左，則管居右。舌，其合于底也，欲密。管之孔，合于筩之孔，欲利而無罅。樞紐之動也，欲不滯。凡水之入也，必從其底之孔也。有舌焉而開闔之，開之則入，闔之則不出。左開則右闔矣，是左入而右不出也。是恒有一孔焉，入而終無出也。故曰：雙筩者，水所由代入也。

注曰：凡徑，皆言圓孔也，肉不與焉。如本篇一圖，甲至乙、丙至丁是也。半長爲徑者，徑三寸，則筩長六寸。如丁丙廣三寸，則甲丁長六寸也。半徑爲孔者，徑三寸，孔徑一寸五分。如丁丙三寸，則辛壬一寸五分也。上迤者，斜迤而上，如戊至己，丙至庚也。抒者，斜削之。如戊至丙、己至庚是也。橢，長圓也，欲與戊丙之孔合也。融錫合之，小焊也。管之上邊，與筩邊平行，將以合于壺之下孔也，己庚是也。三分之一者，底徑三寸，則管徑一寸，未至申之度也。方板者，丑寅卯午是也。樞者，卯辰午是也。紐者，癸子是也。舌，如橐籥之舌，以樞合紐，令丑卯之板恒加于辛壬孔之上，向丙而開闔之也。

二曰雙提

旋堅木以爲砧，其圜中規而上下等。曷知其中規而上下等也？砧之大，入于雙筩也，欲其密切而無滯也。展轉之，上下之，猶是也，斯之謂中規而上下等。當砧之心而立之柱，三分其砧之徑，以其一爲柱之徑。柱之短長無定度，以水之深也，井之高也，斟酌焉而爲之度。柱之上端，爲之方枘而入于衡。凡水之入也，入于雙筩之孔也。孔有舌焉，砧升則舌開，而水爲之入；砧降則舌合，而水爲之不出。水之入而不出者，舌也。舌之開闔者，砧也。砧之上下者，柱也。舌闔矣，水不出矣。砧又下焉，水將安之，則由筩之管，而升于壺，左右相禪也。故曰：雙提者，水所由代升也。

注曰：砧形如截篅，本篇一圖酉戌亥角是也。其高不言度者，趣其入于筩也，不轉側動摇而已矣。若爲鼎足之柱以固之，即無厚可也。三分之一者，砧徑三寸，則柱徑一寸。如酉角三寸，則亢氐一寸也。凡雙筩入井，近下則水濁，近上則水竭。故柱之短長，宜量水深與井高也。枘，笋也。當房心之上，刻而方之爲尾箕是也。

三曰壺

鍊銅以爲壺。壺之容，半加于雙筩之容。其形橢圜，腹廣而上下弇之。弇之度，視廣之度。殺其十之二，當其弇而設之蓋。壺之底，爲橢圜之長徑，設二孔焉，皆在其徑。孔之橢圜，其大小也與管之上端等，融錫而合之。壺之兩孔，各爲之舌而揜之。舌之製，如筩中之舌也。壺之內，當兩孔之中而設之紐。兩舌之樞，悉係焉。而開闔之，左右相禪也。當蓋之中，爲圜孔焉，而合于中筩。蓋之合于壺也，欲其無罅也。既成，以鐵爲雙環而交纏束之。當其合而錮之以錫，以備繕治。夫水之入于管也，左右禪也，而終無出也。水從管入者，以提柱之逼之也，則上衝，而壺之舌爲之開，以入于壺。水勢盡，而彼舌開，則此闔矣。是代入于壺也，而終無出也。其代入也，壺爲之恒滿而上溢。其終無出也，而有筩之容，以俟其底之入也。故曰：壺者，水之總也，水所由續而不絶也。

注曰：半加容者，如之又加半焉。如雙筩共容四升，則壺容六升也。弇，歛也。腹廣而上下弇，如本篇二圖甲乙丙丁形是也。蓋者，戊己、庚辛也。橢圓之長徑，底圖之乙丙是也。二孔者，未申也，酉戌也，皆在其徑者。二孔之心，在乙丙線之上也。二孔橢圓者，如酉戌短，乾亥長，以合于一圖之未申己庚也。二舌者，寅卯也，辰午也。紐者，子丑也。以樞合紐，令寅卯之板，恒加于未申孔之上，向丙而開闔之也。辰午加于酉戌，亦如之。左右相禪也。蓋之圓孔，庚辛是也。蓋合于壺者，己戊加于甲丁也。雙環纏束者，本篇三圖之角亢氐房是也。既錮之，又束之者，水力大而易潒也。

四曰中筩

錬銅或錫以爲中筩。中筩之徑，與長筩旁管之徑等。中筩之下端，爲敞口以闢于蓋上之孔，融錫而合之。其長無定度，量水之出于井也，斟酌焉而爲之度。或銅錫之中筩，裁數寸，其上以竹木焉續之。竹木之筩之徑，必與下筩之徑等。其上出之徑，寧縮也，無羸也。水之入于壺也，代入也。而終無出也，則無所復之也，必由中筩而上。故曰：中筩者，壺水所由上也。

注曰：中筩者，本篇三圖之坎艮、庚辛是也。上出之徑，必縮于下合之徑者，所以爲出水之勢也。

五曰盤

鍊銅或錫以爲盤。中盤之底而爲之孔，以當中筩之上端，融錫而合之。盤底之旁，爲之孔而植之管，管外出而下迤也。盤之容，與壺之容等。管之徑，與中筩之徑等。管之長無定度，其下迤也，及于索水之處也。中筩之水，其上溢也，盤畜之，管洩之。故曰：盤者，中筩之水所由出也。

注曰：本篇四圖之甲乙丙丁，盤也。丙丁爲孔，以合于中筩之上端。上端者，三圖之坎艮也。底旁之孔者，戊己也。下迤者，己庚也。

六曰衡軸

直木爲衡。衡之長，無過井之徑。雙提之柱，其相去也，視雙筩。雙提之上枘，入于衡之兩端。其相去也，視雙提。直木爲軸。軸長于衡而無定度。圜其尾，去首二尺，而圜其頸。當頸尾之中而設之鑿，當衡之中而設之枘。衡，衡也；軸，縱也。鑿枘而合之，欲其固也。軸展側焉，衡低昂焉，提上下焉，左右相禪也。故曰：衡軸者，所以挈雙提下上之也。

注曰：衡之長，本篇四圖之壬辛是也。枘入于衡者，子丑是也。軸之長，卯午是也。卯尾、午首、辰頸也。衡軸鑿枘之合，寅是也。鑿，孔也。衡横軸縱，卯辰子丑之交加也。

七曰架

井之兩旁，爲之柱。或石焉，或瓴甋焉，或木焉。柱之上端，爲山口。山口者，容軸之圜也，以利轉也。軸之首，設之小衡，與衡平行也。長二尺，或三尺。小衡之兩端，設二木而三合之。如句股，以小衡爲弦。句股之交立之柄，持其柄而摇之以轉軸也。水之中，穿井之脇，而設之梁，横亘焉。梁之上，爲二陷，以居雙筩之底，欲其固也。中其陷而設之孔，稍大于雙筩之底孔，水所從入也。梁居水中，其木必榆。榆，爲木也無味，水不受之變。梁在其下，柱在其上，車所由孔安而利用也。故曰：架者，所以居庶物也。

注曰：本篇四圖之卯亥也，辰乾也，柱也。當辰卯爲山口者，以容軸之圓也。小衡者，申未也。三合者，未申酉爲三角形也。酉戌，柄也。立之柄者，立柄于酉。戊酉未爲直角也。坎艮，梁也。角亢氐房，陷也。心、尾，陷中孔也。

若欲爲專筩之車，則爲專筩專柱，而入之中筩，如恒升之法而架之，而升降之。其得水也，當玉衡之半，井狹則爲之。

注曰：專，一也。架法見《恒升篇》。

恒升車記 雙升車附

恒升車者，井泉挈水之器也。其用與玉衡相似而更速焉，更易焉。以之灌畦治田，致爲利益矣。若爲之複井，井之庢，爲竇而通之。以大井瀦水，以小井爲筩而出之，則無用筩也。若江河泉澗，索水之處過高，龍尾之力有不能至，則用是車焉。挈水以升，架槽而灌之，或迤而建之以當龍尾。

恒升者，從下入而不出也，從上出而不息也。恒升之物有四：一曰筩。筩者，水所由入也，所以束水而上也。二曰提柱。提柱者，水所由恒升也。三曰衡軸。衡軸者，所以挈提柱上下之也。四曰架。架者，所以居庶物也。四物者備，斯成器矣。更爲之機輪焉，巧者運之，不可勝用也。

一曰筩

刳木以爲筩。筩之長無定度，下端所至，居水之中。已上則易竭，已下則易濁。上端所至，出井之上，度及于索水之處而止。筩之徑無定度，因井之大小、索水之多寡，斟酌焉而爲之度。筩之容，任圜與方。其圜中規，其方中矩，而上下等。筩之周，以鐵環約之。環無定數，視筩短長，斟酌焉而爲之數。筩之下端，爲之底，欲其密而無漏也。中底而爲之孔，孔之方圜，反其筩。若圜筩而方孔，七分底之徑，以其四爲孔之徑。若方筩而圜孔，七分底之徑，以其五爲孔之徑。孔之上，象孔之方圜，爲之舌而掩之，如玉衡之雙筩。掩之，欲其密而無漏也。開闔之，欲其無滯也。筩之上端爲之管，管外出而下迤也，本廣而末狹也，水從孔入焉。既入，而提柱之勢能以舌掩之，既掩而提之，提之則從管而出也。故曰：筩者，水所由入也，所以束水而上也。

注曰：玉衡之雙筩，與中筩爲三，此則合之。筩入于井，量井淺深、筩長短而置之。

近上，趣恒得水而止；近下，趣無受濁而止，與玉衡同也。圓筩，用竹尤簡。用木，則方筩爲易焉。如本篇一圖，甲乙丙丁，圓筩也。丙丁，其底也。戊己，底方孔也。庚辛壬癸，方筩也。壬癸，其底也。子丑，底圜孔也。寅，方舌也。酉，圜舌也。甲卯、辛卯，管也。辰午、未申之屬，環也。環之多寡疏密，趣不漏而止。餘見《玉衡篇》。

二曰提柱

鍊銅以爲砧，圜者中規，方者中矩。砧之大，入于筩也，欲其密切而無滯也。展轉之，上下之，猶是也。當砧之心而設之孔。孔之方圜、孔之徑，皆與筩底之孔等。孔之上，爲之舌以掩之。舌之制，如筩底之舌也。直木以爲柱，柱有二式，一用長，一用短。用長者爲實取之柱，用短者爲虛取之柱。實取之柱，其砧入于水而升降焉。其長之度，下及于筩之底，上出于筩之口。其出于筩之口無定度，趣及于衡而止。虛取之柱，無用長，入筩數尺而止，升降于無水之處，以氣取之。欲挈之，先注水于砧之上。高數寸，以閉其罅而噏之。凡井淺者實取焉，井深者虛取焉。五分其筩之徑，以其一爲柱之徑，砧之合于柱也。鍊銅或鐵爲四足，隅立于方砧之四維，方孔之四旁，而皆上聚之。聚之度，趣不害于舌之開闔而止，以其聚合于柱之下端，合之欲其固也。砧之厚，以其枝于隅足也，可無厚。既合而入于筩，砧降而底之舌爲之掩，砧升則開之。開之則水入，掩之則水不出。一升一降，是水恒入而不出也。既入之水而砧降焉，則無復之也，則上衡于舌而入于砧之孔。砧升而砧之舌爲之掩。一升一降，是水恒入而不出也。兩入而不出，則溢于筩而出。常如是，虚者、實者，同于是。故曰：提柱者，水所由恒升也。

注曰：玉衡之提柱，與壺之孔之舌爲二，此則合之。又玉衡之水皆實取，此有虚取之法焉，氣法也。凡砧之入于筩，求密切而無滯也。求密切之法，成砧而入之，能無漏者，國工也。不能無漏者，稍弱其砧之徑，以氊罽之屬、皮革之屬，附于砧之四周焉。附之法：若砧厚者，稍剡其周之上下，如鼓木。當其剡而刻爲陷環，既附而堅束之；砧薄者，則爲兩重之砧，夾其氊或革，以隅足貫之而槷之。柱，如本篇二圖之甲乙是也。四足者，丙丁戊酉也。砧者，己庚辛壬也。砧之孔，癸子也。其舌，丑寅也。砧可無厚，無厚則輕。餘見《玉衡篇》。

三曰衡

直木以爲衡。衡之長無定度，量筩之大小，水之淺深多寡焉。長則輕。衡之兩端，皆綴之石以爲重，其兩重等。五分其衡，二在前，三在後，而設之鑿，直木以爲軸。軸之長無定度，圜其兩端，中分其長而設之枘。衡衡也，軸縱也。鑿枘而合之，欲其固也。軸之兩端，各爲山口之木而架之。中分其衡之前而綴之提柱。綴之，欲其密切而利轉也。抑其後重，而提柱爲之升；揚其後重，則前重降，而提柱隨之也，提柱之降也。實取者，挹水而升于砧也。其升也則下入于筩而上出于筩也。虚取者，降而得氣焉，氣盡而水繼之。故曰：衡者，所以挈提柱上下之也。

注曰：氣盡而水繼之者。天地之間，悉無空際。氣水二行之交無間也，是謂氣法，是謂水理。凡用水之術，率此一語爲之本領焉。本篇三圖之甲乙，衡也。丙丁，兩石重也。戊己，衡也。子，衡軸之交也。庚辛、壬癸，山口之木也。寅，提柱也，綴之于丑。卯辰，筩上端也。午，管也。餘見《玉衡篇》。

四曰架

木爲井幹，以持筩，持之欲其固也。筩之下端，爲盤以承之。盤與筩，合之欲其固也。中盤而爲之孔，孔之徑稍强于筩底之孔之徑。盤之下，爲鼎足而置之井底。

注曰：本篇四圖之卯未辰午，井幹也。加于地平之上，申戌酉亥之間，爲正方之空，夾筩而持之。丁戊，井面地平也。己庚，井底也。辛壬癸，盤也。辛子、壬丑、癸寅，盤足也。

若欲爲雙升之車，則雙筩焉。如玉衡之法而架之，而升降之，此升則彼降，用力一而得水二也。是倍利于恒升也，尤宜于江河。

注曰：力一水二者，一升一降，各得水一焉。無虚用力也。恒升者，一升一降，而得水一也。架法見《玉衡篇》。

泰西水法卷之三

用雨雪之水，爲法一種。

水庫記

水庫者，積水之處也。澤國下地，水之所都。平原易野，厥田中中。引河鑿井，斯足用焉。若乃重山複嶺，陡澗迅流，乘水之急，激而自上，廢人用器，厥利尤大矣。别有天府金城，居高乘險，江河溪澗，境絶路殊。鑿井百尋，盈車載綆。時逢亢旱，涓滴如珠。或乃絶徼孤懸，恒須遠汲。長圍久困，人馬乏絶。若斯之類，世多有之。臨渴爲謀，豈有及哉？計莫如恒儲雨雪之水，可以御窮。而人情狃近，未或先慮。及其已至，坐槁而已。亦有依山掘地，造作唐池，以爲旱備。而彌旬不雨，已成龜坼，徒傷挹注之易窮，不悟滲漏之寔多矣。西方諸國因山爲城者，其人積水，有如積穀。穀防紅腐，水防漏渫，其爲計慮，亦畧同之。以故作爲水庫，率令家有三年之蓄，雖遭大旱，遇强敵，莫我難焉。又上方之水，比于地中；陳久之水，方于新汲。其蠲煩去疾，益人利物，往往勝之。彼山城之人，遇江河井泉之水，猶鄙不肯嘗也。今以所聞造作法著于篇，請先諗之秦晉諸君子焉。

水庫者，水池也。曰庫者，固之其下，使無受渫也；冪之其上，使無受損也。四行之性，土爲至乾，甚于火矣。水居地中，風過損焉，日過損焉。夏之日，大旱，金石流，土山焦，而水獨存乎？故固之，故冪之。水庫之事有九：一曰具。具者，庀其物也。二曰齊，齊所以爲之和也。三曰鑿，鑿所以爲之容也。四曰築，築所以爲之地也。五曰塗，塗所以爲之固守也。六曰蓋，蓋所以爲之冪覆也。七曰注，注所以爲之積也。八曰挹，挹所以受其用也。九曰修，修所以爲之彌縫其闕也。

注曰：冪防耗損，亦防不潔。古人井故有冪。《易》曰：「井收勿幕。」齊，與「劑」同。

一曰具

水庫之物有六，以備築也，蓋也，塗也。築與蓋之物有三：曰方石，曰瓴甋，曰石卵。塗之物有三：曰石灰，曰砂，曰瓦屑。塗之物三合，謂之三和之灰。或砂或瓦，去一焉，謂之二和之灰。煉灰之石，或青或白，欲密理而色潤，否者疏而不昵。煉之以薪，或石炭焉，火不絕二日有半而後足。試之法，先取一石權之，雜衆石而煉之。既成而出之，權之，損其初三分之一，此石質美而火齊得也。砂有三種，或取之湖，或取之地，或取之海。海爲上，地次之，湖又次之。砂有三色，赤爲上，黑次之，白又次之。辨砂之法有三：揉之其聲楚楚焉，純砂也。諦視之，各有廉隅圭角，純砂也。散之布帛之上，抖擻之，悉去之，不留塵坌者，純砂也。否則有土雜焉，以爲齊則不固。瓦之屑，以出陶之毀瓦瓴甋，鐵石之杵臼舂之而簁之，無新焉而用其舊者，水濯之，日暴之，極乾而後舂之而簁之。簁之爲三等：細與石灰同體爲細屑；稍大焉與砂同體，爲中屑；再簁之餘，其大者如菽，爲查。

注曰：方石瓴甋者，以豫爲墻爲蓋。二物皆無定度也。爲墻之石，取正方焉。廣狹、短長、厚薄，無定度。墻厚則堅，堅則久。爲蓋者，或穹之。穹之石，合之其圓半規。穹之法有三，詳見下方也。石卵者，鵝卵之石也，以豫爲底也。無之，以小石代之。大者無過一斤，小者任雜焉。凡石卵，或小石，欲堅潤而密理，否者不固。昵，黏也。二日有半，三十時足也。陶，窑竈也。瓴甋，磚也。凡瓦之土，勝磚之土。用磚，則謹擇之。簁，俗作篩，羅也。查，滓也。查無用簁，擇其過大者去之。三和之灰，今匠者多用之。其一則土也，用土不堅，以瓦屑，故勝之。以後法爲之劑，又勝之。西國別有一物，似土非土，似石非石，生于地中。掘取之，大者如彈丸，小者如菽。色黄黑，孔竅周通，狀如蛀窠，儼然石也。而體質甚輕，揉之成粉，舂以代砂，或代瓦屑。灰汁在其空中，委宛相入，堅凝之後，逾于鋼鐵。近數十年前，有發故水道者，啓土之後，鍬鑁不入，百計無所施。既而穴其下方，乃壞墮焉。視其甃塗之灰，用是物也，厚半寸許耳。此道由來甚久，以歷年計之，在漢武之世矣。後此凡用和灰，甚貴是物焉。或作室模，和灰塗之，崇閎窈窕，惟意所爲。既成之後，絶勝冶銅鑄鐵矣。然所在不乏，計秦、晉、隴、蜀諸高陽之地，必多有之。其形大段如浮石，而顆細，色赤黄，質脆，爲異耳。以《本草》質之，殆土殷孽之類也。其生在乾燥之處，土作硫黄氣者，或産硫黄者，或近温泉者，火石者，火井者，或地中時出燐火者，即有之。求之法：視其處草不蕃盛，茸茸短瘠，又淺草之中，忽有少分，如斗許，如席許大，不生寸草者，依此掘地數尺，當可得也。西國名爲巴初刺那，求得之，大利于土石之工。或并無瓦屑及砂，以青白石末代之。其細大之等，與瓦屑同。

二曰齊

凡齊，以斗斛概其物，水和之。三分其凡而灰居一，砂居二。湅之如糜，謂之甃齊。三分其甃齊，加水一焉而調之，謂之築齊。塗之齊有三，湅之皆如糜。四分其凡而瓦查居二，砂居一，灰居一，謂之初齊。三分其凡而中屑居二，灰居一，謂之中齊。五分其凡而細屑居三，灰居二，謂之末齊。凡湅齊，熟之又熟，無亟于用，無惜于力，日再湅，五日而成，爲新齊。新齊積之，恒以水潤之。下濕之處，窖藏而土封之，久而益良。

注曰：凡量灰，必出窑之灰。凡量瓦屑，必出臼之屑。凡量砂，必日暴之砂。皆言乾也。如糜者，今匠人所用甃墻塗墻，挑而概之之劑也。太燥則不附，太濕則不居。加水爲築劑，則如稀糜，沃而灌之之劑也。凡治宫室，築城垣，造壙域，皆以諸劑斟酌用之。和之水，以泉水、江水、雨水。雜鹵與鹻，勿用也。雪水之新者勿用也。凡，總數也。

三曰鑿

池有二：曰家池，曰野池。家以共家，野以共野。共家者，飲饌焉，澡滌焉。共野者，畜牧焉，溉灌焉。爲家池，計衆霤而曲聚之，承而鍾之。爲野池，計岡阜、原田、水道之委而聚之，而鍾之。爲家池，必二以上，代積焉，代用焉。爲野池，專可也，隨積而用之。皆計歲用之數而爲之容。積二年以上者，遞倍之，或倍其容，或倍其處。爲家池，平其底。中底而爲之坎，坎深二尺，以渟其垢。三分其底之徑，以其一爲坎之徑。墻方則稱，圜則固。大者圜之，小者方之。大者圜而方者小，則不畏深也。墻之周，或壁立，或下侈而上弇之。侈弇之數無定度，雖爲之土囊之口可也。若上侈而下弇，則寡容也。中侈而上下弇，則難爲墻也，無所取之。或爲之複池，限之以墻，中墻而爲之竇，以通之。小者槷之，大者牐之，互輸寫之，可抒清而去濁也，代積而代用也。若山麓、原田、陂陁之地，則爲壺漏之池，高下相承，互輸寫之。爲野池，利淺，以羣飲六畜，以溉田。方其墻，迤其一面以爲涂。欲爲深者，迤其底，漸深之，無坎。爲野池，擇磽确之地，不宜稼而水輳焉者可也，是化無用爲有用也。

注曰：共，與供同。霤，簷溝也。容者，通高下廣狹所容受多寡之數也。度池尺寸，計容多寡，用盤量倉窖術，在《九章算》之《粟米篇》。專，獨也。遞倍者，二年則二倍，三年則三倍也。倍容者，倍其大。倍處者，倍其多也。倍大法，亦用立方、立圓術，酌量作之，在《九章算》之《少廣篇》。方則稱者，或稱其室，或稱其庭，兩方相稱也。方墻而大，僂或墮焉。圓如井周，相恃爲固。上弇不墮，亦此理也。侈，廣；弇，斂也。如本篇一圖之甲乙丙丁，方池也；辛壬癸子，圓池也。二形之外，或有爲長方者，方之屬也；有六角、八角以上諸角形者，圓之屬也。惟所爲之，未暇詳也。戊己、丑寅，底坎也。乙庚、辛壬，壁立之墻也。卯辰午未、戌房氐亢，上弇之池也。卯未、戌角，土囊之口也。複池，兩池並也。墻之竇，多寡、大小、高下，任意作之。槷，木杙也。凡牐與槷，或旁渫者，附之以暖木之皮而塞之。壺漏之池者，從上而下，位置如刻漏之壺，其開竇輸寫，亦若漏水相承也。如本篇二圖之甲乙，複池也。丙丁，限墻也。午、壬、申，竇也。戊己、庚辛，壺漏之複池也。壬，其竇也。癸子、丑寅、卯辰，壺漏之三複池也。酉與戌，皆其竇也。三以上，任意作之。其連接之處，如庚至己，丑至子，淺深高下，亦任意作之。迤之以爲涂，令人畜皆邐迤而下，恒及水際也。凡岡阜之下，山陵之麓，其地瀝脂，故不宜稼。其勢建瓴，水則輳之。牲降于阿，取飲既便，挈以灌田，趨下易達也。

四曰築

築有二：下築底，旁築墻。築底者，既作池，平其底，則以木杵杵之，或以石碪碪之，碪之，欲其堅也。依池之周而爲之墻，或方石焉，或瓴甋焉。甃之以甃齊之灰，甃必乘其界。墻，量池之小大、淺深而爲之厚，不厭厚。若複池，則爲共池而中甃其限墻，仍甃爲行水之竇。壺漏之複池，則各爲池而穿行水之竇也。墻畢，以鵝卵之石或小石，墊之其底，厚五寸以上，不厭厚。既墊之，復杵之，或碪之，不厭堅。無惜其力，亦欲其平也。既堅既平，以築齊之灰灌之。又灌之，滿焉，實焉，平焉，浮于石而止。復杵之，或碪之，有隙焉，復灌之，滿實平而止。中底之坎亦杵之，亦墻之，亦墊之而灌之，如法作之。凡底與墻之交，碪杵或不及焉，則以邊杵築之。其墊與灌，必謹察之而加功焉。壺漏之竇，居水之衡，必謹察之而加功焉。凡墻，皆以方長之石爲之緣。若遇大石焉而鑿之池，以石爲之底與墻與緣，徑塗之。有闕焉而爲之縫，亦杵之，而墻之，而緣之，而墊之，而灌之，如法作之。野池，或土或石，皆如之。

注曰：乘界，俗言騎縫也。緣，池面壓口也。縫，補也。本篇三圖之甲、乙、丙，木杵也。丁，邊杵也。戊，石碪也。己辛、己庚，甃墻也。庚辛，石墊也。本篇二圖之甲乙，即共池也。以意度之，江海之濵，平原易野，土疏善壞，必以甃墻。處于山者，如秦如晉，厥土騂剛，陶復陶穴，壁立不墮。若斯之處，掘地爲池，雖無甃墻，而徑塗之，不亦可乎？同志者請嘗試之。

五曰塗

築畢，候池之底既乾其十之八，掃除之。過乾，則水沃之而後塗之。塗之先以初齊，厚五分。池大者，加二分之一。池之底及周，連塗之。連塗之，則周與底之交無罅也。塗畢，以木擊擊之，欲其平以實也。次日又擊之。有罅焉，以鐵槪槪之。乾則以水沃而槪之，無罅而止。三日以後皆如之。俟其乾十分之六，而塗之中齊。中齊之厚，減其初二分之一，亦擊之槪之，次日以後皆如之。候其乾十分之六而塗之末齊，末齊之厚，減其次二分之一，亦擊之槪之。次日以後皆如之。候其乾十分之五，以鐵概摩之。有罅焉，以水沃而摩之。周與底中坎之周與底，複池之水竇，皆同之。凡周與底之交若竇，必謹察之而加功焉。凡塗瓴甋之墻，或燥而不眠，以石灰之水遍灑之。作堊色，乾而後塗之則眠。凡塗石池與土池，野池與家池，皆同法。凡擊，欲其堅如石也。摩，欲其密如脂也，欲其瑩如鏡也。堅密以瑩，更千萬年不渫也。

注曰：本篇四圖之甲，木擊也。乙，鐵概也。凡三和之灰，無所不可用。欲厚，則四塗之，五塗之，任意加之。四塗者，初一、中二、末一。五塗者，初一、中三、末一。末塗以餙宫室之墻欲令光潤者，以雞子清或桐油和之，如法擊摩之。欲設色，以所用色代瓦屑而和之。石色爲上，草木爲下。

六曰蓋

家池之蓋有二：曰平之，曰穹之。平有二：曰石版，曰木版。皆平而冪之，爲之孔以出入水。穹有三：曰券穹，曰斗穹，曰蓋穹。方池皆券穹，正方者或爲斗穹，圜池之屬皆蓋穹。券穹者，形覆券也。又如截竹，析其半而覆之，兩和爲之立墻。斗穹者，形覆斗也。方其隅，而四墻之趨其頂也皆以圜。蓋穹者，其形蓋也，中高而旁周皆下垂。凡穹之空皆半規，皆去緣尺而甃之。甃之法，皆架木以爲模，緣而成之。甃以石，則治之以趨規。若瓴甋，亦以趨規之模造之。無之，則以甃齊加損而合之。穹之下，爲之竇以出入水。在野者，或穹之，不則苫之，或露之。

注曰：平蓋出入之孔有二。一居中，當底坎之上，以挹其渟汙也。一近池之緣，注水入之，挈水出之，大小皆無定度也。本篇四圖之丙丁戊己庚，劵穹也。丁戊、戊己，方池兩緣也。丁丙戊，和墻也。丙庚，穹背也。辛壬癸子丑，斗穹也。辛壬癸丑，方池緣也。子，穹頂也。依丑辛直線爲墻，漸狹而上以趨子。其丑子、辛子皆圓線，餘三同之，而結于子也。寅卯辰午未，蓋穹也。寅卯未辰，圓池緣也。午，穹頂也。旁周趨上，皆爲圓線，其全空，正如立圓之半也。空皆半規者，謂丁丙戊、丑子壬、未午寅，皆半圜形也，如是則固。去緣尺者，池口爲道，將跨池以居梁也。趨規之勢，今工人謂之橘房形也。

七曰注

凡家池，以竹木爲承霤，展轉達之。其將入于池也，爲之露池，迎輻輳之水，暫積焉，以渟其滓，既澱而後輸之。露池之緣，爲竇焉以入于池。露池之底，爲竇焉。而他渫之，皆以牐，或以槷而節宣之。凡雨之初零也，必有滓也，長夏之雨也，必有酷熱之氣也，則啓其下竇而池渫焉。度可入也者，塞之，啓其上竇而輸之。若水之來與地平，不能爲下竇者，則澱其滓，以時出之。爲新池，候乾極而注之，新注之水不食也。既浹月，更注之而後食之。爲二池者，歲食經年之水；爲三池者，歲食三年之水。是恒得陳水焉，水陳者良。若爲複池者，既注之，澄而後啓中墻之竇而輸之空池，復注之，如是更積之，是恒得澄水焉。凡池，既盈而閉之，則畜之金魚數頭，是食水蟲。或鯽魚，是食水垢。野池，注之山原之水，遂以畜諸魚可也。魚之性，有與牛羊相長者也。

注曰：澱，下凝也。露池，不冪也。如本篇五圖之甲乙丙，露池也。丁，上竇也。戊，下竇也。新注不食，灰氣入焉，味惡也。魚與牛羊相長者，如鱓食羊豕之惡而肥，鰱食鱓之惡而肥也。

八曰挹

家池之水深，其挈之則以龍尾之車。更深者，爲之玉衡之車。恒升之車，無立其足，則以大石爲墜，關巨木而置之；無夾其筩，則跨池爲梁而置之。既出而爲槽以達之，若挈瓶施繘焉，亦從其梁。中底之坎既澱焉，爲噏筩以去其澱。噏筩者，截竹而通其節，或卷銅錫焉。兩端塞之，中底而爲之孔。孔之徑，當底三分之一。上端之旁爲之孔，無過三分，一指可擀也。擀其上孔而入之，水至于底而啓之，則自下孔入者皆澱也。既盈，擀而出之而傾之，如是數入焉，澱盡而止。凡施篅，亦從其梁。野池之灌畦若田也，亦以三車挈之。置車亦如之。池大者，無跨其梁，則跨之隅。

注曰：足，謂龍尾之下樞也。玉衡之雙篅，恒升之篅底也。篅者，玉衡之中篅，恒升之篅上端也。繘，汲井繩也。本篇五圖之己庚辛，石關巨木也。壬癸，梁也。子丑，嗡篅也。寅，嗡篅之底孔也。卯，旁孔也。未申，梁跨其隅也。

九曰修

池無新故，或渫焉。修之，則用細潤之石，舂之篵之，與灰同體，亦與同量，煑水百沸而投之，和之。日乾之，復舂之篵之，煑水投之，如是四焉。舂而篵之，牛乳汁和之，以塗其隙，或以生漆和而塗之。

注曰：同體，等細也。同量，等分也。

泰西水法卷之四

水法附餘

高地作井，未審泉源所在，其求之法有四。

第一氣試

當夜水氣恒上騰，日出即止。今欲知此地水脉安在，宜掘一地窖。于天明辨色時，人入窖，以目切地。望地面，有氣如煙，騰騰上出者，水氣也。氣所出處，水脉在其下。

第二盤試

望氣之法，曠野則可。城邑之中，室居之側，氣不可見。宜掘地深三尺，廣長任意，用銅錫盤一具，清油微微遍擦之。窨底用木高一二寸，以擱盤，偃置之。盤上乾草蓋之，草上土蓋之。越一日，開視盤底，有水欲滴者，其下則泉也。

第三缶試

又法：近陶家之處，取瓶缶坯子一具，如前銅盤法用之。有水氣沁入瓶缶者，其下泉也。無陶之處，以土甓代之，或用羊絨代之。羊絨者不受濕，得水氣，必足見也。

第四火試

又法：掘地如前，篝火其底。煙氣上升，蜿蜒曲折者，是水氣所滯，其下則泉也。直上者否。

鑿井之法有五。

第一擇地

鑿井之處，山麓爲上。蒙泉所出，陰陽適宜。園林室屋所在，向陽之地次之，曠野又次之。

山腰者，居陽則太熱，居陰則太寒，爲下。鑿井者，察泉水之有無，斟酌避就之。

第二量淺深

井與江河，地脉通貫。其水淺深，尺度必等。今問鑿井應深幾何？宜度天時旱澇，河水所至，酌量加深幾何，而爲之度。去江河遠者不論。

第三避震氣

地中之脉，條理相通，有氣伏行焉，强而密理。中人者，九竅俱塞，迷悶而死。凡山鄉高亢之地多有之，澤國鮮焉。此地震之所由也，故曰震氣。凡鑿井遇此，覺有氣颸颸侵人，急起避之。俟洩盡，更下鑿之。欲候知氣盡者，縋燈火下視之。火不滅，是氣盡也。

第四察泉脉

凡掘井及泉，視水所從來而辨其土色。若赤埴土，其水味惡。赤埴，黏土也，中爲甓爲瓦者是。若散沙土，水味稍淡。若黑墳土，其水良。黑墳者，色黑稍黏也。若沙中帶細石子者，其水最良。

第五澄水

作井底，用木爲下，磚次之，石次之，鉛爲上。既作底，更加細石子，厚一二尺，能令水清而味美。若井大者，于中置金魚或鯽魚數頭，能令水味美。魚食水蟲及土垢故。

第一煮試

試水美惡，辨水高下，其法有五。凡江、河、井、泉、雨、雪之水，試法并同。

取清水置凈器煮熟，傾入白磁器中。候澄清，下有沙土者，此水質惡也。水之良者無滓。又水之良者，以煮物則易熟。

第二日試

清水置白磁器中向日下，令日光正射水。視日光中，若有塵埃絪緼如游氣者，此水質惡也。水之良者，其澄澈底。

第三味試

水，元行也。元行無味，無味者真水。凡味皆從外合之，故試水以淡爲主。味佳者次之，味惡爲下。

第四稱試

有各種水，欲辨美惡，以一器更酌而稱之。輕者爲上。

第五紙帛試

又法：用紙或絹帛之類，色瑩白者，以水蘸而乾之，無跡者爲上也。

以水療病，其法有二。

第一温泉

温泉可以療病者，何也？凡治病之藥，皆以其味。四元行皆無味，故真水不能爲藥。

以水爲藥，必藉他味焉。温泉出于硫黄，硫黄爲藥，多所主治，而過于酷烈。醫方謂其效雖緊，其患更速，難可服餌。温泉本水，而得硫之精氣，故爲勝之。又温泉療病，用之薰浴者什九，用之湯飲者什一。薰沐者，其熱毒不致入于腸胃，而性力却能達于腠理，則利多而害少焉。第同一温泉，性味各異。其所主治，亦悉不同。西國一大郡，其山間所出温泉數十道，每道各有主治。昔有國主徵集名醫，辨其性理，又多用罪囚患諸對症者，累試累驗。然後定爲方術，是何泉水，本何性味，主何疾病，作何薰蒸。或是沐浴，或是湯飲，用何藥物，以爲佐助。設立薰蒸器具，沐浴盆池，刊刻石碑，詳著方法，樹之本所。凡染病者，依方療治，多得差焉。今温泉所在有之，亦有沐浴而得愈疾者。若更講求試驗，如前所云，所拯救疲癃，當復不少也。

第二藥露

凡諸藥，係草木、果蓏、穀菜諸部。具有水性者，皆用新鮮物料，依法蒸餾，得水名之爲露。今所用薔薇露，則以薔薇花作之。其他藥所作，皆此類也。凡此諸露，以之爲藥，勝諸藥物。何者？諸藥既乾既久，或失本性。如用陳米作酒，酒多無力。小西洋用葡萄乾作酒，味亦薄焉。若以諸藥煎爲湯飲，味故不全，間有因煎失其本性者。若作丸散，并其查滓下之，亦恐未善。凡人飲食，蓋有三化。一曰火化，烹煮熟爛。二曰口化，細嚼緩嚥。三曰胃化，蒸變傳送。二化得力，不勞于胃。故食生食冷，大嚼急嚥，則胃受傷也。胃化既畢，乃傳于脾。傳脾之物，悉成乳糜。次乃分散，達于周身。其上妙者，化氣歸筋。其次妙者，化血歸脉。用能滋益精髓，長養肌體，調和榮衛。所云妙者，飲食之精華也。故能宣越流通，無處不到。所存糟粕，乃下于大腸焉。今用丸散，皆乾藥合成。精華已耗，又須受變于胃，傳送于脾，所沁入宣布，能有幾何？其餘悉成糟粕，下墜而已。病人脾胃，有如老弱，祇應坐享見成飲食。而乃令操臼摯爨，責以化治乎？今用諸水，皆諸藥之精華，不待胃化脾傳，已成微妙。裁下于咽，即能流通宣越，沁入筋脉，裨益弘多。又蒸餾所得，既于諸物體中，最爲上分。復得初力，則氣厚勢大焉。不見燒酒之味，釀于他酒乎？西國市肆中所鬻藥物，大半是諸露水，每味用器盛置，醫官止主立方。持方詣肆，和藥付之。然且有不堪陳久者，國主及郡邑長吏，歲時遣官巡視諸肆，令取過時之藥。是水料者，即傾棄之。是乾料者，即雜燒之。蓋慮陳久之藥，無益于疾，或反致損也。其製法，先造銅鍋，平底直口，下稍廣，上稍斂。不論大小，皆高四五寸。次造錫兜牟，用鉛或銀，尤勝也。製如兜牟，上爲提梁，下口適合銅鍋之口，罩在其外。錫口內，去口一寸許，周遭作一錫槽，槽底欲平，無令積水。錫口外，去口一寸許，安一錫管。管通于槽，其勢斜下。管之底，平于槽之底，寧下無高，以利水之出也。次造竈，與常竈同法。安鍋之處，用大磚蓋之，四旁以磚甃成一竅，塗之黏土，以銅鍋底爲模，銅鍋底入于竈竅，深二寸。竅底大磚并泥，厚二寸。欲作諸露，以物料治淨，長大者剉碎之，花則去蒂與心，置銅鍋中，不須按實。按實，氣不上行也。置銅鍋入竈竅內，兜牟蓋之，文火燒之。磚熱，則鍋底熱。熱氣升于兜牟，即化爲水，沿兜牟而下，入于溝，出于管，以器承之。兜牟之上，以布蓋之，恒用冷水濕之。氣升遇冷，即化水。候物料既乾而易之，所得之水，以銀石甆器貯之。日曬之，令減其半，則水氣盡，能久不壞。玻瓈尤勝，透日易耗故也。他凡爲香，以其花草作之，如薔薇、木樨、茉莉、梅、蓮之屬。凡爲味，以其花草作之，如薄荷、茶、茴香、紫蘇之屬。諸香與味，用其水，皆勝其物。若藥肆多作諸藥露者，則爲大竈，高數層，每層置數器，凡數十器。或平作大竈，置數十器，皆爇火一處。數十器悉得水焉，其薪火人力，俱省數倍矣。

注曰：如本圖之甲壬癸子，銅鍋也。乙庚辛，兜牟也。戌，提梁也。庚辛，錫口也。戊己，槽也。丙丁，管也。丑卯辰，竈也。丑寅，竈面也。申酉，竅也。申酉與壬癸相入、甲子與庚辛相入也。午未，竈門也。亥角亢，大竈也。氐房心尾，平竈也。

此外測量水地，度形勢高下，用以決排江河，蓄洩湖淀，開濬溝渠，彊理田畝，捍大患，興大利者，別爲一法。

或于江湖河海之中，欲作橋梁，欲作城垣，欲作宫室樓臺，令千萬年不致圮壞，别爲一法。或于山泉溪澗，去城郭數里或數十里，乃至百里，疏引原泉，伏流灌注，入于國城，或至大内，或至官府，或至園囿，或至人家，分枝析脉，任意取用，别爲一法。

已上三法，别有備論。兹者專言取水，未暇多及。

泰西水法卷之五

水法或問

既作水器，諸公見之，每辱獎歎。時及水理，有所酬對，序而録之。第四行論辨，更僕未悉。垂問所至，則舉一二，若絲抽蔓引，爲緒又長。故每從截説，非能連貫也。

或問：海爲水之本所，何謂也？

曰：造物之初，渾淪剖判。四行之物，各有本所。火之體質，最爲輕妙，居最上矣。氣輕于水，居火之次。水之體質，稍輕于土，附地居焉。惟地形質，獨爲至重，凝結水下，萬形萬質，莫不就之。水既在地，地有崇卑。海之爲處，于地甚卑，故百川會焉，滙爲巨壑也。

問：地居水下，即水之下全爲頑土乎？

曰：不然。四行之中，惟火至純，不受餘物而能入于餘物。其外三行，皆能相容相受矣。

水受三行，如海水夜明，燒酒能爇，有火分也。水體同重，爲酒則輕，有氣分也。積雪消之，沙土下凝，有土分也。氣受三行，如雲氣上升，激成雷電，有火分也。陰霾晝晦，黄霧四塞，有土分也。雨露雪霜，虚升實降，有水分也。地體雖重，于重之中，又分虚實。地中最重，蓋在其心。自心而外，漸有虚所。虚所之内，三行得入。試觀山下洞穴，宛轉相通，大地空所，亦同斯類矣。空虚之中，是氣本所。氣與水火，皆相接無際，而能相化。地既空虚，空虚之所，無不是氣，故地中有氣也。氣與水接，水隨氣到。即水所不到，而土情本冷。氣遇其冷，亦化爲水，故地中有水也。日爲大光，萬光之主。光徹于地，則生温熱。温熱入地，積成燥乾。燥乾之極，乘氣爲火。積火所然，土石爲燼。復乘氣出，共成炎上。隔于雲雨，鬱爲雷霆。升于晶明，上成彗孛。此二物者，火之精微。别有洞穴上通，全體俱出，則爲西國火山，蜀中火井。若遇石氣，滋液發生，則成硫黄。泉源經之，即爲温泉。火道所經，鎮壓不出，則爲火石。故地中有火也，氣水在地，皆因空虚。雖居洞穴，終是地上，實亦未嘗離其本所。火在地中，非從本所而降，蓋由熱生，以成濟萬物。因緣上升，仍歸本所，遂其本性焉。

問：海水必鹹，何也？

曰：鹹者，生于火也。火然薪木，既已成灰，用水淋灌，即成灰鹵。燥乾之極，遇水即鹹。此其驗也。地中得火，既多燥乾。燥乾遇水，即成鹹味。鹹者之性，尤多下墜。試觀五味，辛、甘、酸、苦，皆寄草木，獨是鹹味，寄于海水。足徵四味浮輕，鹹性沉重矣。今蜀道鹽井，先鑿得泉，悉是淡水。以筩隔之，更鑿數丈，乃得鹵焉。又鹽池雨多，水味必淡。作爲斗門，洩其淡水，下乃鹵焉。鹹重淡輕，亦其證也。海于地中，爲最卑下，諸鹹就之。積鹹既多，淡入亦化，非獨水也。海中山岳，或悉是鹽。故鹹重歸海，海水爲鹽也。

問：鹹既因火，火因于日，日遍大地，大地之下，悉有鹽乎？

曰：豈不然乎？蜀道鹽井，三晉鹽池。西國有海，名曰地中，實不通海，而是鹹水。西戎北狄，多有鹽澤。彼以鹹故，悉名爲海，足徵大地之下，無不有鹽矣。

問：鹽既下墜，蜀井可徵，則凡鹽所出，宜悉在下。乃今鹽池鹽澤，去地非遥，不如蜀中之井，深數十丈，何也？

曰：鹹生于火，火淺鹹淺，火深鹹深。平原澤國，火不地見，鹽不地出。惟是高山峻嶺，上多亢陽，下多洞穴。地中有火，即成鹹焉。今蜀中鑿井求鹽，或得火井。井中之火，覆蓋則滅。然火投之，隨而上焉，是則井火在下，與水同深，遇水成鹵，不遇成火矣。晉中河曲，乃有火石，火石恒熱。大行河西，亦産硫黄。可見晉中火淺，故晉有鹽池，亦在淺土。又有小鹽，刮地作之，畧如硝鹻也。西地中海，其水亦鹵，周數千里。在其側近，遂有火山，高數千丈。其上火穴，徑千餘步。厥火炎上，古今不絶。足徵鹽之與火，相切則成，亦復相視，以爲淺深也。

問：水遇于火，既得成鹹，云何不熱？溫泉乃熱，既由于火，云何不鹹？

曰：鹵水不熱，向言之矣。火熱所炎，既成灰燼。水經其燼，因而得鹹，云何有熱？令火燼成灰，漉灰得鹵，無有熱也。然而海水不冰，亦具有熱性矣。火在地中，助于土氣，發生萬物。五金八石，及諸珍寶，皆由于火，陶煉而成。自餘諸物，不可數計。諸物之中，最近火性者無如硫黃。硫黃所在，水從過之，則成溫泉。故溫泉沐浴，所能療者，冷氣虛痺，與硫同治。然火能成硫，硫即非火。水因硫溫，隔越于火。如鐺煮水，火爲鐺隔。水不遇灰，不成鹵矣。今溫泉嗅之，多作硫氣。亦有不作硫氣者，是水來之處，復與硫隔。如重湯煮物，但得其熱，不染其味也。或云，不作硫氣者，本之朱砂礜石。無是理焉。

問：鹹既火生，何不隨火炎上，顧令下墜？火所在上，何以抑遏，使居地中？造物之主，豈有意乎？

曰：豈無意乎？鹹能固物，使之不腐。却能斂物，使之不生。火在地中，藉其溫暖，多所變化。儻居地上，任其焚燒，有何不滅？若火與鹹，俱令在地，動植之物，悉皆泯矣。故日光生熱，因熱生火。旋用水土壅閼，恒使在下，助生萬物。有時有處，間一發見，即歸本所，不得一時游行地上。偶一游行，目爲災異也。因火生鹹，亦令性重，恒居在下。歸藏于海，爲人作味。不令侵出地上，以爲物害也。且海益于人，不止作味。鹹水生物，美于淡水。故海中之魚，旨于江河之魚。鹹水厚重，載物則强，故入江河而沉者，或入海而浮也。此皆用海，爲人利益。故鹹水恒重，因重歸海也。

問：海水潮汐者，何也？

曰：察物審時，窮理極數，即應月之説，無可疑焉。月爲陰精，與水同物。凡寰宇之内，濕潤陰寒，皆月主之。既其同物，勢當相就。月爲濕本，濕能下施，故方諸對月而得水焉。月既下濟，水亦上行欲就于月。故月輪所至，水爲之長，而成潮汐也。當潮長時，江河溪澗，以及盆盎，無處不長。長則氣入，水爲之輕。潮降氣出，水復故重。今人以瓶盛水，每日權之，輕重不等，則潮升時輕，潮降時重耳。獨小水之處，升降甚微，人所不覺。海水既大，灌注江河，升降盈涸，事理顯然，故獨稱海潮也，不獨水矣。凡水族之物，月望氣盈，晦即氣縮。故月虚而魚腦減，月滿而蚌蛤實也。又不獨冰族矣，草木百昌，苟資濕潤，以爲生氣，無不應月虧盈。月滿氣滋，月虚氣燥。故上弦以後，下弦以前，不宜伐竹與木，以爲材用。是者易蠹，生氣在中也。下弦以後，上弦以前，伐而爲材，即不作蠹。爲少脂潤，空質而已。亦猶春夏氣滋，秋冬氣斂，斧斤時入之意也。由此而言，月爲水主。月輪所在，諸水上升。海潮應月，斯著明矣。

問：江河之水，則能滅火。海水入大火，如益膏油，既不能滅而反熾盛，何也？

曰：海水之鹹，本從熱乾而生，由燼灰而出。即自具有熱乾之性，亦且挾有燼灰之體。

凡物熱乾，多易生火，硝硫之類是也。灰水作鹹，本從火出。人溺亦鹹，蓋由身中具有火行。畜溺亦鹹，犬馬火畜，積溺所成，絶似硝鹻。故鹹者，火情也。鹵不滅火，而反熾盛，以此故焉。

問：海水浮物，强于江河之水。嘗見海舟，載物未增，入于江河，驗其水痕，頓深尺許。又見海濱煎户，以石蓮試鹵。鹵未成時，投蓮必沉；及至鹵成，蓮悉浮矣。三入三浮，乃登牢盆，以見鹹性愈重，載物愈强。此爲何故？

曰：海水由火而生，今用沐浴，膚皆赤色，或至皴裂。燥熱之效，亦已明矣。燥熱之情，本自堅勁。加有鹹味，中挾燼灰微妙之分，比之凡水，稠而密理，故載物獨强也。

問：鹵水之燥，因于燼灰，信其然矣。今以乾灰一升，別置水一升，挹水入灰，水盡不溢，灰亦如故。既是寒灰，豈能損水？水既不損，灰豈無質？二升并一，絶不加多，其故何也？

曰：灰雖有形，而質器已盡，多是虚體。體中無處不虚，故水皆滲入。其質存者，亦有微分。緣其燥情，略能損水。水損微分，與灰存質，適足相當。故二升并一，不加多也。

問：人溺作鹹，人汗亦鹹，其故何也？

曰：人飲水漿茶酒之屬，其中精粹，是爲上分。上分者，因于真火。宣越流通，化爲四液。署見《四元行論》筋脉受之，髓骨肌肉，賴其長養。此如水氣成雲，離于燥鹹矣。其中粗濁，是爲下分。下分者，重墜沉墊，燥鹹在焉。筋脉不受，入于膀胱，由下竅出，故溺味恒鹹也。若暑月炎酷，或作務煩勞，中外皆熱，真火所煉，去其上分。所存下分，挾有燥鹹，不入筋脉，未下膀胱，因于熱煎，横溢而出，則成汗矣。汗亦溺類，故夏月汗多則溺少，冬月汗少則溺多也。譬於大地，鹹之本所，故是大海熱乾所化，宜流于海。火盛煎逼，溢地而出。鹽池鹽井，汗之屬乎？膀胱水海，義亦相類矣。

問：人熱而汗，于理允矣。人病亦汗，此爲何因？病中之汗，又分冷熱。久病汗冷，新病汗熱，又何故也？

曰：人身水飲，上分爲液，下分爲溲，略言之矣。若恣飲無節，過其度量，或〔本無〕過度①，而脾胃虚弱，二者皆不及運化。運化所餘，上不成液，下不成溲，因而留滯，是名剩液。剩液者，液之不良分也。此物留滯，客于脾胃，實惟真火，可以消之。若節嗇珍養，真火力盛，漸次消盡，安隱無疾。若有積無消，而求溢出，必化爲汗。積液過多，真火又微，不能勝之，其汗則冷。冷汗多淡，爲火微故。積液既少，真火能勝，汗乘火出，亦熱亦鹹，液盡疾瘳也。醫家或以吐下當汗，皆求去其剩液而已。

問：海爲水所，水性就下，歸于海矣。江河之地，視海爲高，江河之水，反從高出，何自

---

① 「本無」二字原無，據《四庫全書》本補。

來乎？

曰：江河者，生于海者也。何以知之？曰：江河終古入海，而海不溢，故知海水之下，地脉潛通，復爲江河也。海水既鹹，復爲江河，其味則淡，何也？曰：水爲元行，元行無味。鹹非水體，從外合焉。凡可合者，即復可離。海水入地，經砂石土，滋液滲漉，去其鹹味。又水性在下，不可得上。其從下而上，得爲江河者，或受日温，隨氣上騰；或受月攝，因時而長。當其上時，皆如蒸餾。今用鹻鹵之水，如法蒸之，所得餾水，其味悉淡。海中之水，蒸氣成雲。海雲作雨，雨亦淡焉。足徵鹹性就下，不隨淡升矣。有此二端，故江河復淡也。亦有山下出泉，積聚成川，沿流會合，成其深廣。今人疑江河之水，悉本山泉，不知江河之底，以及平地，隨處出泉。開河鑿井，足爲徵驗，不盡由山也。若雨雪之水，山阜田原，悉歸江河，以注于海。此理甚著，無勞詮說。

問：山下出泉者，何也？

曰：凡物之情，皆欲化異類爲己同類也。兩物相切，弱者受變。兩强相切，少者受變。故四行俱能相變焉。凡山皆以石爲體，自非石體，昔當胚渾之際，不成山也。因其石體，下有洞穴。洞穴之内，純得土性，其處最寒矣。天地之間，悉無空際。凡有空處，氣悉滿焉。洞穴既空，爲氣所入。氣情本暖，暖氣遇寒，變成水體。積久而洩，尋求石罅，乘氣出焉。亦有洞穴深長，潛引地脉，海水相通，因而攝受，不須氣化，積漸而成者。故曰：「山澤通氣」，「山下出泉」也。

問：掘井得泉，何也？

曰：凡地之中，必有水伏流焉。其源也，或本于海，或本于泉。其委也，或入于河，或入于海，皆有條理，宛如人身脉絡。砂土之脉，其行散漫，俗稱溝水。溝水之來，廣或尋丈，深一二寸。山石之脉，其流專一，俗稱泉眼。泉眼所出，或徑寸許，乃至數寸。故掘井者，惟下地澤國，所在得泉，不論脉理。其他山鄉高亢，必尋水脉。不得水脉，終不及泉。尋脉之法，略見上方矣。有工于井者，辨視石色，即知泉眼所在，如玉人辨璞也。既知泉眼，即留取不鑿。迨下方工畢，鑿石出泉，用力既省，積水甚多。

問：近海斥鹵，而掘地得泉，有鹵有甘，何也？

曰：地中之脉，有萬不齊。掘井得水，視所由來。若此泉脉由河入海，則是甘泉。由海入河，即鹵泉也。

問：井中之水，夏寒冬熱，何也？

曰：三夏之月，日暴于地。地上數尺，其熱欲焦。冬月氣寒，加以飄風，夏熱在土，爲寒所逼，下入于地，井水成暖。三冬之月，積寒于地，迨夏暑熱，冬寒在土，復爲熱逼，下入成寒。

非冬暖夏寒，各從下上也。暖情爲火氣，火氣無時不上升焉；寒情爲水土，水土無時不下降焉。

問：雨者，何也？

曰：日光照地，既成温熱。温熱薄于水土，蒸爲濕氣。氣情本暖，暖者欲升，復得日温。鬱隆騰起，是有火行。火所燔爇，飄颺如煙，復挾土體，相輔上行。氣行三際署見《四元行論》，中際甚冷。氣升離地，漸近冷際，因于水土本情，是冷是濕，結而成雲。是一雲體中，具有四行也。凡物體具四行，及將變化，勝者爲主。雲至冷際，冉冉將化，本多濕情。濕情若勝，即化爲水。水既成質，必復于地。地爲大質，萬質所歸。有質之物，無緣離地，可得頓置也。正如蒸水，因熱上升，騰騰作氣，雲之屬也。上及于蓋，蓋是冷際，就化爲水。既已成水，便復下墜。雲爲行雨，即此類焉。若水土濕氣，既清且微，日中上升，即爲風日所乾。迨至夜時，升至冷際，乃凝爲露。夜半以後，去昨已遠，寒氣微深，亦如一歲之寒，盛于日至之後也。當其寒時，氣升稍重，故晨露尤繁。夜有烈風，亦受風損，故風盛即露微矣。若長夏大旱，了無濕氣，則夜中并無露焉。

問：雲生必爲雨乎？有密雲不雨者，有旱雲益旱者，何也？

曰：氣升不等，所具四行，各有偏勝。故或爲霾霧，或爲雷霆彗孛也，豈必氣升皆雨乎？

風之爲物，亦是熱乾，與雷霆彗孛，一本所生。但不得直升，橫騖地上，此爲異耳。雲雖濕熱，上升遇冷，凝結所成，變化爲雨，是其常分。但旱暵之時，氣行大體，多是燥乾；雲起于地，孤行獨上。雖至中際，無有濕性，與相協助。尚未化雨，濡滯之間，或遇大風，飄向地方，成他方之雨。或本體之中，濕情既微，風性燥烈，遂泯其濕，徒存燥乾，上爲奔星耳。所以晴日雲高，而反不雨。大旱之年，山雲屹峙，行復散失，徒見流光，有嘒其明也。若氣行大體，濕性既多，雲起于地，遇其冷濕，不能直上，遽化爲水。故雲近于地，反得雨焉。每有高山之上俯瞰雲雨，皆在其下。下視震雷，如水發漚也。

問：雨水勝于地上之水，何也？

曰：日照于地，水土之氣，蒸而成雲，是水之精華。如燒酒藥露，皆以清升，徵其粹美也。其中有火土氣之情，既化爲水，各相分背矣。凡水畧經撓動，即清升濁降。雨之爲物，上騰下降。撓動已極，全得其清。故雨水爲良也。地上之水，美惡不等。地中所有，以及所生，水一過之，即爲染著，受其氣味。蓋地上元行真水，百無一二。比之雨水，故爲劣焉。

問：雪者，何也？

曰：雪者，與雨同理。故將雪之日，必先微温。不温，氣不上升也。惟冬之月，冷際甚冷。氣至其際，變爲雪焉。露之爲霜，其理略同也。

問：雪花六出，何也？

曰：凡物方體相等，聚成大方，必以八圍一。圓體相等，聚成大圓，必以六圍一。此定理中之定數也。凡水居空中，在氣行體内，氣不容水，急切圍抱，不令四散。水則聚而自保，自保之極，必成圓體。此定理中之定勢也。氣升成雲，雲遇冷際，變而成雨。因在氣中，一一皆圓。初圓甚微，以漸歸併，成爲點滴。雨既水體，既并復圓，未至地時，悉皆圓點。冬時氣升，成爲同雲。遇冷而變，亦成圓體。既受冷侵，一一凝沍，悉是散圓。及至下零，欲求歸併，却因凝沍，不可得合，聊相依附，求作大圓。以六圍一，即成花矣。曰：既因依附，求成圓體，就不相合，亦宜摶聚。云何成片，而復六出？平輳即合，直輳即離。其故何也？曰：地體不動，天行左旋，日行一周。火在氣上，亦隨天運。氣體近地，依地不動。上近火者，隨火旋焉。冷際亦動，動勢神速，難可思惟。有物遇之，如鋸出屑。雪既凝結，受其摩蕩，平中輳合，尚得自由。直處逢迎，勢不可得。正如濕米磨粉，易令作片，難以成摶也。

問：雨水與雪水孰勝？

曰：雨水勝。何故？曰：水爲元行。不雜他味，方爲真水。雨從雲出，雲從氣升。氣非日蒸，不致上騰。當其上騰，挾有火情。火情熱乾，熱乾炎上，其勢壯猛。土之精者，亦隨而上，故輿氣成雲。一雲之中，具有四行。但時有偏勝，水勝時多耳。間或火土合氣，水情絶少。

力勢既盛，土之次分，亦隨而上。上遇冷際，力勢稍微。土之次分，復歸于地，則成霾霧。若火土自升，水雲復盛，火土上行，阻于陰雲，難歸本所。陰雲逼迫，既不相容。火土之勢，上下不得，亦無就滅之理，則奮迅決發，激爲雷霆，是其破裂之聲。雹是火光，火迸上騰。土經火煉，凝聚成質。質降于地，是爲劈歷之楔矣。就其陰雲之中，亦有火土二體。上遇冷際，爲水所勝，氣變成水。火情挾土，能在氣中，與之俱上。是則土之上妙者也。熱燥輕微，與火爲體，火性炎上，初隨氣升。氣既變水，水將就下。火土二體，不復從之。如蒸水成氣，氣至甑蓋，化而爲水，仍歸釜中。若其熱性，自能透甑而出，不復就下矣。既與雨分，火土相挾，決起而上。亦有火土自升，不遇陰雲，不成雷雹，凌空直突者。此二等物，至于火際，火自歸火，挾上之土，輕微熱乾，略似炱煤，乘勢直衝，遇火便燒，狀如藥引。今夏月奔星是也。其土勢太盛者，有聲有迹，下及于地，或成落星之石，與霹歷同理焉。若更精更厚，結聚不散，附于火際，即成彗孛。附麗既久，勢盡力衰，漸乃微滅矣。是則雨從雲降，分于火土，亦無有氣。故雨爲元行真水，其味特勝也。若雪天之雲，與雨雲等，亦具四行。獨是冬月，冷際甚冷。火至其處，勢亦稍殺。土雖輕微，其勢不能挈與俱上。一時雲氣，驟凝爲雪，土亦與焉。火雖獨歸其所，雪中之土，仍與同性，畧如灰燼炱煤之屬。故大雪時，試取純雪，融化爲水，下有微細沙土。所融雪水，仍作燥乾之味。不然，雪遍大地，塵土被壓，所取浄雪，不雜地上之土，融水得沙，自何而來？故雪水不如雨水，中有火土二情也。若融化既久，澱去沙土，離于二情，亦成元行真水，與雨水同焉。又氣方上升，未盡化水。遽凝爲雪，有氣雜糅。雪體輕虚，職由于此矣。

問：冬雲成雪，既由冷際極冷。春秋成雨，當由冷勢稍減乎？即三夏之月，愈宜減矣，乃夏月之雹，有絶大者，傷及人畜，壓損田苗，比于冬雪十百倍之。敢問雹由冷乎？熱乎？若由冷也，冬何不雹？若由熱也，熱反凝冰。此理何由？請聞其説。

曰：氣有三際，中際爲冷。即此冷際，下近地温，上近火熱，極冷之處，乃在冷際之中。自下而上，漸冷漸極。二時之雨，三冬之雪，蓋至冷之初際，即已變化下零矣，不必至于極冷之際也。所以然者，冬月氣升，其力甚緩，非大地興雲，不能相扶以成其勢。故雲足甚廣，雲生甚遲。必同雲累日，徐徐而起，漸至冷際，漸亦凝沍，因而結體，甚微細也。自餘二時，凡雲足廣闊，雲生遲緩，即雨勢舒徐，雨滴微細，亦皆變于冷之初際矣。獨是夏月，鬱積濃厚，决起上騰，力專勢鋭，故雲足促狹，隔塍分壠，而晴雨頓異。雲起坌涌，膚寸暫合，而溝澮旋盈。蓋因其專鋭，故能逕至于冷之深際。若升氣愈厚，即騰上愈速；入冷愈深，變合愈驟，結體愈大矣。若其濃厚專鋭之極，遽升遽入，抵于極冷。極冷之處，比于冬之初際，殆有甚焉，以此驟凝爲雹。雹體小大，又因入冷深淺，爲其等差。愈速愈深，當愈大也。是以雹災所至，自有畦畛。因其專狹，雹雲上升，與雨雲異，因其迅猛。善審觀者，見雲生有異，知當是雹，可得亟避矣。

雹興夏月，火土之體，加雪數倍，雹因驟凝，土隨在焉。故雹中沙土，更多于雪。因其驟結，并氣包焉。故雹體中虚，虚者是氣。惟雪與雹，皆體具四行，未相分背，與雨水特異也。

問：器中貯水，曾無漏滲。貯以冰雪，外成濕潤，何也？

曰：水土而上，氣行充塞。凡器之外，悉皆氣也。冰雪甚寒，氣暖在外。暖因寒逼，漸變成水。雲至冷際，而變爲雨。氣入地中，而變爲泉。是其類焉。

問：灌溉草木，不論用河用井，皆須早晚而避午中，何也？

曰：灌溉草木，多在夏月。正午炎歊，于時用水，如以熱湯，則傷其根，故灌必早暮。或作池畜水，乘夜發之。如是説者，旱種則然。若水種者，惟懼過寒，是生食節之蟲，故不避日中而忌夜灌。積雨太冷，宜洩去之。山泉初出，滙以唐池。既受日暘，而後灌之。或作池畜水，晝日發之。

問：向者水法，委屬利便，力少功多矣。第江河不得，求之井泉；井泉不得，求之雨雪。兼之江河井泉，亦待雨雪，以增其潤。究竟農民所急，當在雨矣。然而雨暘時若，不可歲得。水旱蟲蝗，或居强半。不知何術可得豫知，以爲其備乎？

曰：天災流行，事非偶值，造物之主，自有深意。若諸天七政，各有本德所主，本情所屬。因而推測災變，歷家之説，亦頗有之，然而有驗不驗焉。蓋數術之贅餘，君子弗道也。儻居人上者，果有意養民，欲爲其備，則經理山川，興修水利，勸課農桑，廣儲粟穀，阜通財貨，即水旱災傷，自可消弭太半。脱值不虞，有備無患矣。又何事前知爲乎？且水旱不齊，大略一災二稔，十年之中，宜爲三年之備，必于不免。知與不知，又何異焉？

問：田家有術，以知一時晴雨。有之乎？

曰：此則無關數術，殆四行之實理也。究極言之，百端未罄。畧舉一二，餘可推焉。其一曰：竈突發煙，平遠望之，亭亭直上，旱徵也。蜿蜒而起，如欲上不得者，雨徵也。何故？曰：水土之氣，上騰爲雲。雲凝在上，未成爲雨。空中氣行，悉皆燥乾，故令火煙直上無礙，雲將成雨。空中氣行，皆成濕性。煙爲濕礙，不得上升，令其宛曲也。將雨，土石先潤，以此；將雨，礎潤，以此；將雨，燈爆，以此。

又問：曰「朝日出，光黯淡，色蒼白者，雨徵也」，何故？

曰：晴明之辰，氣行清浄，作玻瓈色，日則晶明，無有障隔。將雨，水濕上升，氣稍稠濁，光則黯淡也。蒼白者，水色也。

又問：曰「日出時，雲多破漏，日光散射者，雨徵也」，何故？

曰：氣升作雲，未成爲雨，體凝質密。及至成雨，體質消化，故輕薄透漏也。

又問：曰「密雲四布，牛羊齕草如常者，不雨。若啖食匆遽，似求速飽，雨徵也」、「蠅蚋蚊虻，匆遽咂食，雨徵也」、「蠉蜎之屬，倉皇飛鶩，雨徵也」、「穴處之蟲，羣出于外，雨徵也」，何故？

曰：濕氣上升，凡是諸物，皆能先覺也。

又問：曰「朔日至于上弦，視月兩角，近日一角，稍稍豐滿，雨徵也」、「月暈，白主晴，赤主風，色如鉛者，雨徵也」，何故？

曰：月輪在上，本無有暈。受氣籠罩，是生暈焉。若氣行清浄，星月皎然，乃無暈矣。因氣而暈，若白色者，水分猶少，乃得不雨。赤是火分，故爲烈風。若如鉛者，氣受水濕，其色然也。月角厚薄者，日暴水土，其氣上騰，近日則厚也。

龍尾一圖

軸兩端

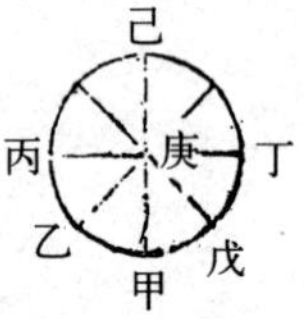
己
丙
庚
丁
乙
戊
甲

軸立面

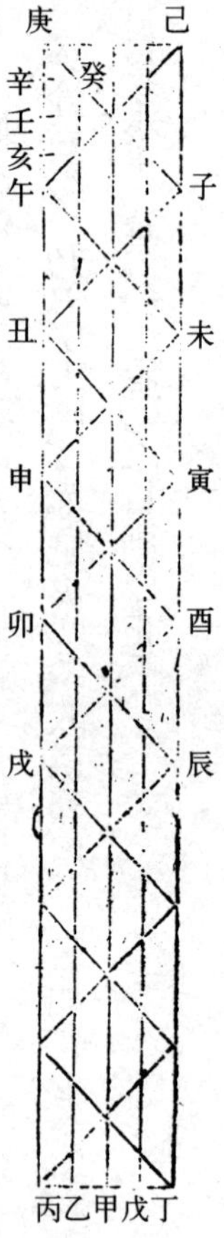
庚
己
癸
辛
壬
亥
午
子
丑
未
申
寅
卯
酉
戌
辰
丙乙甲戊丁

龍尾二圖

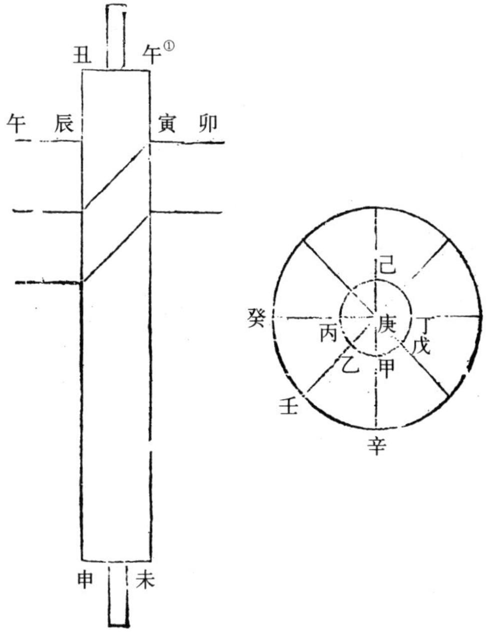

① 此「午」字重複,《四庫全書》本作「子」,宜從。

龍尾三圖

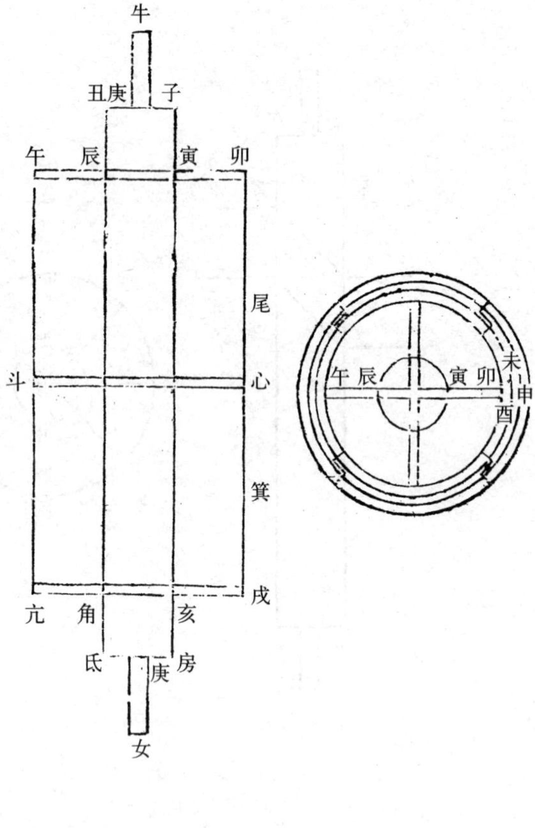

龍尾四圖

七置

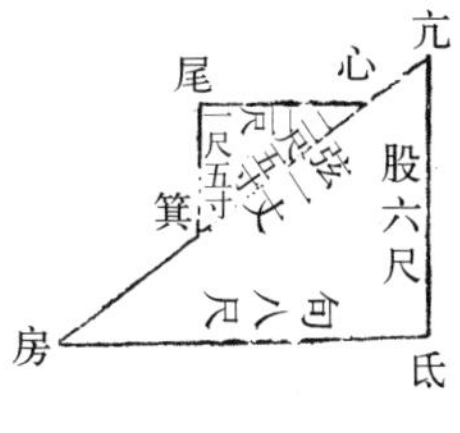

在圍之輪

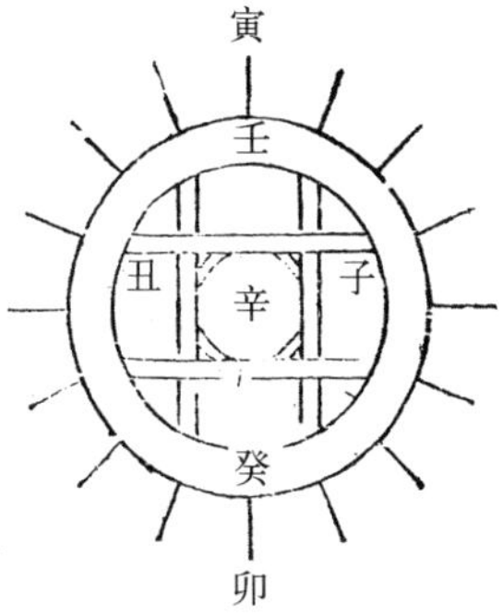

在軸之輪

在樞之輪

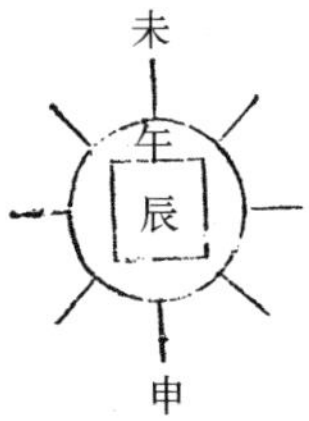

龍尾五圖

玉衡一圖

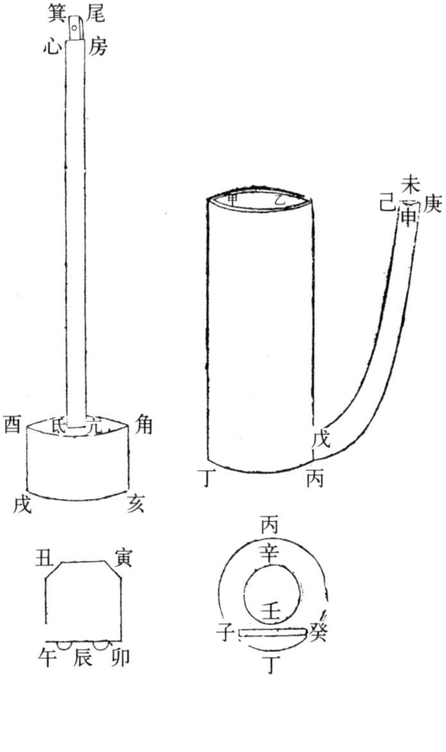

玉衡二圖

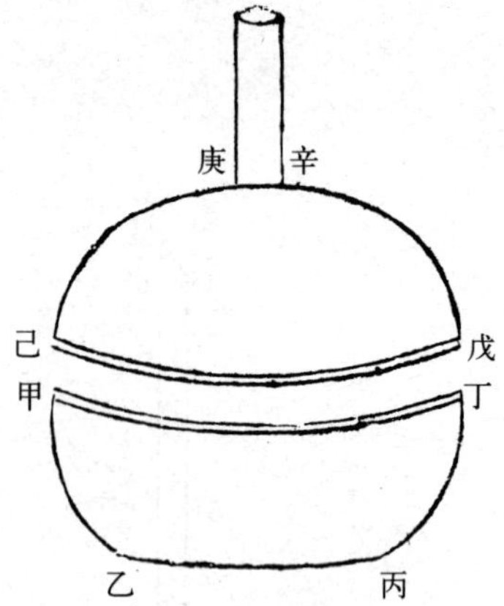

底圖

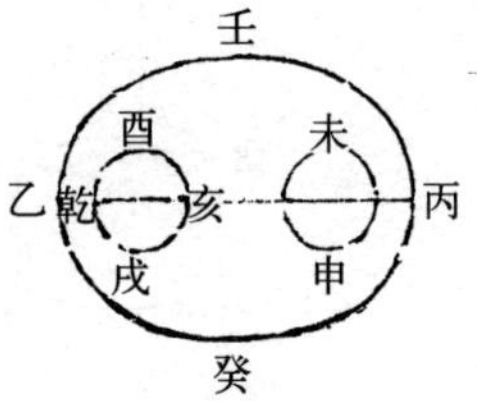

底圖

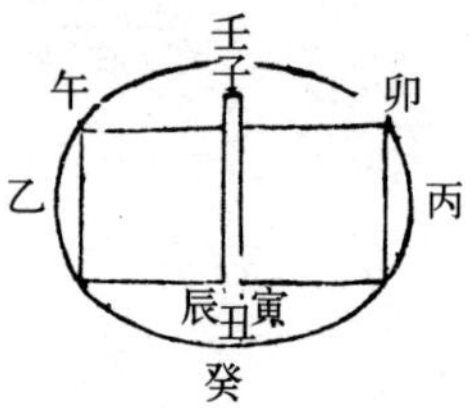

玉衡三圖

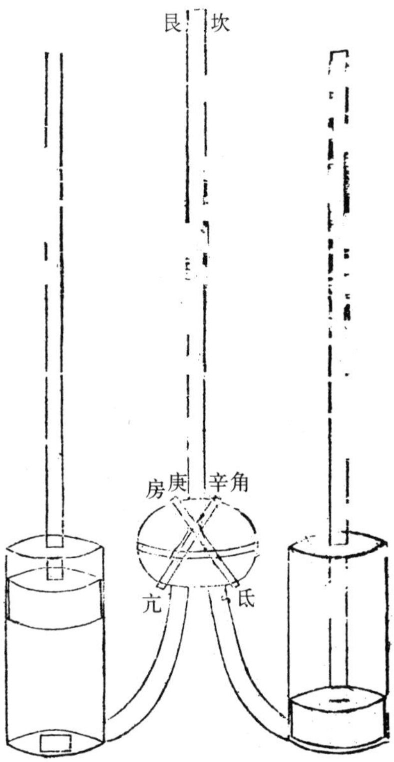

玉衡四圖

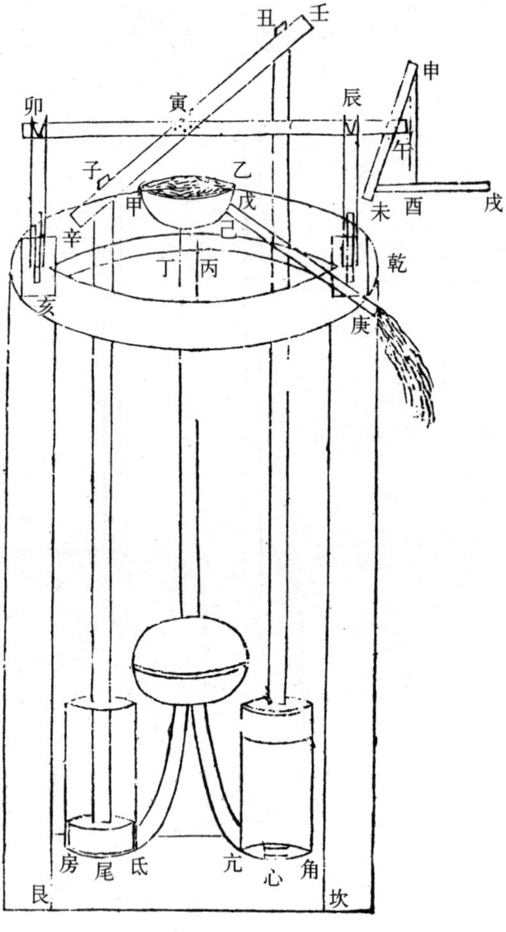

恒升一圖

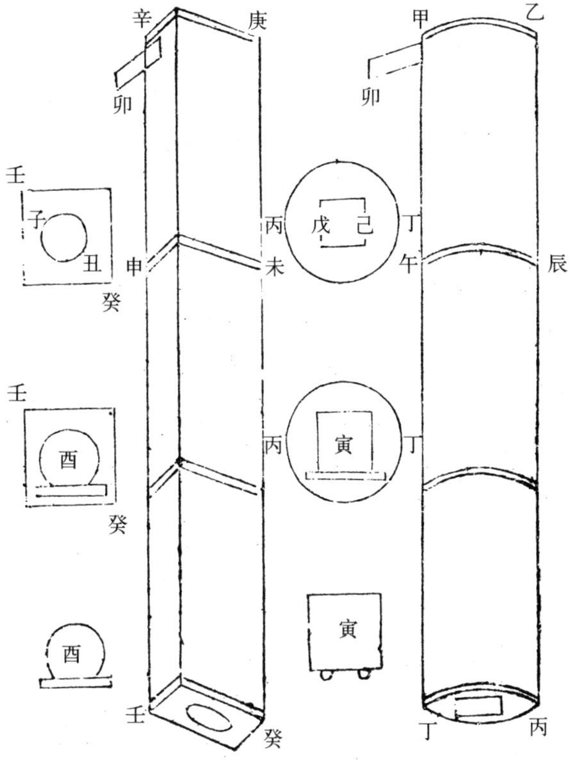

恒升二圖①

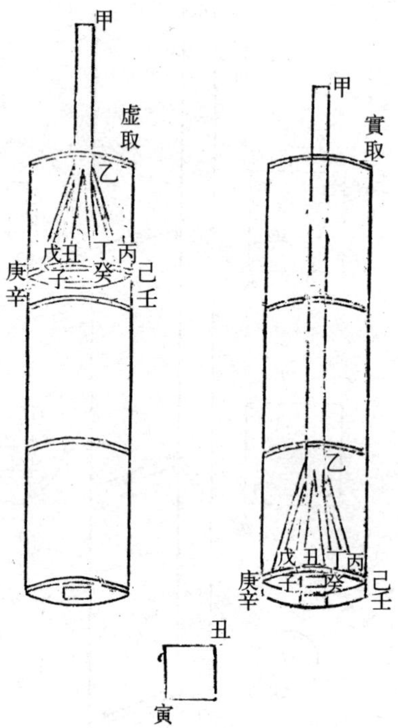

① 此圖「四足」所標干支似有誤。

恒升三圖

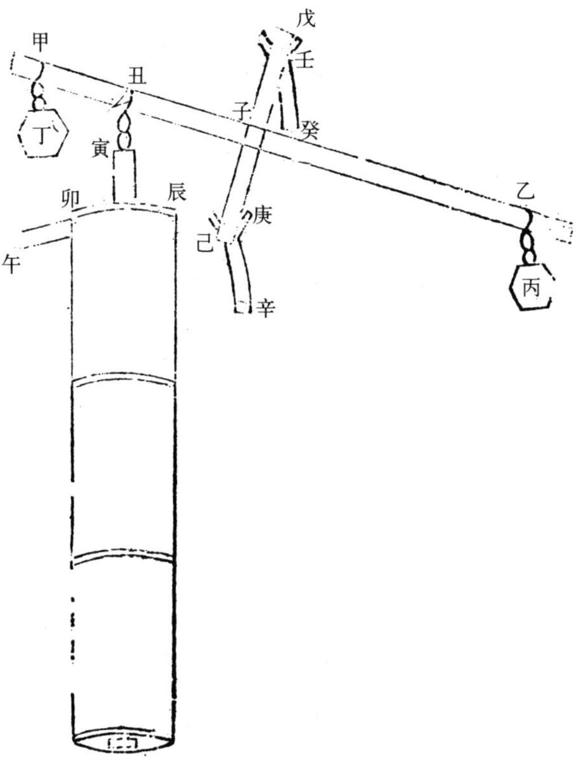

恒升四圖

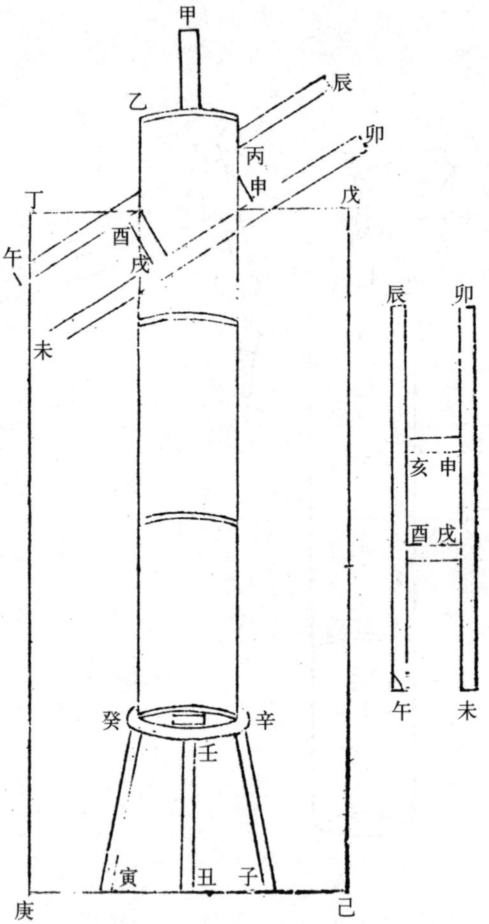

水庫一圖

圓池

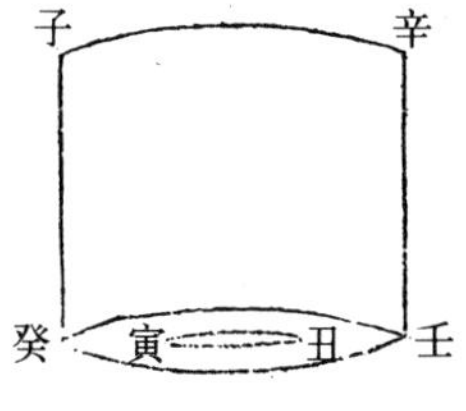

方池

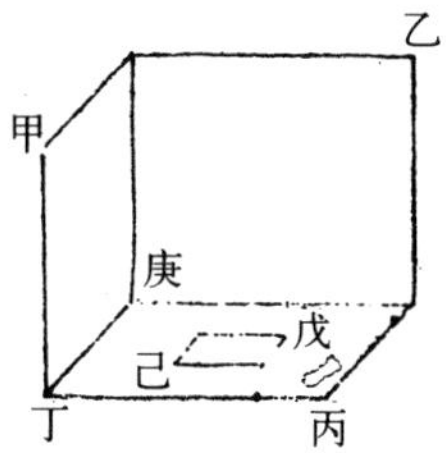

池圓上弇

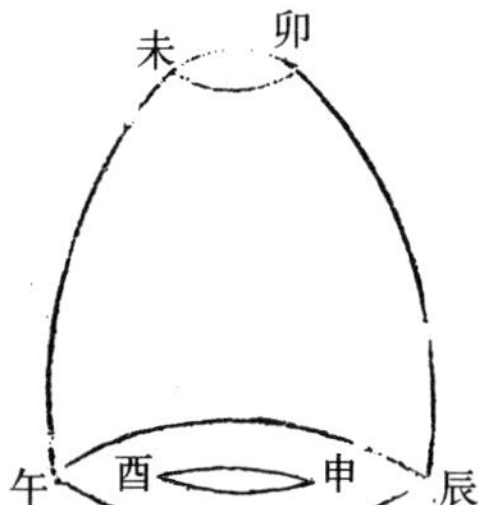

池方上弇

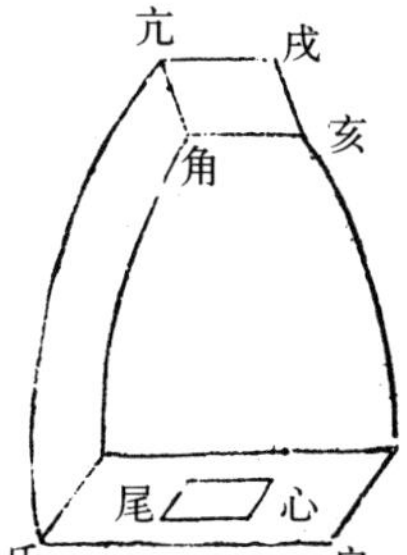

水庫二圖

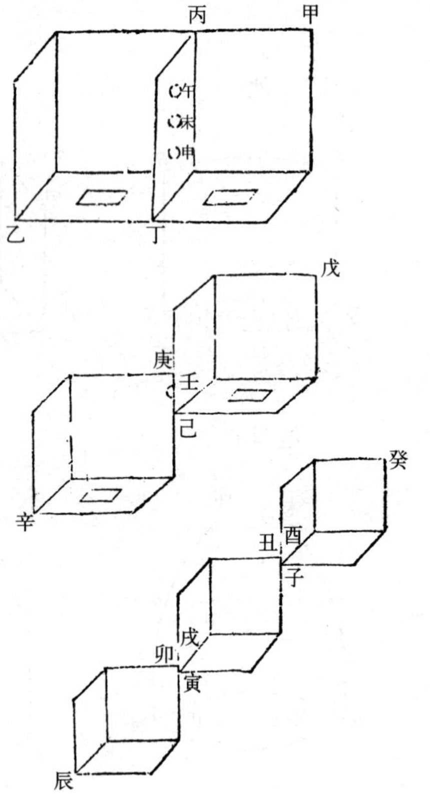

水庫三圖

木杵一

木杵三

石礎

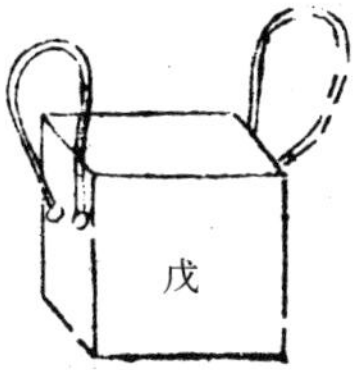

木杵二

邊杵

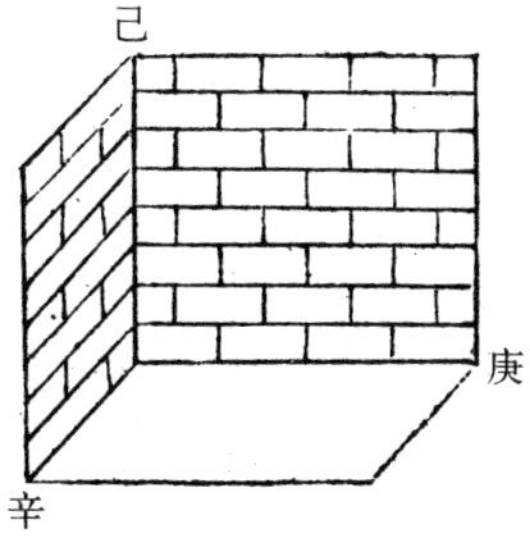

水庫四圖

券

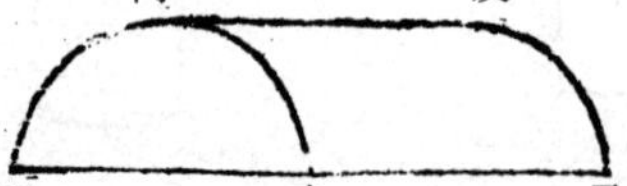

盖

斗

水庫五圖

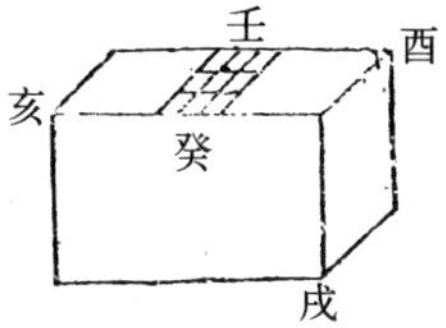

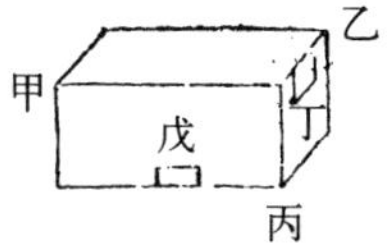

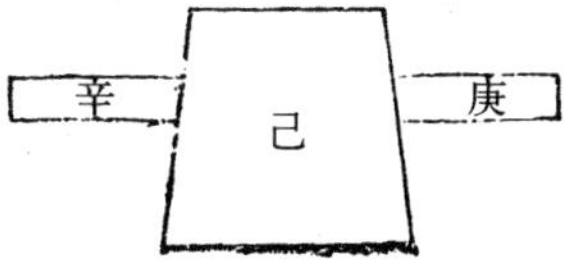

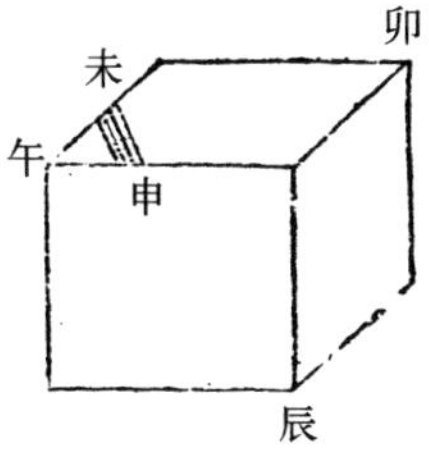

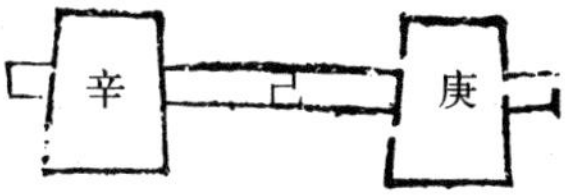

藥露諸器圖

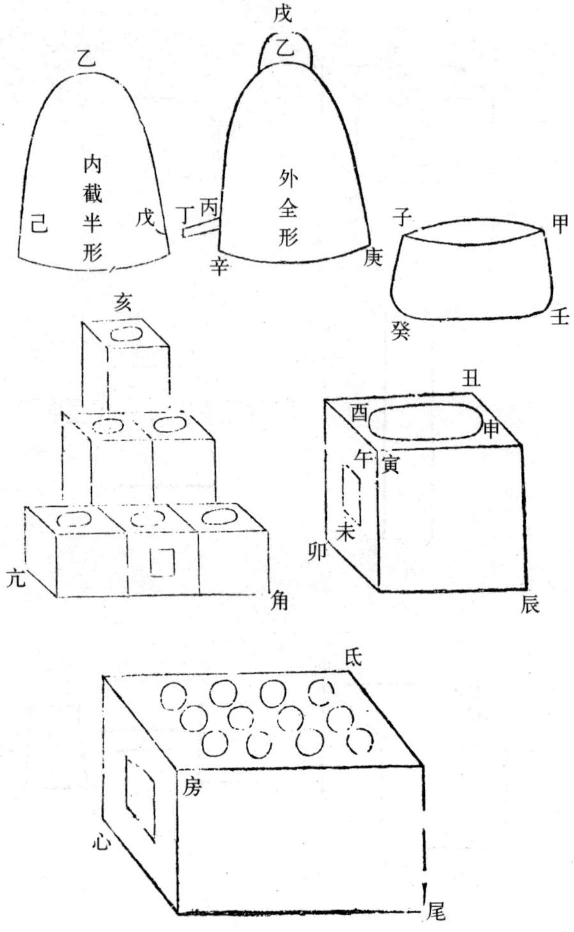

甘藷疏
輯本

〔明〕徐光啓 撰
胡道静 輯　李天綱 點校

點校説明

《甘藷疏》是徐光啓研究農學的第一部作品，作於在家鄉守制（一六〇七—一六一〇）期間，試驗引種蕃薯之際。甘薯，或稱番薯、紅薯、甜薯，是福建人在明代萬曆年間，通過西班牙殖民者，經菲律賓、臺灣等地，從南美引種的。甘薯高產，易栽培，「足以活人者多矣」（《甘藷疏序》），因而迅速風行大江南北。松江府和江南地區，地少、人多、賦重，爲免饑饉，急需高產作物，引種甘薯。徐光啓爲長江流域引種甘薯之先驅，按《甘藷疏序》，他曾托徐姓商人從福建莆田「三致其種」，帶回甘薯，在上海引種。《甘藷疏》總結了北方地區甘薯種植中的藏種、栽培、農時、土壤、耕作、施肥、修剪、收採、食用等經驗，向全國推廣，是明末最重要的農書之一。

天啓年間，王象晉編《二如亭群芳譜》卷二「蔬部」，收録了徐光啓《甘藷疏序》。《古今圖書集成》「草木典」卷五十四，據《二如亭群芳譜》，收録了本疏序文。王重民編《徐光啓集》（一九六二），再根據以上二本，加以校訂，並收録，而全疏則未能存録。除此之外，陳子龍編《農政全書》，在「玄扈先生曰」之下，輯録了《甘藷疏》中的部分内容。進入清代，《甘藷疏》原本少見流傳。康熙年間徐乾學撰《傳是樓書目》，在「子部·農學類」中有著録，可見江南或京師尚有收藏，而乾隆年間編訂《四庫全書》時，居然未見收録，原因未明。此後，《甘藷疏》不見流傳，海内絶跡。幸有李朝純祖三十四年（一八三四），朝鮮湖南道人士徐有榘編《種藷譜》，全文輯録了徐光啓的《甘藷疏》，這是目前所見唯一保存了本書的作品。徐有榘《種藷譜》在朝鮮也失傳，又幸有日本天理大學圖書館存有一套，賴日本學者發現後公佈。「文革」後，上海學者胡道静將《甘藷疏》引回國内，並借上海各界編訂《徐光啓著譯集》（一九八三）之際，與《農政全書》、《古今圖書集成》等諸本中存録的《甘藷疏》輯文精心對校，首次將全文在國内予以刊佈。

李天綱

二〇一〇年十一月

目録

點校説明……三七五
序……三七九
叙源……三八一
傳種……三八二
種候……三八五
土宜……三八六
耕治 附淤蔭……三八八
種栽……三八九
壅節……三八九
移插……三九〇
剪藤……三九〇
收採……三九一
製造……三九一
功用……三九二
救荒……三九四
輯甘藷疏跋……胡道静 三九六

序

方輿之内，山陬海澨，麗土之毛，足以活人者多矣。或隱弗章，即章矣，近之人習用之，以爲澤居之魚鼈、山居之麋鹿也；遠之人逖聞之，以爲踰汶之貉、踰淮之橘也。坐是，兩者弗獲相通焉。余不佞，獨持迂論，以爲能相通者什九，不者什一。人人務相通，即世可無聚不足①，民可無道殣。或嗤笑之，固陋之心，終不能移。每聞他方之産可以利濟人者，往往欲得而藝之。同志者或不遠千里而致，耕穫菑畬，時時利賴其用，以此持論頗益堅。歲戊申，江以南大無麥禾②。欲以樹藝佐其急，且備異日也。有言閩越之利甘藷者客莆田徐生，爲予三致其種。種之生且蕃，略無異彼土，庶幾哉，橘踰淮弗爲枳矣。余不敢以麋鹿自封也，欲偏布之，恐不可

① 王重民云：「『聚』，《古今圖書集成》作『慮』，于義爲長，然《集成》當是編者臆改。（王編《徐光啓集》第六十九頁）——原輯者

② 王重民云：「『大』下應脱一字。《明史》卷二十一《神宗本紀二》『萬曆三十六年六月乙卯，南畿大水』，則所脱當是『水』字。」——原輯者

户説，輒以是疏先焉①。

① 王重民云：以《式古堂書畫彙考》所載《致親家書札》推之，蓋刻成於萬曆四十六年。按：《書札》所言，乃指《農遺雜疏》。此刻之成，迺在其前。《種藷譜》引徐玄扈《甘藷疏序》。又《二如亭羣芳譜·蔬部》卷二，及《古今圖書集成·草木典》卷五十四並引。——原輯者

藷有二種。其一名「山藷」，閩廣故有之。其一名「番藷」，則土人傳云近年有人在海外得此種。海外人亦禁不令出境，此人取藷藤絞入汲水繩中，遂得渡海，因此分種移植，略通閩廣之境也。兩種莖葉多相類，但山藷植援，附樹乃生，番藷蔓地生。山藷形魁壘，番藷形圓而長。其味則番藷甚甘，山藷爲劣耳①。蓋中土諸書所言「藷」者，皆山藷也②。

薯蕷與山藷顯是二種，與番藷爲三種，皆絶不相類③。

---

① 《二如亭羣芳譜・蔬部》卷二及《授時通考》卷六十，皆引《甘藷疏》云：「閩廣藷有二種，一名『山藷』，彼中故有之；一名『番藷』，有人自海外得此種。海外人亦禁不令出境。此人取藷絞入汲水繩中，因得渡海，分種移植，遂開閩廣之境。兩種莖葉多相類，但山藷植援，附樹乃生，番藷蔓地生。山藷形魁壘，番藷形圓而長。其味則番藷甚甘，山藷稍劣。」按：此引文似就原句有删節與修飾，而「此人取藷絞入汲水繩中」句，敚去「藤」字，背離本旨遠矣。——原輯者

② 《種藷譜》引徐玄扈《甘藷疏》，又《農政全書》卷二十七引玄扈先生曰。——原輯者

③ 同上。

傳種

藏種有二法。其一傳卵。於九十月間，掘藷卵揀近根先生者，勿令傷損。用軟草苞之，掛通風處陰乾，至春分後種之。其一傳藤。八月中揀近根老藤剪取，長七八寸①。每七八條作一小束，耕地作埒，將藤束栽種，如畦韭法。過一月餘，即每條下生小卵，如蒜頭狀。冬月畏寒，稍用草器蓋，至來春分種。若原卵在土中者，冬至後無不壞爛也②。

藷根極柔脆，居土中甚易爛。風乾收藏，不宜入土，又不耐冰凍也。余從閩中市種北來，秋時用傳藤法，造一木桶，栽藤種於中。至春，全桶擕來，過嶺分種，必活。春間擕種③，即擇

---

① 徐有榘云：「玄扈《疏》所言尺度，皆周尺也。」——原輯者

② 徐有榘云：「此所云傳卵之法，宜南而不宜北。北土氣寒，露掛通風，輒患凍死也。若剪藤畦種之法，南北俱宜。然恐野鼠竄掘，須四圍砌石，如今種蔘之法，而上鋪鼠粘子可也。」《種藷譜》引徐玄扈《甘藷疏》，又《農政全書》卷二十七引玄扈先生曰。——原輯者

③ 石聲漢云：「此下數句，顯有譌奪。疑當作『春間畦種，即擇全根者持來之根。傳藤有時或爛壞……』」（見《農政全書校注》第七零六頁）——原輯者

傳根者持來，有時傳藤或爛壞，不壞者生發亦遲。惟帶根者力厚易活，生卵甚早也①。

藏種三法：其一，以霜降前擇於屋之東南，無西風有東日處，以稻草疊基，方廣丈餘，高二尺許。其上更疊四圍，高二尺而虛其中，方廣二尺許，用稻穩襯之②。置種焉，復用穩覆之，縛竹爲架，籠罩其上，以支上覆也。上用稻草高垛覆之，度令不受風氣雨雪乃已。又一法，稻穩襯底一尺餘，上加草灰盈尺，置種其中。復以灰穢厚覆之，上用稻草斜苫之，令極厚。二法藤、卵俱合並安置，俱得不壞，而卵較勝。又以磁盆於八月中移栽至霜降，如前二法藏之，亦活。其窖藏者，仍壞爛也③。

藏種之難，一懼濕，一懼凍。入土不凍而濕，不入土不濕而凍。向二法令必不受濕與凍，故得全也。若北土風氣高寒，即厚草苫蓋，恐不免冰凍。而地窖中濕氣反少，以是下方仍著窖藏之法，冀因愚說消息用之④。

北方種藷未若閩廣者，徒以三冬冰凍，留種爲難耳。欲避冰凍，莫若窖藏。吾鄉窖藏，又

---

① 《種藷譜》引徐玄扈《甘藷疏》，又《農政全書》卷二十七引玄扈先生曰。——原輯者
② 石聲漢云：「『穩』即粃糠。」（見《農政全書校注》第七零六頁）——原輯者
③ 《種藷譜》引徐玄扈《甘藷疏》，又《農政全書》卷二十七引玄扈先生曰。——原輯者
④ 同上。

忌水濕。若北方地高，掘土丈餘，未見水濕，但入地窖，即免冰凍，仍得發生。故今京師窖藏菜果，三冬之月，不異春夏。亦有用法煨熨，令冬月開花結蓏者。其收藏藷種，當更易於江南耳①。則此種傳流，決可令天下無餓人也②。

復有一閩人説留種法：於霜降前剪取老藤作種。先用大罈，洗浄曬乾或烘乾；次剪藤曬至七八分乾，用乾稻草殼襯罈，將藤蟠曲置稻草中；次用稻草殼塞口，先掘地作坎，量濕氣淺深，令不受濕，深或二尺許，淺或平地，先用稻草殼或礱糠鋪底，厚二三寸，將罈倒卓其上；次實土滿坎，仍填高，令罈底土高四五寸，至來年清明後取起，即罈中已發芽矣。是説疑諸方俱可用，並識之③。

閩中藏種，藤卵俱曬七八分乾收之。向後南北收藏，俱宜用乾者，或半用不乾者雜試之④。

---

① 《種藷譜》引徐玄扈《甘藷疏》，又《農政全書》卷二十七引玄扈先生曰。——原輯者
② 《農政全書》引，多此句。——原輯者
③ 《種藷譜》引徐玄扈《甘藷疏》，又《農政全書》卷二十七引玄扈先生曰。——原輯者
④ 同上。

種 候

藏種必於霜降前，下種必於清明後。更宜留一半於穀雨後種之，恐清明左右尚有薄凌微霜也①。

藷苗二三月至七八月俱可種，但卵有大小耳。凡藷二三月種者，其占地也每科方二步有半，而卵偏焉。四五月種者，地方二步，而卵偏焉。六月種者，地方一步有半，七月種者，地方一步，而卵皆偏焉。八月種者，地方三尺以內，得卵細小矣。種之疏密，略以此準之。方二步者，畝六十科也。方一步有半者，畝一百六科有奇也。方一步者，畝一百四十科也②。方三尺者，畝九百六十科也。九月畦種生卵③，如箸如棗，擬作種④。此松江法也。北方早寒，宜早一月算，又在視天氣寒暖，臨時斟酌耳。

---

① 《種藷譜》引徐玄扈《甘藷疏》，又《農政全書》卷二十七引玄扈先生曰。——原輯者

② 石聲漢云：「『一』應作『二』，一畝爲二百四十方步。」（見《農政全書校注》第七零七頁）——原輯者

③ 「生卵」二字，《農政全書》引作「卵生其下」四字。——原輯者

④ 《農政全書》引至此而止，無以下各句。——原輯者

土宜

種須沙地，仍要極肥①。

吾東南邊海，高鄉多有横塘，縱浦潮沙淤塞，歲有開濬，所開之土，積於兩崖②。此等高地，既不堪種稻，若種吉貝，亦久旱生蟲。種豆則利薄，種藍則本重③。惟用種藷④，則新起之土⑤，

① 徐有榘云：「所貴乎沙土者，爲其虚鬆易行根也。然沙白之土，例多不肥，此須藉淤蔭而治之。苟淤蔭得宜，又復三耕九耰，令土脈疎爽，則彊檃化爲鬆輭。所謂強土而弱之也。」《種藷譜》引徐玄扈《甘藷疏》，又《農政全書》卷二十七引玄扈先生曰。——原輯者

② 《農政全書》引，此下有「一遇霖雨，復歸河身，淤積更易。若城壕之上，積土成丘，是未見敵而代築距堙也」等句。——原輯者

③ 《農政全書》引，此下有「若將岡脊攤入下塍，又嫌損壞花稻熟田」等句。——原輯者

④ 《農政全書》引，此下有「則每年耕地一遍，劚根一遍，皆能將高仰之土，翻入平田。平田不堪種稻，并用種藷，亦勝稻田十倍。是不數年間，丘阜將化爲平疇也」等句。——原輯者

⑤ 「則」，《農政全書》引作「況」。——原輯者

皆是潮沙，土性虛浮，于藷最宜，特異常土①。

或問：「藷本南産，而子言可以移植，不知京師南北，以及諸邊皆可種之，以助人食②否？」余③曰：「可也。」藷春種秋收，與諸穀不異。京邊之地，不廢種穀，何獨不宜藷耶④？江南田圩下者，不宜藷。若高仰之地，平時種藍種豆者，易以種藷，有數倍之獲。大江以北，土更高，地更廣，即其利百倍不啻矣⑤。倘慮天旱，則此種畝收數十石。數口之家，止種一

---

① 《農政全書》引，下有「此亦任土生財之一端耳」一句。徐有榘云：「凡蔬蓏之用根用卵者，皆喜沙泥鬆軟之地，爲其易行根也。今人種萊菔，最貴濱湖濱江潦泥往來之田。待七月水退，藝以萊菔，則滋胤蕃息，迥異他田。余謂種藷亦宜用此地。先於二三月擇最高仰處，挑起淤泥，作爲高埒。視潦年水至之限，令高一二尺，種卵于埒上。七月潦收，又剪藤廣插于低下之地，則當倍收。朴齊家《北學議》云：『箭串栗島等處，可多種藷』，亦有見乎此也。」《種藷譜》引徐玄扈《甘藷疏》，又《農政全書》卷二十七引玄扈先生曰。——原輯者

② 《農政全書》引，下有「無令軍民枵腹」六字。——原輯者

③ 《農政全書》引，下有「遽應之」三字。——原輯者

④ 徐有榘云：「今燕京人種藷特盛，蒸煨食之，利肩穀菜，更北如瀋陽等地皆然云，玄扈之論，信而有徵矣。我東深北州郡，極高四十一度，與瀋陽相直。南自康津海南，北至三水甲山，皆可種藝。或云風土不宜者，方隅之見也。」同上。——原輯者

⑤ 《種藷譜》引，敚去「不啻」二字。——原輯者

畝，縱災甚而汲井灌溉，一至成熟，終歲足食，又何不可①？

耕治 附淤蔭

臘月耕地，以大糞壅之。至春分後下種，先用灰及剉草，或牛馬糞和土中，使土脈散緩，可以行根，重耕地二尺許深②。

人家凡有隙地，悉可種藷。若地非沙土，可多用柴草灰雜入凡土。其虛浮與沙土同矣。即市井湫隘，但有數尺地仰見天日者，便可種得石許。其法用糞和土曝乾，雜以柴草灰，入竹籠中，如法種之③。

---

① 「又何不可」句，《種藷譜》引者缺。《二如亭羣芳譜·蔬部》卷二，及《授時通考》卷六十引《甘藷疏》，又《種藷譜》兩次引玄扈先生《甘藷疏》。《農政全書》卷二十七「甘藷」目中無此則。——原輯者

② 徐有榘云：「南方氣暖，可以臘月耕。若北土，只宜秋耕耳。」《種藷譜》引徐玄扈《甘藷疏》，又《農政全書》卷二十七引玄扈先生曰。——原輯者

③ 徐有榘云：「《杏蒲志》有俵田法（日本人謂編稻藁盛穀曰俵，我東俗名空石），與玄扈所言竹籠種藷法相似。蓋爲狹鄉無田者設也。貧窶之家，如難多得竹籠，只用退俵種之可也。」同上。——原輯者

種　栽

將藷種截斷，每長三二寸種之，以土覆深半寸許，大略如種薯蕷法，每株相去數尺①。

壅　節

藷每二三寸作一節②，節居土上，即生枝節；居土下，即生根。種法，待延蔓時，須以土密壅其節，每節可得三五枚③。不得土，即盡成枝葉層疊其上，徒多無益也。今擬種法，每株居畝中，横相去二三尺，縱相去七八尺，以便延蔓壅節，即遍地得卵矣④。

藷苗延蔓，用土壅節後，約各節生根，即從其連綴處剪斷之，令各成根，苗不致分力。此最

① 《種藷譜》引徐玄扈《甘藷疏》，又《農政全書》卷二十七引玄扈先生曰。——原輯者

② 石聲漢云：「『藷』，疑『藤』字之譌。」(見《農政全書校注》第七零七頁)——原輯者

③ 石聲漢云：「『枚』，疑『枝』之譌。」(《農政全書校注》第七零七頁)——原輯者

④ 《種藷譜》引徐玄扈《甘藷疏》，又《農政全書》卷二十七引玄扈先生曰。——原輯者

要法①。

移插

俟蔓生盛長，剪其莖，另插他處即生，與原種不異②。

剪莖分種法，待苗盛枝繁、枝長三尺以上者剪下，去其嫩頭數寸，兩端埋入土，各三四寸，中以土撥壓之③，數日延蔓矣④。

剪藤

早種而密者，宜謹視之，去其交藤⑤。

---

① 《種藷譜》引徐玄扈《甘藷疏》，又《農政全書》卷二十七引玄扈先生曰。——原輯者
② 同上。
③ 石聲漢云：「『撥』，應是『墢』，即土塊。」（見《農政全書校注》第七零七頁）——原輯者
④ 《種藷譜》引徐玄扈《甘藷疏》，又《農政全書》卷二十七引玄扈先生曰。——原輯者
⑤ 同上。

若枝節已遍，待生游藤者，宜剪去之。猶中飼牛羊①。

收　採

至秋冬掘起，生熟蒸煮任用②。

卵八九月始生，便可掘食或賣。若未須者勿頓掘，居土中，日漸大。南土到冬至，北土到霜降，須盡掘之，不則爛敗矣③。

製　造

造酒法。藷根不拘多少，寸截斷，曬晾半乾。上甑炊熟，取出揉爛，入瓻中，用酒藥研細搜和按實，中間作小坎，候漿到看老嫩，如法下水，用絹袋濾過，或生或煮熟任用。其入缸寒暖，

---

① 《種藷譜》引徐玄扈《甘藷疏》，又《農政全書》卷二十七引玄扈先生曰。——原輯者
② 同上。
③ 同上。

酒藥分兩下水升斗。或用麯蘖，或加藥物①，悉與米酒同法。若造燒酒，即用藷酒入鍋，蓋以錫兜鍪蒸煮滴槽，成頭子燒酒。或用藷糟②，造成常用燒酒，亦與米酒糟③造燒酒同法④。

功用

閩廣人收藷以當糧，自十月至四月麥熟而止。東坡云：「海南以藷爲糧，幾米之十六。」今海北亦爾矣⑤。經春風易爛壞，須先曬乾藏之⑥。

甘藷所在，居人便足半年之糧。民間漸次廣種，米價諒可不至騰踊⑦。但慮豐年穀賤，公

---

①《農政全書》引，下有「香料」二字。——原輯者
②《農政全書》引，下有「依法」二字。——原輯者
③《農政全書》引作「米酒米糟」。——原輯者
④《種藷譜》引徐玄扈《甘藷疏》，又《農政全書》卷二十七引玄扈先生曰。——原輯者
⑤《種藷譜》引徐玄扈《甘藷疏》，又《農政全書》卷二十七引玄扈先生曰。——原輯者
⑥《農政全書》引，多此三句。——原輯者
⑦《種藷譜》引徐玄扈《甘藷疏》，又《農政全書》卷二十七引玄扈先生曰。——原輯者

家折色銀輸納甚艱。民間急宜多種桑株育蠶，擬納折銀可也①。

昔人謂蔓菁有六利，柿有七絶。予謂甘藷有十二勝。收入多，一也；色白味甘，諸土種中特爲夐絶，二也；益人與藷蕷同功，三也；徧地傳生，剪莖作種，今歲一莖，次年便可種數十畝，四也；枝葉附地，隨節生根，風雨不能侵損，五也；可當米穀，凶歲不能災，六也；可充籩實，七也；可釀酒，八也；乾久收藏屑之，旋作餅餌，勝用餳蜜，九也；生熟皆可食，十也；用地少，易於灌溉，十一也；春夏下種，初冬收入，枝葉極盛，草穢不容，但須壅土，不用鉏耘，不妨農工，十二也②。

昔人云：蔓菁有六利，又云柿有七絶。余續之以甘藷十三勝。一畝收數十石，一也；色白味甘，于諸土種中特爲夐絶，二也；益人與薯蕷同功，三也；遍地傳生，剪莖作種，今歲一莖，次年便可種數百畝，四也；枝葉附地，隨節作根，風雨不能侵損，五也；可當米穀，凶歲不能災，六也；可充籩實，七也；可以釀酒，八也；乾久收藏屑之，旋作餅餌，勝用餳蜜，九也；生熟皆可食，十也；用地少而利多，易于灌溉，十一也；春

---

① 《農政全書》引，多此數句。——原輯者

② 《二如亭羣芳譜·蔬部》卷二引徐氏玄扈曰。《授時通考》卷六十引徐光啓云。此文清陸燿《甘薯録》亦引徐玄扈曰。然清官書及陸氏未必見《甘藷疏》原本，乃從《羣芳譜》轉引者。——原輯者

夏下種，初冬收入，枝葉極盛，草薉不容其間，但須壅土，勿用耘鋤無妨農功，十二也；根在深土，食苗至盡，尚能復生，蟲蝗無所奈何，十三也①。

救荒

番藷撲地傳生②，枝葉極盛。若于高仰沙土，深耕厚壅，大旱則汲水灌之，無患不熟。閩廣人賴以救飢，其利甚大③。

其種宜高地，遇旱災可導河汲井灌溉之，在低下水鄉，亦有宅地園圃高仰之處。平時作場種蔬者，悉將種藷，亦可救水災也④。

其種既在高地，可救水災。若旱年得水，澇年水退，在七月中氣後，其田遂不及藝五穀蕎

---

①《種藷譜》引徐玄扈《甘藷疏》，又《農政全書》卷二十七引玄扈先生曰。按：《羣芳譜》所引者爲十二勝，《種藷譜》引者增第十三勝，前十二勝中，文亦小異，疑玄扈先生《甘藷疏》有先後兩本，王象晉見者，則爲初本也。今故兩輯其文，以資比較。——原輯者

②《農政全書》引作「今番藷撲地傳生」。——原輯者

③《種藷譜》引徐玄扈《甘藷疏》，又《農政全書》卷二十七引玄扈先生曰。——原輯者

④同上。

麥，可種又寡收而無益于人計。惟剪藤種藷，易生而多收①。

蝗蝻爲害，草木無遺。種種災傷，此爲最酷。乃其來如風雨，食盡即去，惟有藷根在地，薦食不及。縱令莖葉皆盡，尚能發生，不妨收入。若蝗信到時，能多并人力，益發土遍壅其根節枝榦。蝗去之後，滋生更易，是蟲蝗亦不能爲害矣。故農人之家，不可一歲不種。此實雜植中第一品，亦救荒第一義也②。

吳下種吉貝，吾海上及練川尤多，頗得其利。但此種甚畏風潮，每至秋間，纔生花實，一遇風雨，便受其損。若大風之後，更遇還風，還風者，一日東南，一日西北之類也。則根撥實落，大不入矣。若將吉貝地種藷十之一二，雖風潮不損，此種撲地成蔓，風無所施其威也③。

---

① 《種藷譜》引徐玄扈《甘藷疏》，又《農政全書》卷二十七引玄扈先生曰。——原輯者

② 同上。

③ 同上。

輯甘藷疏跋

徐玄扈（光啓），農學大家。所撰《農政全書》，經始在其暮年。排比成帙，已在身後。洋洋巨構，蔚爲農學名著，垂于不朽。顧其蚤歲，家困飢寒，志懷民瘼，究心農田水利之術，視爲安邦理國之先。南畝躬耕，田父博諮，胸有經綸，欲續賈太守（思勰）、王伯善（禎）、徐孺東（貞明）之宏業。明萬曆三十六年戊申公元一六〇八年。里居時，從事甘藷引種栽培，以拯歉荒。旋撰《甘藷疏》一卷，實爲徐氏究治農藝經驗之肇端。苟以《全書》比若大河入于滄溟，則《甘藷疏》其星宿海也。書成刊板，布行于世。天啓時，新城王藎臣（象晉）撰《二如亭羣芳譜》，即曾加以引用，并載其序文。清康熙初年，崑山徐健菴（乾學）家羅萬卷，書富東南，架上亦有其本。馬玉堂藏鈔本《傳是樓書目》子部農家類著録。逮及四庫開館，遂無著録，《采進書目》、《書録》，胥無影迹。蓋至乾隆之世，域内已散落無傳矣。唯有零金碎玉，見于《羣芳譜》、《古今圖書集成》、《授時通考》之所徵引者。六十年代初，北王、南梁，並有掇拾。故友高陽王有三重民輯《徐光啓集》十二卷，録《甘藷疏》逸文于第二卷中。華南農學院番禺梁家勉教授，亦有所輯集。而全貌卒未能復覩。若《農政全書》之敍甘藷，凡冠以「玄扈先生曰」者，則陳大樽（子龍）取徐氏晚年批定之《農遺雜疏》，照本入録，行文與早年著刊之《甘藷疏》單行板本，頗有出入。夫論術藝者，取神而遺迹，執《全書》足帙，珠璣在握，曾無遺憾。理文獻者，求迹以探本，則雖一卷之源，隻字之别，斤斤焉鍥而弗舍，窮追不倦，爲是夢寐以索于九天。

聿在東鄰朝鮮，故有其書。李朝純祖三十四年甲午。當我國清道光十四年，日本天保五年，公元一八三四年，湖南道徐有榘匯編我國以及朝鮮、日本有關種藷著述，類輯爲《種藷譜》一書，玄扈先生全文，賴以收存徐有榘自序所謂「且取皇明徐玄扈《甘藷疏》，我東姜、金二氏之譜，匯類編纂，用聚珍字擺印廣布，以稔其種藝之法焉」。然有榘之書，我國既無流傳。朝鮮自遘國難，旋亦失存，獨日本天理圖書館保有一帙。至一九六七年，日本昭和四十二年。作物史學者篠田統博士始覓發之而影印于《朝鮮學報》第四十四輯中。參拙著《徐光啓研究農學歷程的探索》，載《歷史研究》一九八〇年第六號。余昔撰作，承篠翁多加稱道，而《徐光啓農學著述考》載北京《圖書館》季刊一九六二年第三號一文，曾蒙鑒覽，故影本甫刊，即以拔刷郵致。東土謂刊物之抽印本曰「拔刷」。值四凶亂國，月黑風高。法既踐藉于穢爪，人迺受械于非罪。魚沉雁落，簡書弗通；沉沉長夜，平旦俄曉。春雷遽震，魍魎咸伏，余甫脱于縲絏，篠翁賀書踵至。既嗟信息之敏，亦見情誼之篤。縢以學報再頒，始驚徐氏初撰，赫然尚在，時距發表已逾十稔，環顧域内，尚無知者。適華南梁教授（家勉）撰成《徐光啓年譜》，在滬付印，余獲先覩原稿，急以佳音奉報。教授喜而補載于譜。越歲，余以篠翁所貽之本轉贈教授。投呈之前，别録所引玄扈全文，姑備循覽。

明年此際，一九八三年十一月八日。將屆徐公逝世三百五十周年，崇彼岱宗，爰理遺文。滬上今有「徐光啓著譯集」之編纂，諸子命以録出清本，用存徐氏治學之迹。辭弗獲許，勉理章次。余惟窮年録書，好爲鈎沉之業。垂老乏成，徒堪覆瓿。會慶龍翔，因託驥尾。念徐氏爲書于蒿目時艱之日，而余網羅遺文則在清明盛世，亦幸也已。故交陽湖承君名世，楷法精妙，因倩書字，遂令騰黄吉光，益增神采。所嗟寫定之日，篠田翁墓木已拱，翁以日本昭和五十三年，公曆一九七八年八月十日謝世。輒爲歔欷云。一九八二年十月六日，胡道静記于劫後海隅文庫。

農遺雜疏

輯本

〔明〕徐光啓 撰

胡道静 輯 李天綱 點校

點校説明

《農遺雜疏》，據王重民先生考訂，萬曆四十八年（一六二〇）在北京刊刻。另據徐驥《徐文定公行實》，「……《農遺雜疏》、《毛詩六帖》、《百字訣》行於世」，則該書確已印行於世間。《明史·藝文志》「子類·農家類」、《千頃堂書目》著録「徐光啓《農政全書》六十卷，《農遺雜疏》五卷」，徐光啓《致顧老親家書（三）》有「拙刻《農遺》，前三叔太欲刻，弟以乘便自刻之」，則《農遺雜疏》是早於《農政全書》完成，並在徐光啓生前自己印行的重要農學著作。所謂「雜疏」，是徐光啓刊佈《甘藷疏》後，又有《吉貝疏》、《蕪菁疏》等，統收爲《農遺雜疏》。《農遺雜疏》後來失傳，各大圖書館不見收藏。學者以爲是《農政全書》流傳後，《農遺雜疏》内容與之參差重複，故被忽視。一九八〇年代，上海學者胡道静先生據上海辭書出版社圖書館藏明末刻本《養餘月令》中所引《農遺雜疏》之章節，並《農政全書》中所引的「玄扈先生曰」之語録，一一排比，詳加校録，成此《農遺雜疏輯本》。

胡道静《農遺雜疏輯本》一卷，輯得「木棉、大麥、蠶豆、接樹三訣、石榴、柑橘、烏桕、竹、蔓青、百合、荸薺、萱草、肥猪法、養魚法、養蜂」等章，雖不及原書的規模，但小有可觀，已見徐光啓農學涉略之廣博。上海文管會編印《徐光啓著譯集》時，收入《農遺雜疏輯本》抄本，此據以排印，以備後學。

李天綱

二〇一〇年十一月

目録

點校説明……三九九
木棉……四〇三
大麥……四一一
蠶豆……四一三
接樹三訣……四一三
石榴……四一三
柑橘……四一三
烏桕……四一四
竹……四一五
蔓青……四一六
百合……四一七
荸薺……四一八
萱草……四一八
肥豬法……四一九
養魚法……四一九
養蜂……四二二
輯農遺雜疏跋……胡道静　四二三

木　棉①

「吉貝」之名獨昉於《南史》，相傳至今，不知其義意，是海外方言也。小説家所謂「木棉」，其所爲布，曰「城」，曰「文褥」，曰「烏驎」，曰「斑布」，曰「白氎」、「白緤」，曰「屈眗」者皆此，故是草本，而《吴録》稱「木棉」者，南中地煖，一種後，開花結實以數歲計，頗似木芙蓉，不若中土之歲一下種也。故曰「十餘年不换」，明非木本矣。吉貝之稱木，即《禹貢》之言卉，取别於蠶綿耳。閩廣不稱木棉者，彼中稱攀枝花爲木棉也。攀枝花中作裀褥，雖柔滑而不韌，絶不能牽引，豈堪作布，或疑木棉是此，謂可作布，而其法不傳，非也。《吴録》所言木棉，亦即是吉貝。或疑其云樹高丈，當是攀枝。不知攀枝高十數丈，南方吉貝，數年不凋，其高丈許，亦不足怪。蓋《南史》所謂「林邑吉貝」，《吴録》所謂「永昌木棉」，皆指草本之木棉，可爲布，意即娑羅木，

① 陳子龍《農政全書凡例》云：「今之木棉，其用溥矣，尤莫盛於吾鄉。其所以供重賦，紈烦役者，率賴於此。故玄扈先生所著《農遺雜疏》首詳之，今并採焉。」用知「木棉」爲《農遺》之首篇，而《農政全書》全文載之，其種棉不熟之故有四文段，經《養餘月令》明引《農遺雜疏》者，文亦正合。——原輯者

然與斑枝花絶不類。又中土所織棉布，及西洋布①，精麤不等，絶無光澤。而余見曹溪釋惠能所傳衣，曰屈眴布，即白氎布，云是西域木棉心所織者。其色澤如蠶絲，豈即娑羅籠段耶？抑西土吉貝尚有他種耶？又嘗疑洋布之細，非此中吉貝可作。及見榜葛剌吉貝，其核絶細，棉亦絶軟，與中國種大不類，乃知向來所傳，亦非其佳者②。

中國所傳木棉，亦有多種。江花出楚中，棉不甚重，二十而得五，性强緊。北花出畿輔、山東，柔細中紡織，棉稍輕，二十而得四，或得五。浙花出餘姚，中紡織，棉稍重，二十而得七。吴下種大都類是。更有數種稍異者，一曰黄蒂，穰蒂有黄色，如粟米大，棉重；一曰青核，核青色，細於他種，棉重；一曰黑核，核亦細，純黑色，棉重；一曰寬大衣，核白而穰浮，棉重。此四者，皆二十而得九。黄蒂稍强緊，餘皆柔細，中紡織，堪爲種。又一種曰紫花，浮細而核大，棉輕，二十而得四，其布以製衣，頗樸雅，市中遂染色以售，不如本色者良，堪爲種③。

余見農人言吉貝者，即勸令擇種，須用青核等三四品，棉重倍入矣。或云：凡種植必用本地種，他方者土不宜，種亦隨地變易，余深非之。乃擇種者竟獲棉重之利，三五年來，農家解

---

① 「及」字上疑脱「不」字。——原輯者

② 《農政全書》卷之三十五，《蠶桑廣類》引玄扈先生曰。——原輯者

③ 同上。

此者十九矣。嗚呼！即如彼言，吉貝自南海外物耳，吾鄉安得而有之？而今且奄有下土，衣被九有哉①。

嘉種移植，間有漸變者，如吉貝子黑色者漸白，棉重者漸輕也。然在近地，不妨歲購種，稍遠者不妨數歲一購。其所由變者，大半因種法不合，間因天時水旱，其緣地力而變者十有一二耳②。

王禎《農桑通訣》曰：「所種之子，初收者未實，近霜者又不可用。惟中間時月收者爲上。須經日曬燥，帶棉收貯，臨種時再曬，旋輾即下。」此慮冬月碾子收藏，風日所侵，恐致油浥，若受水濕，仍當鬱爛故也。余聞老農云：棉種必於冬月碾取。謂碾必須曬，秋冬生氣收斂，於時曝曬，不傷萌芽。春間生意茁發，不宜大曬也。二説皆有理。余意謂春碾者，秋收時簡取種棉，曝極乾，置高燥處。臨種時略曬即碾，當無害。秋碾者，碾下種用草裹置高燥處，不受風日水濕，可無鬱浥。惟春時旋買棉花碾作種，即不可。恐是陳棉，或嘗受濕烝故。若旋買棉核作種，尤不可。恐是陳核，或經火焙故。今意創一法：不論冬碾、春碾、收藏、旋買，但臨種時用

① 《農政全書》卷之三十五，《蠶桑廣類》引玄扈先生曰。——原輯者

② 同上。

水浥濕，過半刻，淘汰之。其秕者遠年者，火焙者，油者，鬱者，皆浮。其堅實不損者必沉。沉者可種也①。

木棉核果當年者，亦須淘汰擇取，浮者秕種也。其羸種亦沉，取其沉者微撚之。羸者殼軟而仁不滿，其堅實者乃佳。或疑導擇損功，此不足慮也。若依世俗密種，畝用子一斗，誠難。果如法，科間三尺撮種之，畝用子二升以外，足矣②。

《農桑輯要》作於元初，當時便云：「木棉種陝右，行之其他州郡，多以土地不宜爲解。」獨孟祺、苗好謙、暢師文、王禎之屬，能排貶其説。抑不知當時之人果以數子爲是耶否耶？至於今，率土仰其利，始信數君子非欺我者。烏乎！豈獨木棉哉？後之視今，猶今之視昔也③。

木棉一步留兩苗，三尺一株。此相傳古法，依此則能雨耐旱④，肥而多收。《便民圖纂》作於近代，云一尺一穴者，太密。此邇來稠種少收之濫觴也⑤。

① 《農政全書》卷之三十五，《蠶桑廣類》引玄扈先生曰。——原輯者
② 同上。
③ 同上。
④ 「能」亦「耐」之義也。《荀子·正名篇》楊倞注：「『能』當爲『耐』，古字通也。」——原輯者
⑤ 《農政全書》卷之三十五，《蠶桑廣類》引玄扈先生曰。——原輯者

吴人云：「千穊萬穊，不如密花」，此言最害事。稀不如密者，就極瘠下田言之，所謂「瘠田欲稠」也。田之肥瘠，在糞多寡，在人勤惰耳。已則瘠之而稠之，自令薄收，非最下惰農，當作此語耶？若田肥，自不得密。密即青酣①不實，實亦生蟲。故稀種則能肥，肥則實繁而多收。今肥田密種者，既無行次，稍即強弱相害②。苗愈長，愈不忍痛芟之。櫛比而生，不交遠風。雖望之鬱葱，而有葉無枝，有花無實矣。既慮其然，則瘠其苗，非從事之下耶？棉之幹長數尺，枝間數尺，子百顆，畝收二三石，其本性也。今人密種少收，皆其天閼不遂者耳。齊魯人種棉者，既壅田下種，率三尺留一科。苗長後，籠乾糞，視苗之瘠者輒壅之，畝收二三百斤爲常。餘姚海堧之人，種棉極勤，亦二三尺一科。長枝布葉，科百餘子。收極早，亦畝得二三百斤。其爲畦，廣丈許，中高旁下。畦間有溝，深廣各二三尺。秋葉落積溝中爛壞，冬則就溝中起生泥壅田，歲種蠶豆。至春翻罨作壅，即地虚，行根極易，又極深，則能久雨，能久旱，能大風。此皆稀種，故能肥。能肥故多收。若如吾鄉之密種，而又用齊魯之糞肥，餘姚之草肥，安得不青酣，不蟲蠹耶？但慮酣之爲患，不知稀之得力，又慮稀之少收，不知肥之得力，人情之

---

① 石聲漢釋：「『青酣』，即徒長，瘋長。」——原輯者

② 石聲漢校：「『稍』字下疑脱『長』字，或『大』字。」——原輯者

習於故常，如此哉！彼兩方人聞吾鄉之密種薄收也，每大笑之①。

張五典《種法》曰：「種之時，在清明、穀雨節，以霜氣既止也。種之方，或生地用糞，耕蓋後種。或花苗到鋤三遍，高聳，每根苗邊用熟糞半升培植，鋤非六七遍，盡去草茸不可。種之疎密，苗初頂兩葉時，止剗去草顆，宜密留以備死傷。再鋤尚宜稍密，三鋤則定苗顆，宜疎不宜密。大約每花苗一顆，相距八九寸遠，斷不可兩顆連並。苗之去葉心，在伏中晴日，三伏各一次。有苗未長大者，隨時去之。花性忌燥，燥則濕烝而桃易脱落。花苗忌並，並則直起而無旁枝。中下少桃，種不宜晚。晚則秋寒，早則桃多不成實，即成亦不甚大，而花軟無絨。去心不宜於雨暗日，雨暗去心，則灌聾而多空榦。此北方種花法也。北方地高寒，尚宜若此，況此中地濕燥，何可不以北法行之？」按：張，山東陽信人，萬曆乙卯②按吴，行部至海上，時六月初。察視田間，花苗多穉弱，恨其三五爲族，即根以上尺許無蓓蕾，恨其密也。曰：江左賦繁役重，全賴田收，而樹藝無法，歲得半入，此傷農之大者。極論其理，甚詳悉。手書此則，刻而傳之。海上官民軍竈墾田幾二百萬畝，大半種棉，實不止百萬畝。若此言必行，畝益棉三十斤，

---

① 《農政全書》卷之三十五，《蠶桑廣類》引玄扈先生曰。——原輯者

② 四十三年，公元一六一五年。——原輯者

足供賦額。五十斤，足繇役。豐歉獲收，家户殷給，悉仁言之利矣①。

棉花密種者有四害：苗長不作蓓蕾，花開不作子，一也；開花結子，雨後鬱烝，一時墮落，二也；行根淺近，不能風與旱，三也；結子暗蛀，四也②。

總種棉不熟之故有四病：一秕，二密，三瘠，四蕪。秕者，種不實；密者，苗不孤；瘠者，糞不多；蕪者，鋤不數③。

凡田來年擬種稻者，可種麥；擬棉者，勿種也。諺曰：「歇田當一熟。」言息地力，即古代田之義。若人稠地狹，萬不得已，可種大麥或稞麥，仍以糞壅力補之，决不可種小麥。凡高仰田可棉可稻者，種棉二年，翻稻一年。即草根潰爛，土氣肥厚，蟲螟不生，多不得過三年，過則生蟲。三年而無力種稻者，收棉後，周田作岸。積水過冬，入春凍解，放水候乾。耕鋤如法，可種棉，蟲亦不生④。

---

① 《農政全書》卷之三十五，《蠶桑廣類》引玄扈先生曰。——原輯者
② 同上。
③ 同上。《養餘月令》卷五《春三月上·藝種門》引《農遺雜疏》云：「棉不熟之病有四：一秕，謂種不實；二密，謂苗不孤；三瘠，謂糞不勤；四蕪，謂鋤不數。」——原輯者
④ 《農政全書》卷之三十五，《蠶桑廣類》引玄扈先生曰。——原輯者

棉田秋耕爲良，獲稻後，即用人耕。又不宜耙細，須大撥岸起，令其凝冱。來年凍釋，土脈細潤。正月初轉耕，或用牛轉。二月初，再轉。此二轉必櫖蓋令細，清明前作畦畛，土欲絶細，畦欲闊，溝欲深。既作畦，便於白地上鋤三四次，雨後鋤爲良，則土細而草除，鋤白一當鋤青二，去草自其芽櫱故①。

凡棉田，於清明前先下壅。或糞，或灰，或豆餅，或生泥，多寡量田肥瘠。剉豆餅，勿委地，仍分定畦畛，均布之。吾鄉密種者，不得過十餅以上，糞不過十石以上。懼太肥，虚長不實，實亦生蟲。若依古法，苗間三尺，不妨一再倍也。有種晚棉，用黄花苕饒草底壅者，田擬種棉，秋則種草，來年刈草壅稻，留草根田中，耕轉之。若草不甚盛，加别壅。欲厚壅，即並草稖覆之，或種大麥蠶豆等，並稖覆之，皆草壅法也。草壅之收，有倍他壅者。惟生泥，棉所最急。不論何物壅，必須之。故姚江之畦間有溝，最良法。凡水土氣過寒，糞力盛峻熱，生泥能解水土之寒，能解糞力之熱，使實繁而不蠹。諺曰：「生泥好，棉花甘國老。」但下糞須在壅泥前，泥上加糞，併泥無力②。

① 《農政全書》卷之三十五，《蠶桑廣類》引玄扈先生曰。——原輯者

② 同上。

種棉有漫種者，易種難鋤，穴種者反之。漫種者，下種宜密，鋤時簡别而痛芟之，令絶疎。穴種者，穴四五核，鋤時簡别去留之。留不得過二，留二者，高五六寸則以塊亞其中而平分之，使根榦相去。面面生枝，終不如孤生者良。簡别之法，老農云：一二次鋤去大葉者，此大核少棉種也。三鋤後去小葉者，此秕不實種也，或實而油浥病種也。第此爲雜種言耳。若純用墨核等佳種，精擇之，自無大核雜種，即全去小者①。

棉子用臘雪水浸過，不蛀，亦能旱。或云：鰻魚汁浸之，凡種皆然。種棉須土實。漫種者，既覆土，用木碌碡實之。穴種者，覆土後，以足踐之②。

苗高二尺，打去衝天心者，令旁生枝，則子繁也。旁枝尺半，亦打去心者，勿令交枝相揉，傷花實也。摘時視苗遲早，早者大暑前後摘，遲者立秋摘。秋後勢定，勿摘矣，摘亦不復生枝③。

鋤棉須七次以上，又須及夏至前，多鋤爲佳。諺曰：「鋤花要趁黄梅信，鋤頭落地長

① 《農政全書》卷之三十五，《蠶桑廣類》引玄扈先生曰。——原輯者
② 同上。
③ 同上。

三寸。」①

鋤棉者，功須極細密。昔有人傭力鋤者，密埋錢於苗根。鋤者貪覓錢，深細爬梳，棉則大熟②。

棉田溝側勿種豆。疑慮傷災，利其微獲者，是下農夫也。畦中尺寸空餘，少俟即枝條森接，補豆一簇，并害傍苗十數，尤癡絶。赤豆害棉更甚③。

凡種植以早爲良。吾吴濱海，多患風潮。若比常時先種十許日，到八月潮信，有旁根成實數顆，即小收矣。但早種遇寒，苗出多死。今得一法，於舊冬或新春初耕後，畝下大麥種數升。臨種棉，轉耕，并麥苗稀覆之。麥根在土，棉遇之即不畏寒。麥兼四氣之和，性故能寒也。用此法，可先他田半月十日種④。

今人種麥雜棉者，多苦遲。亦有一法，預於舊冬耕熟地，穴種麥，來春就於麥隴中穴種棉。

① 《農政全書》卷之三十五，《蠶桑廣類》引玄扈先生曰。——原輯者
② 同上。
③ 同上。
④ 同上。

但能穴種麥，即漫種棉，亦可刈麥①。

吉貝遇大水，淹没七日以下，水退尚能發生。若淹過八九日，水退，必須翻種矣。遇大旱，戽水潤之。但戽水後一兩日，得雨復損苗，須較量陰晴，方可車戽。若能稀種，行根深遠，即車後得雨，亦無妨也②。

陶宗儀稱：松江以黄嫗故，有棉布之利。而仲深先生亦云③：「其利視絲，枲百倍。」④此言信然。然其利今不在民矣。嘗考宋紹興中，松郡税糧十八萬石耳。今平米九十七萬石，會計加編，徵收耗剩，起解鋪墊諸色役費，當復稱是。是十倍宋也。壤地廣袤，不過百里而遥。農畝之入，非能有加於他郡邑也。所繇共百萬之賦，三百年而尚存視息者，全賴此一機一杼而已。非獨松也，蘇、杭、常、鎮之幣帛枲紵，嘉、湖之絲纊，皆恃此女紅末業，以上供賦税，下給俯仰。若求諸田畝之收，則必不可辦。故論事者多言：「東南之民，勤力以事上，比於孝子順孫。」不虚耳。《松江志》又言：「綾布二物，衣被天下。」原此中之

① 《農政全書》卷之三十五，《蠶桑廣類》引玄扈先生曰。——原輯者
② 同上。
③ （仲深先生）丘濬也。——原輯者
④ 語見丘著《大學衍義補》。——原輯者

布，實不如西洋之麗密。曾見浙中一種細布，亦此中所未見者。徒以家紡户織，遠近通流，遂以爲壤奠，爲利源也。第事勢推移，無數百年不變者。元人稱關陝而外，諸郡土地不宜吉貝，識者非之。今之藝吉貝者，所在而是焉。何樹藝之獨然，而織紝之獨不然也耶？安能禁他郡邑之人不爲黄媪耶？今北土之吉貝賤而布貴，南方反是。吉貝則泛舟而鬻諸南，布則泛舟而鬻諸北，此皆事之不可解者。若以北之棉斅南之織，豈不反賤爲貴，反貴爲賤？余居恒謂北方之人必有從事者。若云彼土風高，不能抽引，此語誠然。顧豈無善巧之法，而總料其不然，亦未免爲悠悠之論。故常揣度，後此數十年，松之布當無所泄。無所泄，即無以上共賦税，下給俯仰，宜當早爲計者，人情多未以爲然也。而數年來，肅寧一邑所出布疋，足當吾松十分之一矣。初猶莽莽，今之細密，幾與吾松之中品埒矣。其價值僅當十之六七，則向所云吉貝賤故也。夫以一邑漸及他之邑何難？既能其一，進之其十，何難？由下品而中，由中品而上，何難？吾欲利而能謂人已耶？北土既爾，他方復然，則後此數十年，松之布竟何所泄哉？至於此，即當事者必有輕重經通之策。第吾儕自朝謀夕，竊謂宜及今兼事蠶桑，以濟布匹之窮。或者又復以土地不宜爲言，嗚呼，慮始之難甚哉！昔人有言，未事豫言，固常爲虚，及其已至，又無所及。余唯幸余言之不驗也。夫即余言之不驗，而以數十日之功，收蠶桑之利，餘日以事紡織，亦安所不便乎①？

近來北方多吉貝而不便紡織者，以北土風氣高燥，綿毳斷續，不得成縷，縱能作布，亦虛疎不堪用耳。南人寓都下者，多朝夕就露下紡，日中陰雨亦紡，不則徒業矣。南方卑溼，故作縷緊細，布亦堅實。今肅寧人乃多穿地窖，深數尺，作屋其上。檐高於平地，僅二尺許，作窗櫺以通日光。人居其中，就溼氣紡織，便得緊實，與南土不異。若陰雨時窖中溼烝太甚，又不妨移就平地也。刱始何人，殊有意致。但南中用糊有二法：其一，先將綿維作絞，糊盆度過，復於撥車轉輪作維。次用經車縈迴成紝。吴語謂之「漿紗」。其一，先將棉維入輕車成紝，次入糊盆度過，竹木作架，兩端用綷急維，竹帚痛刷，候乾上機。吴語謂之「刷紗」。南布之佳者，皆刷紗也。今肅寧尚未作此，亦緣風土高燥，塵沙坌起故耳。法當如前作窖，令長二三十丈，廣三四丈，冒以長廊，循檐作窗櫺開闔，以避就風日，於中經刷。或輕陰無風，纖塵不起，亦不妨移向平地。若作如此方便，其成布當盛吴下。第功力頗費，當如《農桑輯要》所云「義桑之法」，聚衆力成之。若有力者作此，計日賃用，亦大收僦值也②。

---

① 《農政全書》卷之三十五，《蠶桑廣類》引玄扈先生曰。——原輯者

② 同上。

《農桑通訣》所載攪車，用兩人，今止用一人。紡車容三維，今吴下猶用之。間有容四維者，江西樂安至容五維。往見樂安人於馮可大所道之①。因託可大轉索其器，未得，更不知五維向一手間何處安置也。聊舉一二，其他善巧，所在有之。且智巧日窮不盡，後之制作，若能虚訪勤求，即吴宫機絶，尚有進乎技者，何況其他？嗟乎，又豈直杼軸之間，蕞爾細事已哉②。

孟祺《農桑輯要》言：「一步留兩苗。」又言：「旁枝長尺半，亦打去心。」此爲每科相去皆三尺，古法也。《便民圖纂》言：「每一尺作一穴。」此爲每科相去皆一尺，近法也。今或相去二三寸，一二寸，乃至三五成族，是謂無法，自取薄收耳。祺又言：「苗長二尺，打去衝天心。」此亦古法。須三伏者，方盛長時，令旁生枝也。吾鄉人知去心者百中有一二，然非早種、稀留、肥壅，亦自無由高大，去心何益？北土用熟糞者，堆積乾糞，罨覆踰時，熱烝已過，然後用之，勢緩而力厚，雖多無害。南土無之，大都用水糞、豆餅、草薉、生泥四物。水糞積過半年以上，與熟糞同。此既難得，旋用新糞，畝不能過十石，過則青酣。一爲糞性熱，一爲花科密也。豆餅亦熱，畝不能過十餅，過者與糞多同病。若能稀種，科間一尺，此二物者可加一倍；

① 石聲漢注《農政全書》云：馮應京，字可大。——原輯者

② 《農政全書》卷之三十五，《蠶桑廣類》引玄扈先生曰。——原輯者

間二尺，可加三倍；　間三尺，可加五倍也。更能於冬春下壅後耕蓋之，可加至十倍。既不傷苗，二三年後，尚有餘力矣。草壅甚熱，過於糞餅。糞因水解，餅亦勻細。草壅難勻，當其多處，峻熱傷苗，故有時倍收，有時耗損。因此一物，特宜詳慎。生泥者，或開挑溝底，或罱取草泥，罨烝去熱，此種最良。凡先下糞餅草薉，用此覆之，大能緩其勢，益其力。姚江法全用草壅，加以生泥，科間二尺，方之吾鄉，畝收數倍也。蓋生泥中具有水土草薉，和合淳熟，其水土能制草薉之熱，草薉能調水土之寒，故良農重之，有國老之稱矣。余勸人稀種棉，本疏中言之詳矣①。余法須苗間三尺。或未信，宜先一尺二尺試之。今更有一論②，推明必然之理。吾鄉種棉花，極稔時，間有一二大株，俗稱爲花王者，於幹上結實，旁枝甚多，實亦多，人以爲神異。賽祭祈禱，或罄其所入，此至愚也。余謂下一花子，便當得一花王。其不花王者，皆夭閼不遂者耳。意此中花種，久受屈抑，少全氣之核，種之又遲又密又瘦，故皆不獲遂其本性。萬一中有豐滿之核，種復早，又偶值稀疏之處，偶遇肥饒之地，偶當豐稔之時，此四五事皆相得，則花王矣。然安能一一湊合若此，所爲萬萬中有一，而花王絶少也。若依吾法，歲歲擇種，取其高

---

① 「本疏」謂《吉貝疏》。——原輯者

② 「今更有一論」，是《農遺雜疏》新立之論。——原輯者

大繁實者，特留作種，淘汰擇取精核。又早種，科間三尺，科用糞數升，而遇豐年，豈不遍地花王哉？即歉歲，亦數倍恒時矣。若不信此言，請詳花王何物，試言其理。花合有王，他卉木不合有王乎？他卉木能遂其性者多矣，獨花未也，必予地三尺而後可。按杜史所疏種花法，異吾土者，略有三指：一曰稀，二曰肥，三曰早。稀之爲利，稀則耐肥而能爲利，余既備論之①。今特論所云「早」者。按吾鄉北極出地三十度，山東濟南三十六度，相去六度，寒煖甚懸絶。杜史言其邑陽信，俱於清明種木棉，無過穀雨者，則吾鄉當在清明前無疑。但此時霜信未絶，苗出土經霜則萎。今定於清明前五日爲上時，後五日爲中時，穀雨爲下時，決不宜過穀雨矣。如此早種，即早實早收，縱遇風潮之年，亦有近根之實，不至全荒也。吾鄉向稱早種者，在立夏前，遲或至小滿後。詢其緣由，皆不獲已。其一爲惜麥。北方地寬，絶無麥底，花得早種。吾鄉間種麥雜花者，不得不遲。今請無惜麥，必用荒田底。即種麥，亦宜穴種，可得早種花，後收麥，旋以厚壅起之也。其一爲力不辦翻耕。北土堅強，兼少梅雨，故早種無耗損。纔及夏至，已得結桃。南土虛浮濕烝，翻耕首年，十全無患。三年以後，土仍虛浮，復生地蠶。早種者或遇梅雨，濯露其根，遂多萎壞。或遇地蠶，斷根食葉，一蟲之害，赤地步武。今請數翻耕，即不

① 謂《吉貝疏》所論也。——原輯者

辨，亦宜冬灌春耕，以實其田，殺其蟲。既被蟲食者，檢殺其蟲，移栽補之。但今人不知擇種，即秕者半，不秕之中，羸者半，凡遇梅雨輒死，皆羸種，而咎早種乎？此物即不死，亦少成少實。凡密種者，其地力、人力、糞力，半爲此物所耗，豈不可惜？故擇種要矣。又孟祺言，概則移栽①。棉花帶土移栽，一體成實。人言茶與棉移栽不生，皆妄也。移栽不生，亦羸種稠生故耳。不移栽，旋下子補種，又晚矣。大抵棉花早種必是，晚種必非，吾輩宜據理商求，以圖成早種之是。勿執辭推諉，以曲蓋晚種之非。明此義者，視世間萬事盡然，何獨藝棉而已乎②？

每見議者，執言：「此中棉花，早種多死。立夏前後種者，即不死，此寒凍所致。」乃山東相去六度更寒，清明下種卻不死，其理難明也。深求其故，所以不禁寒凍者，大抵在於根淺。根淺之緣，復有數事，一者種病，二者漫種浮露，三者太密，四者太瘦。種病如胎病，又少壅，兩者皆無力可生根。漫種者，子粒浮露，根不入土。密則無處行根，根不遠，不遠亦不深。故雨濯其根，風寒中其根，多立死。凡種樹，須築實其根。土若有罅，風中其根，亦死。此恒理也。犯此多病，時在死法中。更梅時鋤卻一再遍，土尤虛浮。淒風寒雨，十日半月，苗葉有餘，

① 《農桑輯要·栽木棉法》篇語。——原輯者

② 《農政全書》卷之三十五，《蠶桑廣類》引玄扈先生曰。——原輯者

根力不足。故早種者中寒則死，梅中尤多死，反不若遲種者，根苗俱稺，與草同生。過梅天已入盛夏，不懼寒凍，可得苟全也，而生計薄矣。譬人通身是疾，不禁霧露，晏行早宿，行路無幾，何如不病者，櫛風沐雨，日中而趨百里乎？欲求不病，擇種一矣，稀二矣，厚壅三矣。穴種者，下種後覆土一指，足踐實之；漫種者，下子後亦覆土厚一指，木磟碡實之；若能穴種，復作畦壠者，苗生，耨壠草遺土附苗根也，四矣。此四法者，皆令根深，能風雨，亦且能旱。即早種，何慮死，其他蟲傷草熱，則人事不精，非關寒凍，略見上文，未遑具論也。舊傳早種一法，擬種棉地，先耕地種大麥。轉耕，並麥苗稀覆之，耙蓋下種。餘姚亦早種棉，卻先種蠶豆，轉耕稀覆之。二法略同。此是何理？蓋皆令地虛，苗得深遠行根，便能寒，且能風雨旱，亦深根之義耳。且隨地翻罨，草壅必勻，勝刈他草下壅。餘姚法，罨豆後，仍上生泥。泥不止去草熱，亦令草少蟲少，種疊地花者，不可不知①。

余爲《吉貝疏》，説棉頗詳。恐不能偏農家，兹刻宜可偏②。或不逮不知書者，今括之以四言。儻知書者口授之，婦女嬰兒，必可通也。曰：精揀核，早下種，深根短榦，稀科肥壅③。

---

① 《農政全書》卷之三十五，《蠶桑廣類》引玄扈先生曰。——原輯者

② 「兹刻」，謂《農遺雜疏》之刻本也。——原輯者

③ 《農政全書》卷之三十五，《蠶桑廣類》引玄扈先生曰。——原輯者

【木棉攪車】今之攪車，以一人當三人矣。所見句容式，一人可當四人。太倉式，兩人可當八人①。

【木棉彈弓】今以木爲弓，蠟絲爲絃②。

【木棉紡車】置車在左，不便。若轉輪右旋，可作，亦不便。今人以線爲絃，繞莩一周，下成單繳，即輪右左轉，而能括莩右旋矣③。

大麥

大麥最能藏久，可以多積④。

① 《農政全書》卷之三十五，《蠶桑廣類》引玄扈先生曰。——原輯者

② 同上。

③ 同上。

④ 《養餘月令》卷八《夏四月下·收採門》引《農遺雜疏》。又《農政全書》卷二十六引玄扈先生曰有此二語。——原輯者

蠶　豆

蠶豆宜此月①，種於花田中，留花秸以拒霜，直清明後始拔之②。此物百穀之中，最爲先登。極農家之急，蒸煮代飯，炸炒供茶，無所不宜。且蝗所不食，藏之數年，蟲亦不蛀。誠備荒佳種也③。

接樹三訣

接樹有三訣：第一襯青，第二就節，第三對縫。依此三法，萬不失一④。

---

① 謂九月。——原輯者

② 《木棉》篇第九節及第二十九節並云，餘姚亦早種棉，卻先種蠶豆，轉耕稀覆之，與此相應。——原輯者

③ 《養餘月令》卷十五《秋九月上·藝種門》引《農遺雜疏》。《農政全書》卷二十六引玄扈先生曰：「蠶豆種花田中，冬天不拔花秸，用以拒霜，至清明後拔之。」又曰：「八月初種，臘月宜厚壅之。此種極救農家之急，且蝗所不食。」——原輯者

④ 《養餘月令》卷四《春二月下·栽博門》引《農遺雜疏》。《農政全書》卷十七引玄扈先生曰，文全同。——原輯者

石榴

石榴最宜多種，又宜痛剥。須於春分①，剪去繁枝及樹梢，則實大。其不結子者，以石塊或枯骨安樹丫間②則實③，所謂榴得骸而葉茂也④。

柑橘

柑橘等類，但耐肥者，栽時須候發芽如米大⑤。記取南枝。掘深坑，以糞及河泥實底⑥，方

---

① 《農政全書》卷二十九引玄扈先生曰，「分」下有「前」字。——原輯者

② 《農政全書》「間」下有「或根下」三字。——原輯者

③ 《農政全書》作「則結子不落」五字。——原輯者

④ 《養餘月令》卷四《春二月下·栽博門》引《農遺雜疏》。——原輯者

⑤ 《農政全書》卷三十引玄扈先生曰，無以上二句。——原輯者

⑥ 《農政全書》引本句作「糞河泥實底」。——原輯者

下樹下鬆土，半坑①，築實。又下糞河泥。方下土平坑。又下糞河泥，又加築實，則旺。凡樹耐肥者，皆用此法②。

柑多蟲，以蟻窠掛於樹上，則蟲自去③。

烏柏

採烏柏子④，以熟爲度⑤。採須連條剥之⑥，但留指大以上枝，其小者縱無子亦宜剥去，則明年枝葉繁盛⑦。人家園舍之傍，若植數株，則一歲膏油足用，且渣可壅田，樹久

① 《農政全書》引作「滿半坑」。——原輯者
② 《養餘月令》卷四《春二月下·栽博門》引《農遺雜疏》。又《農政全書》卷三十引玄扈先生曰。——原輯者
③ 《養餘月令》卷四《春二月下·栽博門》引《農遺雜疏》。——原輯者
④ 《農政全書》卷三十八引玄扈先生曰，句下有「在中冬」三字。——原輯者
⑤ 《農政全書》引，「度」作「候」。——原輯者
⑥ 《農政全書》引，「連」下有「枝」字。——原輯者
⑦ 《農政全書》引作「枝實俱繁盛」。又《全書》所引至此而止，無以下各句。——原輯者

不壞，爲利最溥①。

竹

竹生花生實，輒滿林枯死。此有二病，其一處獨生者②，竹園既久③，根多蟠結④。唯將園地宿根掘起一握，間留一段。掘者使鞭舒暢，留者存其本根，自然復盛⑤。又有遍地皆然者，或兆水信，或傷水澇也。此則不必掘動，但薄加河泥覆之，依然故林矣⑥。

---

① 《養餘月令》卷十九《冬十一月·收採門》引《農遺雜疏》。——原輯者

② 《農政全書》卷三十九引玄扈先生曰，此句作「其一私者」四字。——原輯者

③ 「既」原作「必」，依《農政全書》引改。——原輯者

④ 《農政全書》引，以下有「故也治之之法」六字。——原輯者

⑤ 《農政全書》引此節作：「將園地分段，掘起宿根。間一段，起一段，使其根舒展，次年還復盛矣。」是成書以後改定之文。——原輯者

⑥ 《農政全書》引此節作「其一公者，遍地皆然。此必水澇之年，或水災之後也。此則無法可治，但不可因其枯瘁遽起竹根，只須留以待之。一二年後，自然復發，依然故林。」此明爲後來改定之論也。《養餘月令》卷二十三《竹雜門》引《農遺雜疏》。——原輯者

蔓青

《本草》注云：菘菜不生北土，有將子北種者，即變爲蔓青。蔓青子南種，亦變爲菘。此二物相類，但菘子黑，蔓青子紫赤耳①。余家種蔓青數年，未嘗變也。特秦晉所種，其根有大如椀者，南種則遠不及耳②。大率以稀種多壅爲善。且春時摘薹，則生子較遲。或留半摘薹，留半結子③。於伏内種之乃妙。賈氏云：「七月初種。」余家七月初種者，反多蟲。而六月種者，根株稍大，蟲不能傷④。凡人食菜，久無穀氣，則有菜色，唯食此獨否。蓋其莖根皆膏潤故

---

① 《農政全書》卷二十八引玄扈先生曰：「《唐本草》注云：菘菜不生北土。有人將子北種，初一年，半爲蕪菁。二年，菘種都絶。有將蕪菁子南種，亦二年都變。土地所宜，須有此例。其子亦隨色變，但粗細無異耳。菘子黑，蔓菁子紫赤，大小相似。」——原輯者

② 《農政全書》引作「余家種蔓菁三四年，亦未嘗變爲菘也。獨其根隨地有大小，亦如菘有厚薄。」——原輯者

③ 《農政全書》引曰：「今欲稀種多壅。」又曰：「近立一法，可得佳種。凡蕪菁春時摘薹者，生子遲半月。若摘薹二遍，即遲一月矣。宜將留種蕪菁，分作三停。其一不摘薹，擬芒種後收子。其一摘薹一遍，擬夏至後收子。其一摘薹二遍，擬小暑後收子。」——原輯者

④ 《農政全書》引曰：「賈氏言：種宜七月初，六月種者蟲食。余家七月種者，甚苦蟲。惟六月種者，根株稍大，蟲不能傷耳。」——原輯者

也。多種以備飢荒，更勝於芋①。每年春夏秋，月月可種，鱗次待用②。

百合

百合於肥熟地③，春時取大根擘瓣，如種蒜④。五寸一顆⑤，以糞水灌，苗出即鋤去草，鋤過三遍則止。乾則澆水，頻澆則開花爛漫⑥。春後及秋分，俱可分移，三年後大如拳⑦。

---

① 《農政全書》引曰：「人久食蔬，無穀氣，則有菜色。唯蕪菁獨否，其莖根皆膏潤故也。蕪菁味似芋，兩物皆似穀氣，故漢詔種蕪菁，以助民食，而史稱『蹲鴟』至死不飢。」——原輯者

② 《農政全書》引曰：「蔓菁獨留根取子者，當六月種，明年四月收耳。若供食者，正月至八月，無月不可種，賈氏所謂『自春至秋，得三輩，常供好葅。』此云雞毛菜者，無亦謂其鱗次供用耳。」《養餘月令》卷十一《夏六月上·藝種門》引《農遺雜疏》。——原輯者

③ 《農政全書》卷四十引玄扈先生曰，作「宜肥地，加雞糞，熟鋤」八字。——原輯者

④ 《農政全書》引作「擘雜于畦中，如種蒜法」九字。——原輯者

⑤ 《農政全書》引作「科」字。——原輯者

⑥ 《農政全書》引作「二月半鋤之滿三遍，則不鋤不長。三年大如盞。頻澆則開花爛熳，清香滿庭。」——原輯者

⑦ 《農政全書》引，僅作「秋分亦可分」一句。《養餘月令》卷一《春正月上·藝種門》引《農遺雜疏》。——原輯者

荸薺

荸薺，先於春初埋泥缸内，至此時①，復移水田中。夏至後分種，每科相離五尺許，耘盪與稻同。豆餅或糞壅之，破草鞋尤妙②。

萱草

萱草，一名鹿葱，謂鹿食九種解毒之一也。春間芽生，移栽③。用根向上，葉向下④。春剪苗食，如枸杞。至夏則老矣，止可取花作蔬食耳⑤。

---

① 謂二月。——原輯者

② 《農政全書》卷二十七引玄扈先生曰，僅「破草鞋壅甚盛」一句。《養餘月令》卷三《春二月上·藝種門》引《農遺雜疏》。——原輯者

③ 《農政全書》卷四十引玄扈先生曰，此下有「栽宜稀，一年自稠密矣」二句。——原輯者

④ 《農政全書》引，「用」字上有「種時」二字。——原輯者

⑤ 《農政全書》引作「春剪其苗，若枸杞食，至夏則不堪食。」《養餘月令》卷四《春二月下·栽博門》引《農遺雜疏》。——原輯者

肥猪法

用管仲三斤，蒼朮四兩，黄豆一斗，芝麻一升，各炒熟，共爲末，餵之①，十二日則肥。一云：用麻子二升，搗破②，同鹽一升煮之，和糖③，飼猪則立肥④。

養魚法⑤

掘小池，方一丈，深八尺。底又作小池，方五尺，深二尺。用杵築實，畜水。至清明前

①《農政全書》卷四十一引玄扈先生曰，「餵」作「餌」。——原輯者
②《農政全書》引作「搗十餘杵」。——原輯者
③《農政全書》引，下有「三升」二字。——原輯者
④《養餘月令》卷二十《冬十二月·畜牧門》引《農遺雜疏》。——原輯者
⑤《農政全書》卷四十一引玄扈先生曰，作「江西養魚法」。——原輯者

後①，於魚苗出時②，買鰱魚、鯶魚苗，長一寸上下者，每池鰱六百、鯶二百，每日以水荇帶草喂之。無草時可用鹹蛋殼食之，常時積下，至此時用之③，冬月尤宜④。令魚并泥食之，不散游。至端陽後⑤，以夏布撈起，選去雜魚，另掘大池，方數丈至十數丈者，於二三月内，去水曬半乾，栽荇草於内。栽完入水，迨草長，以選浄魚入其中養之，至冬可得二三觔。每月用草一擔⑥。如過冬無草，可豫積下舊草薦，置僻處溺之。至此時剉細，以泥土和草成團，置池中，令魚夾泥

---

① 「明」字原脱，依《農政全書》引補。——原輯者

② 《農政全書》引，脱「於魚苗」三字，僅有「出時」二字。石聲漢《校注》云：「出時」上疑脱漏應有之主語，如「魚苗」，或「苗」之類。今證以《農遺雜疏》，石校是也。——原輯者

③ 《農政全書》引，無「此」字。——原輯者

④ 《農政全書》引，「宜」下有「用之」二字。——原輯者

⑤ 《農政全書》引，「端陽」作「五月五日」。又「後」字下多「五更時」三字。——原輯者

⑥ 《農政全書》引作：「用夏布袱，于塘近邊釘四樁，張布袱其上。次以夏布兜撈魚苗，傾袱内。選去雜魚，另置一水盆中。其鰱鯶入水桶，旋送入中池。中池方二三丈，每池可放七八百。池中先栽荇草。栽法：於二三月邊，舊魚入大塘，去水，曬半乾，栽荇草於内。栽完，放水長草，以養新魚。其中池移過大池之鯶魚，每百日用草二擔，則中池過塘時，魚重一斤者，至十月可得三四斤。」——原輯者

食之①。最忌池瘦傷魚，令生蝨。須以松毛遍池中浮之，則除②。

一法③，作羊棬於塘岸上，安羊。每早掃其糞於塘中，以飼草魚。而草魚之糞，又可以飼連魚④。如是可以損人打草⑤，但魚略有微滯耳⑥。須擇背山面湖，山聚水曲之處⑦，掘築方圍大塘⑧，以收水利。塘内有九洲八谷，如同江湖，納蝦、鱉、螺螄爲神守，使魚相忘相若，自以爲

---

① 《農政全書》引作「常時積舊草薦，置僻處，使人溺其上。久之，至冬月，剉細，以稻泥或黄土和草，成碗大團子。曬乾，置池中心深處，大魚則并泥食之。中池中魚，剉草宜更細，入水二三日，和土成團。」——原輯者

② 《農政全書》引作「池瘦傷魚，令生蝨。凡取魚見魚瘦，宜細檢視之。有則以松毛遍池中浮之，則除。」《養餘月令》卷二十二《魚雜門》引《農遺雜疏》。——原輯者

③ 《農政全書》引作「又曰」二字。——原輯者

④ 《農政全書》引「連」作「鰱」。——原輯者

⑤ 石聲漢校注《農政全書》，謂「損」應是「省」字之誤。按：損之義爲減，見《廣雅·釋詁》及《荀子·禮論》楊倞注。玄扈用「損」字古義，非誤字也。——原輯者

⑥ 《農政全書》引此，下有「水畜之利」四字。——原輯者

⑦ 《農政全書》引此，下有云「起造住宅，先置田地山場。凡僕從，即便播穀種蔬，樹植蠶繅，以爲衣食之源」等語。——原輯者

⑧ 《農政全書》引，「掘」字上有「然後」二字。——原輯者

在江湖之中①，日夜遊戲而不息矣②。

養　蜂

冬月③，恐割密過多，蜂飢，可將極嫩雞④去毛及腸肚，剖開白煮，懸置蜂房内，蜂自食之⑤。力更倍常。明春開看，止存雞骨耳⑥。

---

① 《農政全書》引，無「在」字。——原輯者
② 《養餘月令》卷二十二《魚雜門》引《農遺雜疏》。——原輯者
③ 「冬」原作「是」。依《農政全書》引玄扈先生曰改。——原輯者
④ 《農政全書》引無「極」字。——原輯者
⑤ 《農政全書》引此四句，但作「白煮，置房側，令食之」八字。——原輯者
⑥ 《農政全書》引無此三語，但所引《經世民事》則有類似之語。《養餘月令》卷十九《冬十一月·畜牧門》引《農遺雜疏》。——原輯者

輯農遺雜疏跋

黄俞邰（虞稷）《千頃堂書目》及《明史・藝文志》子類、農家類，咸著録：「徐光啓《農政全書》六十卷，《農遺雜疏》五卷。」《全書》采明農之衆篇，勒一代之大典，博録與抒論并舉。《雜疏》唯詳種藝畜牧之術，純爲農技專著。特以天有所賦，人力昔有不及，勤求術藝，以收遺利，以富民有。蓋徐氏中年心力所瘁之農學撰著，啓乎《全書》之先路者也。書成鏤版于明萬曆四十八年公元一六二〇年。頃。王重民教授據《式古堂書畫彙考》書考之部卷二十八録徐光啓致顧老親家昌祚第三書有云：「拙刻《農遺》，前三叔太欲刻，弟以乘便自刻之。今恐郡中欲翻刻，則尚有增定，乞一徐之，當寄回也。」因知《農遺》先有徐氏在京自刻本，繼有所增訂，欲付故里翻刻。重刻是否實現，無可考，而京中有自刻本則無疑。王先生首考此札寫于萬曆四十六年，見《徐光啓集》第五百頁。旋覆考知是作于天啓元年十月十四日，曾于致余函中示及。由是重定《農遺雜疏》之初刻在萬曆四十八年頃，而非早二歲事也。明季浙東藏書大家祁曠翁（承㸁）澹生堂造私家簿録，于萬曆四十八年七月目中「農家民務」類已有著録：「《農遺雜疏》二册五卷，徐光啓。」不脛而行，速于置郵，此其徵也。居嘗爲喻：徐氏之治農學，蚤歲撰《甘藷》、《吉貝》、《蕪菁》諸疏，如涓涓在源；暨及《農遺》，則河曲一注，奔騰直下；及到風陵，蜿蜒平流，入于大海，遂有《全書》。惜乎《全書》既行，而《雜疏》遽泯也。

二十年前，余從上海中華書局圖書館讀所藏明季刊本《養餘月令》，今歸上海辭書出版社圖書館。上海圖書館別有一部，爲清雍正九年重刊本。見其所徵引者，《農遺雜疏》赫然時有見焉，遂悟近古亦有佚書，佚者亦不無可輯之理。外則《農政全書·凡例》木棉條下稱：「玄扈先生所著《農遺雜疏》首詳之。」用知《吉貝》一篇，實冠《雜疏》。嘗發其旨于《徐光啓農學著述考》，發表于《北京圖書館季刊》一九六二年第三號，今輯入拙著《農書與農史論集》。卒無暇寫一輯本。今于《徐光啓著譯集》編輯之際，始排比成之。爲帙雖小，而徐氏著書宏恉，灼然可見。明世封建剥削酷厲，宗禄之繁，爲害更甚。人蝗蟲蝗，交逼小民，階級矛盾之激化，不卜可知。始有謀者，乞靈于野菜。故明朝野生可食植物探索之學特盛，朱橚撰《救荒本草》于前，西樓王磐著《野菜譜》于後。歙人鮑山繼又修《野菜博録》，其爲末策，蓋可知也。徐氏獨遵格物致知之道，勤求利用盡生之術。雖其本質願望，要爲解救封建統治階級之杌隉，然其采取之手段，總歸于探求科學，發展生産，則萬世不易之理也。此蕞爾編，猶有校勘之用。若「養魚法」條「于魚苗出時買鰱魚鱓魚苗」句，《農政全書》但作「出時買」云云。石聲漢教授校注曰：「出時」上疑脱應有之主語，如「魚苗」或「苗」字之類。今以《養餘月令》所引《農遺雜疏》證之，校語爲長。然則藍田片玉，識大識小，各有所用也。一九八三年四月二十日胡道静伏枕書。

輯敍既竟，見《徐氏宗譜》有徐爾默撰于清順治三年丙戌公元一六四六年。之《題〈農輯〉》一文。爾默爲玄扈第四孫，因以知玄扈在易簣前，手編《全書》摘要一編，名曰《農輯》，實《全書》之縮本，菁華所在也。書若已刻，而佚不傳，亦未得佚文能輯。然此跋存其編録之宏旨，結構之梗概，至可貴也。遂録之如次，以備參稽：

先文定公留心農政，向有《全書》，而以王事鞅掌，未克見諸施行。癸酉秋月，揆務焦勞，盡瘁成疾，乃欲舍黄閣而問滄田。伏枕之餘，手録一編，首述告君父之言與致同寅之語，次陳輯書之意，遂列五穀、百卉、種植、畜牧，暨救荒勸相諸方。繇是輯而徧考《全書》，所謂「祭海而先河」也。爾默于兄弟五人中，樸率成習，有媿紹聞。捧兹遺編，勤思繼述，敬授梨棗，儻亦繩武之一端乎。大裕國而小裕家，願與有志者共圖之。丙戌六月孫爾默謹識。

《農遺雜疏》輯稿亦勞摯友承君名世寫成清本，中心藏之，何日忘之。道静又識。

農書草稿

即北耕録

〔明〕徐光啓　撰
李天綱　點校

點校説明

徐光啓長孫徐爾覺的孫子徐春芳(向若),於康熙三十四年(一六九五)以此書示其表叔許纘曾。許纘曾,字孝修,蘇州府婁縣人,順治六年進士。許纘曾的母親,人稱「許太夫人」,是徐光啓的次孫女。許纘曾鑒定此書「余外曾祖文定公徐中堂手書也」,從中「擇行楷數紙塗改無多、易於成誦者」裝潢成帙,並加題跋。《農書草稿》爲徐光啓親筆草體謄寫,故稱「墨蹟」。一九五〇年代以後歸上海博物館藏,中華書局影印《徐光啓手跡》曾予以收録,《徐光啓著譯集》亦影印採録。查看《農書草稿》,其中記録徐光啓在天津耕種之事甚多,學者判斷此書即爲徐爾默《文定公集引》中提及的《北耕録》。徐爾覺收藏的《農書草稿》不爲徐爾默所知,故爾默《文定公集引》將《北耕録》列爲「未刊而佚者」,以爲丟失了。

《農書草稿》現存二十八頁,共十六篇。其中八篇記施糞法,兩篇記製墨法,其餘記製筆、造鏹、煉汞、養駝、取熊諸法,不一而足。徐光啓關心事功,記録身邊工藝之事,有些史料堪稱一絶。如記「吾松製墨故與新安齊名」，且「松墨勝新安者三，淡不滲，濃不滯，宿不積」。今人只知有徽墨，不知曾有松墨，幸賴有徐光啓《農書草稿》，始知之。今據《徐光啓著譯集》影印本標點排印，以資傳播。

李天綱

二〇一〇年十一月

目録

點校説明……四三七
糞壅規則……四四一
灰欲新糞欲陳……四四五
糞丹 自擬……四四六
廣糞壤……四四七
不必定猪臟……四五三
糞丹 王淦烋傳……四五四
糞丹 吴雲將傳……四五五
袁了凡農書載熟糞法……四五五
論墨……四五六
試墨法……四五七
論筆……四五八
造强水……四五八
硫氣汞氣……四五九
救火莫如油紗……四五九
養駝……四六〇
取熊法……四六一
許纘曾跋……四六一

南土壅稻，每畝約用水糞十石。

北天津壅稻，丁巳年每畝用麻糂四斗。是年每畝收米一石五斗，科大如酒杯口。丙辰初到天津，用南稻種。田師孫彪用乾大糞，每畝八石。是年稻科大如盌，根大如斗，而含胎不秀，竟不收。不知是糞多力峻耶？抑爲新地不能當糞力耶？抑爲南種土性不宜耶？

天津屯田兵云，用麻糂，畝官斗五斗。若用乾糞，得二十石①。若初年新開荒地，不用糞。過二三年力漸薄，乃可用也。其所言二十石，似太多，難聽從耳。

北京城外，每畝用糞一車，該銀九分。

廣東壅蠔灰壅稻，畝用銀一分，約灰十餘斤。

京東人云，不論大田稻田，每頃用糞七車，每車用銀一錢二三分，賤時一錢。此大少，亦不知者

① 頁眉處有徐光啓自注：「水糞止須十石，乾者數倍力，乃用二十石，此不知者之言也。」

之言也。

天津屯兵云，大地新開與開荒同，亦不下糞。

浙人用猪毛①，每畝用□□②。每科秧用十餘根同插。

浙人用棉花餅，每畝用百片，約二百餘斤。

三吴用豆餅，每畝用七十斤，少則至四十斤。棉花用三四十斤。

或用猪糞灰，每畝用……③

或用脂麻餅，每畝用……④

閩廣人用牛猪骨灰，每畝……⑤

山泉處或用石灰，每畝用……⑥

京東永年等處，大田用雜牛馬等糞，或漚草，每畝二十石。其田皆作壠，廣尺深尺，播種之，每

---

① 「用猪毛」旁，加「播秧時同下」五字。
② 「每畝用」下，原空二三字位置。
③ 「每畝用」下，原缺。
④ 「每畝用」下，原缺。
⑤ 「每畝」下，原缺。
⑥ 「每畝用」下，原缺。

畝可收八石。

浙東人用大糞練成焦泥，每畦菜止用一升。

袁寶坻傳熟糞法，每□用……①

沂州人用炕土燒過一二年者杵細，壅水田，每斗當糞十石。

又云用牛馬猪羊骨屑之，每一斗當糞百石，以壅水田。

南土用螺蚌、牡蠣、蚶蛤等作灰，壅稻。每畝用灰十斤以上。

吾鄉崇明人專爲人開荒，過三四年則去之，亦爲新田力盛，不用糞壅故②。

天津屯兵言：鹻地不害稻，得水即去，其田壯亦與新田同。但葛沽屯又言：初年鹻地不宜稻，蒔下多不發。二年以後漸佳，後來更不復薄③。此當由鹻盛邪？抑凡鹻地多不宜初載邪？抑水力未到，鹻氣未除耶？

北京西山用雞鵞毛壅稻，每畝用……④

---

① 「每」下，原空一字；「用」下，原缺。

② 「不用」，原作「省」，被圈改。

③ 本句邊行又插入一句：「不須上糞，尤勝不鹻者。」

④ 「每畝用」下，原缺。

王龍陽《傳糞丹法》，每畝用成丹一升。

山東東昌用雜糞，每畝一大車，約四十石。一壅肥三年，彼地薄故。

濟南每畝用雜糞三小車，約十五六石。每年一壅。

真定人云：每畝壅二三大車，問其糞，則秋時鋤苜蓿楂子，載回與六畜墊脚，出積上田也。

江西人壅田，或用石灰，或用牛猪等骨灰，皆以籃盛灰，插秧用秧根蘸訖插之。或用猪毛。一云將毛燒灰，蘸秧根。一云將猪毛分散，每科秧夾數十莖同栽也。其用石灰骨灰猪毛，亦各有地意。亦如吾海上糞稻，東鄉用豆餅，西鄉用麻餅，各自其習慣而已。未必其果不相通也。

猪羊毛壅田，金衢多有之。各處客人販往發賣，以餘千毛爲上。

山東人言：白土地上糞，黑土地不上糞。

天津海河上人云：灰上田惹鹻。吾始不信，近韓景伯莊上云用之，菜畦中果不玅，吾猶未信也。必親手再三試之，乃可信耳。然稻田中必可用矣，疑也。

新安稻田，先用猪毛同插，待苗長尺餘，又用石灰接力。云每畝上七八十斤，恐太多也，再問之。

山西人用陳年炕土作糞壅，既聞之。又聞多年墻壁亦可作壅。諺曰：「立土三年成糞。」所以《齊民要術》云：「故墻基可種蔓菁也。」不知他方亦爾否，宜試之。

凡種植，無不宜用糞者。惟桃樹宜用糞清，特不宜濃耳。盆景中特海棠不用糞，用酒脚。

灰欲新糞欲陳①

灰欲新，糞欲陳，草泥欲罨，蒸去熱。故曰「陳灰新糞」。出溝泥皆言其無力。浙東人多用焦泥作壅，蓋於六七月中塍岸上鋤草，帶泥曬乾，堆積煨成灰也。此能殺蟲除草作肥。浙西人法又稍異。如前煨既燼，加大糞湅成劑作堆。堆上開竅，候乾又入糞竅中，數次候乾。種菜每科用一撮即肥。明年無草田底，種稻尤佳。作此須於高地上，此堆下土基掘起一二尺，用之亦大能作肥也。

袁了凡《農書》熟糞法②，用大糞煮熟作壅。蓋與金汁同義，而速成耳。

今自立一法擬之，用三四石缸作鍋砌連竈，置三四缸。竈口以土墻隔之，免臭氣傷人。缸上用木板蓋定，燒數沸，砌水庫盛之。入土七日，取起任用，糞要真，又須攪碎，用有柄大笊籬

① 標題係整理者所加。
② 「袁了凡」前原有十七字，被粗綫删去，不能辨。「農書」，原作「傳來」，被劃去，填入。

箄入鍋，其粗取起入牛馬糞中罨熟，用若是柴草入灰堆煨用。

首鍋燒一遍，二鍋二遍，三鍋三遍，四鍋四遍。

熟糞法或只用缸用罈，貯下以籠糠柴穗等煨熟之，罯久用。

天津左營游戎楊載基者，沂州衛人也。言彼中細民用炕土燒過二年以上者，杵細，壅水田，一斗當糞十石。若用骨屑一斗，當糞百石。

廣中稻田每畝止用蠔殼灰十斤，價一分耳。

山西人種植勤用糞，其柴草灰謂之火灰。大糞不可多得，則用麥秸及諸糠穗之屬，掘一大坑實之，引雨水或河水灌滿漚之，令恒濕。至春初翻倒一遍，候發熱過，取起壅田。此法用他草及各樹葉俱可，麥秸尤妙。但彼中煤多，不用麥秸作薪，故得爲此薪貴處不免燒作灰用之。

糞　丹 自擬

砒一斤①，黑料豆三斗。炒一斗，煮一斗，生一斗。

---

① 「砒」字上頁眉處，有字「用大麥屑或麩，與造麯同意，似可。」

鳥糞、雞鴨糞、鳥獸腸胃等，或麻籸豆餅等約三五石拌和，置磚池中①。曬二十一日，須封密不走氣，下要不漏，用缸亦好。若冬春月，用火煨七日，各取出入種中耩上，每一斗可當大糞十石。但着此糞後，就須三日後澆灌，不然恐大熱燒壞種也。用人糞牛馬糞造之，皆可。造成之糞就可作丹頭，後力薄再加藥豆末。用硫黄亦似可②，須試之。

煮糞宜用數缸置小室中，每室一缸，各作土坯竈，埋缸如釜其上。虛置坑床，床可拆卸。每一缸滿，即移床別室。煮第一缸熟後入庫，中伏土氣用時取之。已上法用兩缸亦可，多則愈佳。

廣糞壤

金汁

大糞　煮曬　水煮須雜本骨，人則髮。

---

① 此處行間，有「夏月」二字。

② 「硫黄」旁行間，有原添文「石灰亦可」。

牛糞　積熟煮
馬糞　積熟煮
猪糞　灰草水煮
羊糞　灰草煮
雞糞　積煮
鵞鴨糞　積煮
狗糞　積煮
河泥　草積熟
水草　土積熟
三葉草即苕、陵苕
豆屑
豆餅
花核屑
花核餅嚴州人買以壅稻
菜子餅

旱草　泥積熟　燒焦土　水漚

水苔

大麥苗　煮熟

菉豆苗

蠶豆苗

小豆苗

大豆苗

胡麻苗

苕蕘

麻餅

小油麻查

灰

溝泥

骨灰六畜鳥獸魚

骨屑杵細或治簪人錘下末子

石灰
螺蜆殻灰、蚌蛤蠔灰
雞鵞鴨鳥獸毛、牛羊犬豕毛
牛皮膠滓各色膠滓①
諸草木落葉
青靛查
柏餅
圈鹿糞
真粉查
焦泥
苜蓿 秋後鋤取根查六畜墊脚
白蠟柤
果子油查阿利瓦

① 此行與上行之間，原有「各色退屯水」添入，被劃去。

雜魚蝦蟹鼃蚪之屬①

炕土　多年者佳

麥秸　漚熟

各樹葉各草及葦葉　漚

大麻餅　粈

燖洗雞鵞等湯并褋穢

切魚雜穢、魚頭

殺牛羊豕等雜穢

亂柴草煨灰

破蒲鞋草鞋席薦

諸穀楷根葉　漚熟

蠶沙

蠶蛹

① 此行前原有「葡萄」一行，被删去。

絲湯
人小便
各獸溺
竈下千脚泥
鳥樓掃糞
楂餅
各色油靛
各色菜落　漚
各色抄紙脚
浴堂下流淤土
諸穀糠穗　漚熟
米泔
豆查
糖查
酒醋敗糟、酒脚、糟

煅過土宜茉莉、蘭

六畜踏灰草穰穢

積年土墻

殺過蝗蝻

人髪　頭垢

浴水

豆腐店浸豆水

六畜并一物，血肉之物，其肢體腸胃

砒　硫　黑礬

不必定猪臟①

不必定猪臟，凡死猫死鼠，瘟猪瘟羊，凡鳥獸自死不中合者皆可用。蝗蟲亦可用。

① 標題係整理者所加。

糞丹　王淦烋傳

乾大糞三斗

麻糝三斗或麻餅如無，用麻子、黑豆三斗，炒一、煑一、生一

鴿糞三斗。如無，用雞鵞鴨糞亦可

黑礬六升

槐子二升

砒信五觔

用牛羊之類皆可，魚亦可。猪臟二副，或一副，挫碎，將退猪水或牲畜血，不拘多寡，和匀一處入坑中，或缸内，泥封口。夏月日曬漚發三七日，餘月用頂口火養三七日，晾乾打碎爲末，隨子種同下。一全料可上地一頃，極發苗稼。

糞丹 吴雲將傳①

吴雲將傳糞丹，於黄山頂上作過。麻餅二百斤，猪臟一兩副，信十斤，乾大糞一擔，或濃糞二石，退猪水一擔，大缸埋土中，入前料斟酌下糞，與水令浥之，得所蓋定。又用土蓋過四十九日，開看上生毛即成矣。挹取黑水用帚灑田中，畝不過半升，不得多用。

袁了凡農書載熟糞法

古法區田，每區用熟糞一升，而熟糞之法不傳。予偶得其法於方外道流。凡用糞須用火煮熟，熟則耐旱。攷《周禮》疏，亦具載其事。煮糞令熟壅田，其利百倍。每糞各入骨同煮，牛糞用牛骨，馬糞用馬骨，人糞則入髮少許代之。先將區田孔内土曬極乾，惟極乾則不畏旱矣。

① 標題係整理者所加。

將鶩腸草、黄蒿、蒼耳子草三味燒灰，同前乾(上)〔土〕拌熟糞，曬極乾。又灑熟糞水，又曬極乾。運納孔内下種上用。些微糞土蓋之，親嘗試驗，凡依法布種則一畝可收三十石。只用熟糞，不用草灰，可收二十餘石。凡不煮糞，不用草灰者，其收皆如常，不能加多。乃知古法不可廢也。今邊上山坡之地，此法最宜，可以限焉，可以盡地力。

又曰：糞既經煮，皆成清汁，樹雖將枯，灌之立活。此至佳之糞也。大都用糞者，要使化土，不徒滋苗。化土則用糞於先，而使瘠者以肥。滋苗則用糞於後，徒使苗枝暢茂，而實不繁。故糞田最宜斟酌。

余按：煮糞之力，大略與金汁同。金汁須數年而成，煮則隨時可得也。又有一法，宜用燒酒法，取其餾水用之。百倍金汁，但穢氣不可當。更埋三二年，穢氣盡，尤妙，能解百毒，可治番胃。其鍋中所留即是熟糞，再埋一兩年，復是金汁。多採三草，曬乾就用。煮糞就用其灰，亦兩便。

論墨

吾松製墨，故與新安齊名。今日漸濫惡，以致新安獨盛。然今濫惡者，亦有勝於新安處，以其用膠獨輕，則設色不沾滯。今搨碑只用雲間墨，不用新安者，以此。今張氏造墨，尚有可用者，但士夫不爲賞鑒，工料俱拙，遂益輕耳。

今墨佳者，每斤不過四五鐶。若好事者一加指點，其技當進。

近從刷書工人得一法，以煙煤置磁缸中，用火炭一枚投入，蓋定半日。其煤煉過，然後舂杵。煤則細潤，加倍于前。若造墨亦用此法煉煤墨，當更嘉。宜嘗試之。

往見汪一陽及程生言，煙十兩用膠六兩。而吴廉水太學言，煙一斤用膠二兩。未知孰是。

程生言墨中加大蜘蛛，則發亮。而吴廉水言，用熊膽。

松墨，勝新安者有三，曰：淡不滲，濃不滯，宿不積。

徽州墨始於南唐李廷珪父子，每料用珍珠三兩，搗一萬杵。宋張遇供御墨，入腦麝、金箔，謂之龍香劑。皇朝羅龍文墨製，用内香浸水取汁，埏埴鹿角爲膠。嗣是復有方正方旻邵格之等。

試墨法

凡墨以黑爲佳，各有成色，如五金之有高下也。第硯石之上，殊未易辨。比試法將各墨研于硯板上，置水中看之。即種種成色畢見，亦如石之試金也。　此理即與用眼鏡相似。

論筆

製筆須如東洋，量所用大小，束定筆尖，令不散壞。惟設色者不束耳。筆根不截束以入管，令可代管，此法亦佳。《齊民要術》製筆古法，酷似東洋。聞日本造筆用鼠白毛，甚妙。白毛，腹下毛也。

造強水

緑礬五斤，多少任意。硝五斤。將礬炒去，約折五分之一，聽將二味同研細聽用。次用鐵作鍋約盛藥外，尚有空鍋，口稍斂，以承過篅。另用内外有油大罈一具，約乘四五十斤者則不裂。以玻瓈或磁器爲過篅，一端合於鍋口，一端合于罈口。鐵鍋置炭鑪上，罈中加水，如所損緑礬之數。如礬折一斤，則加水一斤也。次以過篅接鍋罈二口，各用鹽泥固濟。罈下起火，初四刻用文火，漸加武火，滿二十四刻滅火。取超冷定開罈，則藥化爲水，而鍋亦壞矣。用水入五金，皆成水。

惟黄金不化水中，加鹽則化。化過他金之水加鹽，則復爲砂沉於水底。惟黄金不能成砂。欲成砂，必以酒鞮之。油别以法製之，陰乾收藏，用錢許着物火之，可透金石。入地力，地乃止。不宜見日，乃可。强水用過無力，或有他物雜之，仍用前之器製，則收爲水滓留於鍋矣。

盛水鐔下宜置一缸，恐一時迸破，水猶在缸也。

剛火簡法。或止用硇砂化水，或用燒酒，與鹻精相半。

硫氣汞氣①

凡五金中太脆者，皆硫氣也。去硫則忍矣。太柔者，皆汞氣也。去汞則堅矣。

救火莫如油鈔②

客有言，救火莫如油鈔。或火㗋之，然實理也。有被火者，客曾教之，果騐。用水一桶，加

---

① 標題係整理者所加。

② 同上。

入油一盞，和勻傾之，火悉爆滅，勝無油之水遠甚。

養駝

北邊有駝可買，交市時多有之。若托邊將或邊道于互市時買之，其價止直一贏耳。而能當二牛之用，止一牛之食。且食草之外，無他須矣。又能渴，可六七日纔一飲。故西夷來市者，行無水之地，必用之。強者可日行六百里。

多買牝牡傳種，或疑其畏熱，不知小西洋多有之。是不畏熱也。

駝嗜鹽，宜沙地石山處。或木草楂落牣處，每傷其肉蹄，故不宜也。

駞卧，腹下貼地，屈足，漏明者，爲明駞。日行五百里，駞糞爲煙，直若狼煙①。

① 此行原爲另紙所書，似與前不屬同時，今附于此。

取熊法

熊見人必抱其頸，因吸其血，血盡死矣，不食肉也。法用煖木爲盾，見則就之。熊爪入盾，不得出，可于透處用小鐵槌槌曲其爪末，則終不出矣。牽歸之。

許纘曾跋①

此余外曾祖文定公徐中堂手書也。中堂發解後，旋登史館。凡天文、地利、農業、軍旅諸大政，下及岐黄之學、術數之書，莫不精研奥玅。著數十萬言，俱手自裁復録。乙亥夏，公之四世孫向若表姪偶携《農書》草稿示余，余擇行楷數紙塗改無多、易於成誦者，裝潢成帙。晴窗展玩，雖吉光片羽，想見前人留心經濟，專意富强。惜相業不久，未展其用。後之勤勞民事者，訪《農政全書》，辦實心，行實事，何急乎民日貧而賦日絀耶？纘曾敬題。

① 標題係整理者所加。